高等院校经济学实验课程系列教材

税务稽查：理论、方法与实验

郭玲　编著

南开大学出版社

天　津

图书在版编目(CIP)数据

税务稽查：理论、方法与实验/ 郭玲编著. —天津：
南开大学出版社，2013.7(2017.1 重印)
高等院校经济学实验课程系列教材
ISBN 978-7-310-04214-2

Ⅰ.①税… Ⅱ.①郭… Ⅲ.①税务稽查—中国—
高等学校—教材 Ⅳ.①F812.423

中国版本图书馆 CIP 数据核字(2013)第 129575 号

南开大学出版社出版发行
出版人:刘立松
地址:天津市南开区卫津路 94 号　　邮政编码:300071
营销部电话:(022)23508339　23500755
营销部传真:(022)23508542　　邮购部电话:(022)23502200

*

天津泰宇印务有限公司印刷
全国各地新华书店经销

*

2013 年 7 月第 1 版　　2017 年 1 月第 2 次印刷
260×185 毫米　16 开本　15.5 印张　2 插页　362 千字
定价:30.00 元

如遇图书印装质量问题,请与本社营销部联系调换,电话:(022)23507125

总　序

　　《国家中长期教育改革和发展规划纲要（2010—2020 年）》指出，要"牢固确立人才培养在高校工作中的中心地位，着力培养信念执着、品德优良、知识丰富、本领过硬的高素质专门人才和拔尖创新人才"。对于财经类本科专业而言，具备扎实的经济学理论基础，掌握经济学思维逻辑和分析方法，能对经济现象及其运行规律有深刻认识，了解专业相关实际工作的基本内容和流程，并具有一定的实际操作能力，是人才培养的中心目标。为了达到这一培养目的，充分利用信息技术的发展，创新教学方法和教学手段以提高教学效果、弥补学生实习实践活动所受外在约束，是十分必要的。

　　近年来，南开大学经济学院通过实验课程的设计开发，对此进行了积极的探索。一方面，我们在尝试对理论性课程内容进行深入分析的基础上，设计了与各知识点相关的实验内容，让学生在实验过程中进一步理解经济理论所揭示的经济系统运行规律和经济政策的作用机制、效果。另一方面，通过建设实务类课程的模拟环境，开发出与具体业务相关的实验课程，使学生通过实验操作完成各类业务的完整流程，以弥补由于实习岗位提供、实习时间限制等方面的约束对学生实际工作技能培养的不足。这些尝试在本科生培养的过程中取得了良好的效果，也得到了广泛的认可，2008 年南开大学经济实验教学中心被评为国家级实验教学示范中心建设单位。

　　我们在多年实验课程开发的基础上，在南开大学出版社的积极支持下出版了这一实验系列教材，希望能在我国财经类实验课程开发过程中起到抛砖引玉的作用。在这些实验教材编写过程中难免有疏漏甚至错误，也欢迎指正。能够在国内相关专业的人才培养中有所贡献，是我们出版这一实验系列教材的主要目的。

张伯伟

2013 年 6 月于南开园

前 言

在传统的税收专业教学体系中，理论教学是核心，社会实践是辅助，实验教学长期以来并没有得到足够的重视。但近年来，随着我国政府财政税收管理模式的变化，各级政府的税务管理活动全面实现"电算化"，这对我们传统的税收专业教学方法提出了新的要求。在税收学专业人才培养过程中，理论知识是基础，实验和社会实践是关键，融基础知识、实践技能和创新能力为一体是适应当代经济社会发展的需要。因此，税收专业的本科教育，一方面应立足于实践，在培养学生的基础素质的同时，更要注重于培养学生的实践技能，以满足当前社会对税收专业人才的需要。另一方面，在实际教学中也应具备一定的前瞻性，注重培养学生们的创新意识和创新能力。我国政府的"金税工程"建设刚刚起步，税收征管、稽查等工作也还存在着很多问题和不足。在教学中，教师应在对国外和我国税收理论与实践研究的基础上，引导学生们在学习中培养创新意识和创新能力。而实验教学正是培养学生实践技能和创新能力的一个非常有效的环节。

南开大学财政学系从 2006 年初开始着手建立财政学综合实验室，对本科的专业核心课程推行实验教学改革。2006 年 12 月，我们购置了一整套政务管理软件，内容覆盖预算管理、收支管理、政府会计、资产管理、国库管理等全部核心的政府业务，对财政专业课程开始分阶段进行教学改革。2007 年，新开"财税电算化"课程，注重培养学生对财税问题的研究能力和创新能力，使用 Eviews 和 Excel 软件教学。2008 年，包含财政学综合实验室在内的南开大学经济学院实验教学中心被教育部批准为国家级实验教学示范中心后，我系的实验教学改革进程进一步加快，课程建设和教材建设都收效显著。2010 年初，我们又购置了一整套税务管理软件，内容包括税收征管、电子报税、税务筹划、税收稽查等，开始对"国家税收"、"税务稽查"和"税务筹划"等税收专业核心课程推行实验教学改革。

"税务稽查"是一门日常检查和税源监控管理相结合的复合课程，课程实用性强且内容繁杂。我们制定的实验教学改革思路如下：（1）修订教学大纲，补充实验教学和案例教学环节，优化课程的内容和结构；（2）实验教学内容的设计，要紧密结合政府税务管理实务，设计实务模拟性实验以培养学生的基本技能，同时设计综合性实验以培养学生的创新能力和创新意识；（3）改革教学方法，利用软件的优势设计灵活多样的实验教学方法；（4）改进实验指导方式，减少演示，启发并引导学生独立操作，以培养学生的自主性和动手能力；（5）编写实验教材，侧重于规划实验目的、方法及流程，设计具体实验内容，说明实验注意事项及实验过程中可能出现的问题；（6）实验教学应与暑期社会实践活动紧密结合，使学生们能在实践中应用所学过的知识和技能，在实践中发现差距和问题并探索解决问题的方法及未来的改革方向。

关于税务稽查的基本方法，国家税务总局编写并出版了《税务稽查管理》和《税务稽查方法》，并统一作为国税、地税系统的内部培训教材。本书的理论和方法部分即是以这两本教材为基础进行的归纳整理和总结提炼，实验部分的编写则是以广州致仪的税务稽查软件为基础的。教材的编写时间较紧，存在的疏漏在所难免，希望广大读者批评指正。

郭 玲

2013 年 5 月

目　录

第三部分　稽查实验

第一部分　基础理论

第一章　税务稽查概述

通过本章的学习，需要理解并掌握以下问题：

1. 税务稽查的概念、分类及税务稽查体系的构成要素；
2. 税务稽查的原则和职能；
3. 与税务稽查相关的基本法律法规。

第一节　税务稽查的基本内涵

一、税务稽查的概念与分类

税务稽查是税务机关依法对纳税人、扣缴义务人和其他税务当事人履行纳税义务、扣缴义务及税法规定的其他义务等情况进行检查和处理工作的行政执法行为，具体包括选案、检查、审理、执行四个环节。其中，纳税人是指直接负有纳税义务的单位和个人；扣缴义务人是指直接负有代扣代缴、代收代缴税款义务的单位和个人；其他税务当事人是指稽查执法过程中直接与稽查对象的涉税事项有关联的单位和个人。具体稽查内容则包括：（1）纳税义务的履行情况，即税款核算及申报缴纳情况；（2）扣缴义务的履行情况，即扣缴义务人代扣代缴和代收代缴税款；（3）税法规定的其他义务履行情况，即税收法律法规规定的接受和配合税务检查等义务履行情况。

税务稽查是税收征收管理工作的重要步骤和环节。按照税务稽查对象来源性质的不同，税务稽查可以分为以下三类：

（一）日常稽查

日常稽查，即税务稽查局（以下简称稽查局）有计划地对税收管辖范围内纳税人及扣缴义务人纳税义务和扣缴义务的履行情况进行检查和监督的执法行为。

日常稽查与征管部门负责的日常检查存在明显区别：首先是目的不同。日常稽查的目的在于发现、分析和掌握税收违法活动的动向和规律，查处税收违法行为；而日常检查是针对检查对象的管理行为，目的在于掌握检查对象履行法定义务的情况，提高税收管理水平。其次是内容不同。日常稽查是对纳税人和扣缴义务人履行各项法定义务的全面核查，具有系统审计的功能；而日常检查是指税务机关清理漏管户、核查发票、催报催缴、评估问询、了解纳税人生产经营和财务状况等不涉及立案稽查与系统审计的日常管理行为。最后是程序不同。日常稽查程序通常包括选案、实施、审理、执行四个环节，而日常检查则不必履行上述程序。

（二）专项稽查

专项稽查，即稽查局按照上级税务机关的统一部署或下达的任务对管辖范围内的特定行业或特定的纳税人、特定的税务事宜进行的专门稽查。

专项稽查和税收专项检查既有共同点也有不同点。共同点在于二者均应按照统一部署，集中人力、物力和财力解决带有普遍性的问题，都具有收效快、反响大的特点。不同点在于专项稽查由稽查局组织和实施，而税收专项检查则由税务局统一安排，稽查局牵头组织，有关部门共同参与实施。从后者的角度讲，也可以将专项稽查看成税收专项检查的组成部分。

（三）专案稽查

专案稽查，即稽查局依照税收法律法规及有关规定，以立案形式对纳税人、扣缴义务人履行纳税义务、扣缴义务情况所进行的调查和处理。

专案稽查具有两个明显特点：（1）稽查对象特定。检查对象来源于确定的线索，具有明显的税收违法嫌疑。（2）适用范围广。专案稽查适用于举报、上级交办、其他部门移交、转办以及其他所有涉嫌税收违法案件的查处。

二、税务稽查的要素

税务稽查活动是由税务稽查法规、制度、规程、机构、人员、技术以及监控等稽查要素构成的。

（1）税收法律法规是税务稽查的基本法律依据，是以法的形式加以规定的基本稽查办法；税务稽查制度是税务稽查法规的具体化和必要补充；税务稽查规程是依照税务稽查法规和稽查制度进行稽查活动的工作程序。

（2）税务稽查机构则是贯彻实施税务稽查法规、制度、规程，开展稽查活动的指挥系统和组织保证。

（3）税务稽查人员是实施税务稽查的具体执行者、操作者。

（4）税务稽查技术是指实现税务稽查的具体方法和采用的管理手段。

（5）税务稽查监控是指整个税务稽查活动的内、外监控机制。它包括税务稽查对内、外监控信息系统，税务稽查工作考核制，稽查责任追究制，税务稽查配套体系，司法保障体系等。

上述要素之间互相联系、相互制约、互为补充，由此决定了各要素在税务稽查运行中的地位和作用，即税务稽查机构和稽查人员是税务稽查运行的操作者和行为主体，属主体性要素，起着决定性的作用；税务稽查法规、制度、规程是税务稽查运行的依据，主体性要素必须依据它们来操作整个税务稽查系统，因此是中心性要素，起着核心作用；税务稽查方法与稽查手段是税务稽查运行的操作技术条件，是技术性要素，起关键性作用；税务稽查监控乃是保持税务稽查运行正常的补充手段，属完善性要素，起着维护性作用。

第二节　税务稽查的原则与职能

一、税务稽查的原则

税务稽查原则是指税务稽查执法应遵循的准则，主要包括以下方面：

（一）合法原则

合法原则要求稽查执法必须以税收法律、法规、规章为准绳，具体内容包括：（1）主体合法。如果税务稽查的执法主体不合法，则执法行为就不合法。就税务机关而言，尤其应当注意保持执法主体的一致性问题，即税务稽查实施、审理与做出行政处罚的行政主体必须合法并保持一致。（2）权限合法。即稽查执法不得超越相关法律法规赋予的权限，否则即构成违法。（3）程序合法。为了保护行政管理相对人的合法权益，相关的法律法规均对行政主体的行政执法程序给予严格的规定。因此，税务稽查的立案、调查、取证、定性、处理、处罚等程序必须符合法律法规的规定。（4）依据合法。即稽查局对税收违法事实的认定和处理的依据，必须符合法律法规和政策的规定。

（二）依法独立原则

依法独立原则表现在两个方面：一方面，《中华人民共和国税收征收管理法》（以下简称《税收征管法》）及其实施细则在明确了省以下稽查局的执法主体资格和法定职责的同时，还规定税务局与稽查局的职责应当明确划分，避免交叉。因此，省以下税务局的稽查局在行使法律法规赋予的职权时，其执法行为受法律的保护，任何部门、任何人不得以非法律因素进行干预。另一方面，选案、实施、审理和执法四个环节是税务稽查内部的执法程序，不应被肢解。《中华人民共和国税收征收管理法实施细则》（以下简称《税收征管法实施细则》）第八十五条规定，税务机关应当制定合理的税务稽查工作规程，负责选案、检查、审理、执行的人员的职责应当明确，并相互分离、相互制约，规范选案程序和检查行为。该条规定选案、检查、审理、执行人员的职责均应由税务稽查工作规程规定，从而在法律上明确了上述四个环节均属于税务稽查的职责范围。

（三）分工配合与相互制约原则

依照《税收征管法实施细则》及《税务稽查工作规程》（以下简称《稽查工作规程》）规定，税务稽查各环节应当分工明确、相互配合、相互制约。在专业化分工的前提下加强配合，是提高行政效率的有效途径，而制约则是依法稽查的基本保障。实践中，贯彻分工制约原则应从组织、制度、资源三个层面给予相应的保障。

（四）客观公正原则

在税务稽查工作中，稽查局应依法查明涉税事实，实事求是、客观公正地处理税收违法行为，作出符合法律事实的稽查结论，正确评价纳税人、扣缴义务人履行法定义务的情况。

二、税务稽查的职能

税务稽查职能是指税务稽查执法活动所固有的功能。一般而言，税务稽查的职能主要包括惩戒职能、监控职能、收入职能和教育职能。

（一）惩戒职能

惩戒职能是指稽查局在查处税收违法行为过程中，通过依法给予稽查对象行政处罚及其他制裁，并将涉嫌构成犯罪案件移送公安机关等手段，起到惩罚与戒勉税收违法行为的作用。惩戒职能来源于法律赋予稽查局的税收行政处罚权，体现了税收的强制性。

（二）监控职能

监控职能是指稽查局通过检查纳税人和扣缴义务人有关生产经营情况、会计核算情况以及有关申报纳税与代扣代缴税款情况的过程，可以起到监控稽查对象是否全面、准确、及时履行法定义务情况的作用。

（三）收入职能

收入职能是指稽查局通过稽查执法活动所起到的增加税收收入的作用。稽查的收入职能由税收的财政职能所决定，是惩处税收违法行为及实现稽查以查促管结果的体现。

（四）教育职能

教育职能是指通过稽查执法对税收违法案件的查处，可以教育稽查对象和其他纳税人、扣缴义务人，从而起到引导纳税遵从的作用。税务稽查的教育职能一方面可以通过对稽查对象的检查、处理和处罚过程来实现；另一方面还要通过公告、新闻发布会、媒体曝光等宣传手段扩大稽查执法的影响面，以达到教育广大纳税人，震慑税收违法活动的效果。

关于税务稽查的职能作用，还需要明确以下认识：（1）由于征纳双方代表不同的利益主体，且稽查执法往往处于双方利益的焦点，税务机关依法查处税收违法行为必然使违法行为与法律之间的冲突外在化。但稽查执法与税收违法之间的对立，正是税务稽查以查处税收违法行为服务于广大守法经营的纳税人，维护公平公正的市场经济秩序的表现，是税务稽查构建和谐社会的具体实践。（2）从税收管理的角度看，一方面，任何税收征管活动都会形成税收的超额负担，稽查执法形成的超额负担可以认为是纳税人为获取相对公平的市场税收环境所付出的成本，这种成本的付出是不可避免的；另一方面，稽查局应增强选案的针对性，在实施检查时尽量减少对纳税人正常经营的影响，减轻超额负担。（3）税务稽查的重要成果之一就是在查处税收违法行为时直接带来一定的查补收入，但税务稽查的收入职能绝不仅仅体现在直接查补的收入上。实际上，税务稽查的收入职能主要体现在四个方面：一是稽查执法直接带来查补收入；二是通过稽查执法的震慑作用所增加的税收收入；三是通过案件协查在其他地区实现的税收收入；四是通过以查促管避免税收流失而增加的税收收入。因此，应当正确理解税务稽查的收入职能，如果简单地把税务稽查作为完成收入任务的工具，势必会出现任务压力重时就超越法律权限使用稽查手段，任务压力轻时就放任税收违法行为的现象。

第三节　税务稽查的相关法律概述

税务稽查相关法律是指税务稽查活动涉及的全部法律规范的总和，是开展税务稽查工作的基本依据。

一、税务稽查相关法律的分类

税务稽查相关法律可按照不同的标准进行分类。

（一）税收法律和其他相关法律

这是按照法律所调整的对象不同进行的分类。税收法律是直接调整税收法律关系的各种法律规范的总称，如《中华人民共和国税收征收管理法》（以下简称《税收征管法》）、《中华人民共和国增值税暂行条例》（以下简称《增值税暂行条例》）等税收法律。其他相关法律是指调整行政法律关系、刑事法律关系及其他法律关系的同时，也调整税收法律关系的法律。如《中华人民共和国行政处罚法》（以下简称《行政处罚法》）、《中华人民共和国刑法》（以下简称《刑法》）等。

（二）实体法和程序法

这是按照法律内容的不同进行的分类。实体法是规定税收法律关系主体的权利和义务的法律，如《增值税暂行条例》、《中华人民共和国营业税暂行条例》（以下简称《营业税暂行条例》）等，主要的税收实体法律法规见表1-1；程序法是规定实现实体法确定的权利和义务所需程序的法律，如《中华人民共和国行政诉讼法》（以下简称《行政诉讼法》），其他税收程序法律法规见表1-2。实际上，许多法律既有实体内容，又有程序内容，如《税收征管法》、《行政处罚法》。

表1-1　我国税收实体法律法规一览表

类别	法律法规名称	颁布时间及文号	备注
货物和劳务税	中华人民共和国增值税暂行条例（修订版）	国务院令[2008]第538号	自2009年1月1日起施行
	中华人民共和国增值税暂行条例实施细则	财税令[2008]第50号	自2009年1月1日起施行
	中华人民共和国消费税暂行条例（修订版）	国务院令[2008]第539号	自2009年1月1日起施行
	中华人民共和国消费税暂行条例实施细则	财税令[2008]第51号	自2009年1月1日起施行
	中华人民共和国营业税暂行条例（修订版）	国务院令[2008]第540号	自2009年1月1日起施行
	中华人民共和国营业税暂行条例实施细则	财税令[2008]第52号	自2009年1月1日起施行
	中华人民共和国车辆购置税暂行条例	国务院令[2000]294号	自2001年1月1日起施行
	中华人民共和国烟叶税暂行条例	国务院令[2006]第464号	自公布之日起施行
	实施成品油价格和税费改革的通知	国务院发[2008]37号	自2009年1月1日起施行
所得税	中华人民共和国企业所得税法	主席令[2007]第63号	自2008年1月1日起施行
	中华人民共和国企业所得税法实施条例	国务院令[2007]第512号	自2008年1月1日起施行
	企业所得税若干政策问题的规定	财税[1994]第9号	自公布之日起施行
	中华人民共和国个人所得税法	主席令[2007]第5号	自2008年3月1日起施行
	国务院关于修改《中华人民共和国个人所得税法实施条例》的决定	国务院令[2008]第519号	自2008年3月1日起施行
	中华人民共和国土地增值税暂行条例	国务院令[1993]第138号	自1994年1月1日起施行
	中华人民共和国土地增值税暂行条例实施细则	财法字[1995]6号	自公布之日起施行

续表

类别	法律法规名称	颁布时间及文号	备注
财产税	中华人民共和国房产税暂行条例	国发[1986]90号	自1986年10月1日起施行
	关于房产税若干具体问题的解释和暂行规定	财税地字[1986]第8号	自公布之日起施行
	关于房产税城镇土地使用税有关问题的通知	财税[2008]第152号	自2009年1月1日起施行
	中华人民共和国城镇土地使用税暂行条例	国务院令[2006]第483号	自2007年1月1日起施行
	中华人民共和国耕地占用税暂行条例	国务院令第511号	自2008年1月1日起施行
	中华人民共和国契税暂行条例	国务院令[1997]第224号	自1997年10月1日起施行
	中华人民共和国契税暂行条例细则	财法字[1997]52号	自1997年10月1日起施行
	中华人民共和国资源税暂行条例	国务院令[1993]第139号	自1994年1月1日起施行
	中华人民共和国资源税暂行条例实施细则	财法字[1993]第43号	自公布之日起施行
	资源税若干问题的规定（修订版）	国税发[2011]第63号	自2011年11月1日起施行
	中华人民共和国车船税暂行条例	国务院令[2006]482号	自2007年1月1日起施行
	中华人民共和国车船税暂行条例实施细则	财政部，国税令46号	2007年2月1日公布起施行
其他税	中华人民共和国印花税暂行条例	国务院令[1988]第11号	自1988年10月1日起施行
	中华人民共和国印花税暂行条例施行细则	财税字[1988]第225号	本细则与条例同时施行
	中华人民共和国城市维护建设税暂行条例	国发[1985]19号	自1985年度起施行

资料来源：国家税务总局教材组编，《税务稽查管理》，中国税务出版社，2008年；2008年以后资料根据国家税务总局网站内容整理。

表1-2 我国税收程序法律法规一览表

类别	法律法规名称	颁布时间及文号	备注
税收征管类	中华人民共和国税收征收管理法	主席令[2001]49号	自2001年5月1日起施行
	中华人民共和国税收征收管理法实施细则	国务院令[2002]362号	自2002年10月15日起施行
	国家税务总局关于贯彻实施《中华人民共和国税收征收管理法》有关问题的通知	国税发[2001]54号	自公布之日起施行
	国家税务总局关于贯彻《中华人民共和国税收征收管理法》及其实施细则若干具体问题的通知	国税发[2003]47号	自公布之日起施行
发票管理类	中华人民共和国发票管理办法	财政部令[1993]6号	自1994年1月1日起施行
	国务院关于修改《中华人民共和国发票管理办法》的决定	国务院令[2010]587号	自2011年2月1日起施行
	中华人民共和国发票管理办法实施细则	国税令[2011]25号	自2011年2月1日起施行
工作规程类	税务稽查工作规程	国税发[1995]226号	1995年12月1日发布
	税务登记管理办法	国税令[2003]7号	自2004年2月1日起施行
	国家税务总局关于完善税务登记管理若干问题的通知	国税发[2006]37号	自公布之日起施行

续表

类别	法律法规名称	颁布时间及文号	备注
工作规程类（续）	国家税务总局关于进一步完善税务登记管理有关问题的公告	国税发〔2011〕21 号	自 2011 年 4 月 20 日起施行
	纳税人财务会计报表报送管理办法		自 2005 年 5 月 1 日起执行
	纳税信用等级评定管理试行办法	国税发〔2003〕92 号	
	税收减免管理办法（试行）	国税发〔2005〕129 号	自 2005 年 10 月 1 日起执行
	欠税公告办法（试行）	国税令〔2004〕9 号	自 2005 年 1 月 1 日起施行

资料来源：国家税务总局教材组编，《税务稽查管理》，中国税务出版社，2008 年。

（三）普通法和特别法

这是按照法律适用范围的不同进行的分类。普通法是对全国范围内的一般人、一般事，在一般情况下普遍有效的法律，如《刑法》等。特别法是对特定人、特定事，或在特定地区、特定时期有效的法律，如《中华人民共和国个人所得税法》（以下简称《个人所得税法》）。

（四）宪法、法律、行政法规、地方性法规、规章、规范性文件

这是按照法的效力来源和效力等级不同进行的分类。

宪法是一个国家的根本大法，具有最高法律权威和最高法律效力，是制定法律法规的依据，我国《宪法》第五十六条规定，中华人民共和国公民有依照法律纳税的义务。

税收法律是享有立法权的国家最高权力机关依照法定程序制定的，我国税收法律是由全国人民代表大会及其常务委员会制定的，其法律地位和法律效力次于宪法，《个人所得税法》、《企业所得税法》和《税收征管法》等属于税收法律。

税收行政法规是国务院依据宪法和法律的授权制定的，主要形式有"条例"或"暂行条例"，税收行政法规的效力低于宪法、税收法律。目前，税收行政法规有《增值税暂行条例》、《中华人民共和国消费税暂行条例》（以下简称《消费税暂行条例》）、《营业税暂行条例》等。

地方性税收法规是省、自治区、直辖市以及省级人民政府所在地的市和国务院批准的较大的市人民代表大会及其常务委员会，依据宪法、税收法律和税收行政法规，结合本地区的实际情况制定的。另外，自治地方的人民代表大会有权依照当地民族的政治、经济和文化的特点，制定税收单行条例。地方性税收法规仅在制定地范围内适用。

税收规章分为税收部门规章和地方税收规章。税收部门规章是国务院税收主管部门（财政部和国家税务总局）依据税收法律法规，在本部门权限内按照规定程序制定的，如《税务行政复议规则》、《税务代理试行办法》等。地方税收规章是省、自治区、直辖市以及较大的市人民政府根据法律法规及地方性法规制定的。税收规章是税收征管活动的重要依据，但其法律效力较低。一般情况下，税收规章不作为税收司法的直接依据，但具有参照性的效力。司法机关在参照规章时，应当对规章的规定是否合法有效进行判断，对合法有效的规章应当适用。规章制定机关作出的与规章具有同等效力的规章解释，人民法院审理行政案件时参照适用。

税收规范性文件是行政机关依据法律、行政法规、规章的规定制定的，是对税收法律、行政法规、规章的具体化和必要补充。它在税收工作领域中数量最多、法律效力最低。

（五）国内法和国际法

国内法是指一个主权国家制定的实施于本国的法律。国际法是国际法律关系主体参与制定或公认的适用于各个主体之间的法律。在税收领域涉及国际法的，主要是国际税收条约、协定。国际税收条约、协定是国家之间根据国际法的规定，为确立其税收方面的相互权利和义务而缔结的书面协议。国际税收条约包括一般性的税收条约和特别税收条约。一般性的税收条约通常是多数国家参加的，主题事项涉及世界性税收问题，起着创立一般适用的国际法原则和规则的作用，如 WTO 协定。特别税收条约，一般是由两个或几个国家为特定事项缔结的，如中美之间的税收互惠规定。

当国际法与国内法的规定不一致时，按国际法大于国内法的原则，应当执行国际法，但涉及税收优惠的应当按最优惠的规定执行。

二、税务稽查相关法律的适用原则

为确保税务稽查作出的具体行政行为合法有效，在税务稽查实施时，运用相关法律应遵循以下原则：

（一）法律优位原则

法律优位原则主要体现在处理不同等级税法的关系上，位阶高的法律其效力高于位阶低的法律。因此，法律、行政法规、地方性法规、规章及规范性文件的效力是依次递减的。效力低的与效力高的相抵触，效力低的应当服从效力高的。值得注意的是，当地方性法规与部门规章之间对同一事项的规定不一致，不能确定如何适用时，由国务院提出意见，国务院认为应当适用地方性法规的，应当决定在该地方适用地方性法规的规定；认为应当适用部门规章的，应当提请全国人民代表大会常务委员会裁决。部门规章之间、部门规章与地方政府规章之间对同一事项的规定不一致时，由国务院裁决。

（二）法律不溯及既往原则

法律不溯及既往原则是绝大多数国家所遵循的法律适用原则。其基本含义为：一部新法实施后，对新法实施前人们的行为不得适用新法，而只能沿用旧法。在税法领域内坚持这一原则，目的在于维护税法的稳定性和可预测性，使纳税人能在知道纳税结果的前提下作出相应的经济决策①。

（三）新法优于旧法原则

新法优于旧法原则也称后法优于先法原则，其基本含义为：新法、旧法对同一事项有不同规定时，新法的效力优于旧法。其作用在于避免因法律修订带来新法、旧法对同一事项有不同的规定而给法律适用带来的混乱，为法律的更新与完善提供法律适用上的保障。新法优于旧法原则的适用，以新法生效实施为标志，新法生效实施以后用新法，新法实施以前包括新法公布以后尚未实施这段时间，仍沿用旧法，新法不发生效力。

（四）特别法优于普通法的原则

此原则的含义为对同一事项两部法律分别订有一般和特别规定时，特别规定的效力高于

---

① 如原《税收征管法》（1993 年）第四十七条规定："扣缴义务人应扣未扣、应收未收税款的，由扣缴义务人缴纳应扣未扣、应收未收税款。但是，扣缴义务人已将纳税人拒绝代扣、代收的情况及时报告税务机关的除外。"此条没有规定对应扣未扣、应收未收税款的扣缴义务人处以罚款。而新《税收征管法》（2001 年）第六十九条规定，对应扣未扣、应收未收税款的扣缴义务人处应扣未扣、应收未收税款百分之五十以上三倍以下的罚款。按照法律不溯及既往原则，扣缴义务人发生在 2001 年 5 月 1 日之前的应扣未扣、应收未收税款的行为，税务机关不得处以罚款。

一般规定的效力。凡是特别法中作出规定的，即排斥普通法的适用①。

三、税务稽查法律的时效

时效是指法律规定的某种事实状态经过法定时间而产生一定法律后果的法律制度。在税务稽查活动中，它是指税务机关如在法定的期间内未行使权力，当期间届满后，即丧失了要求纳税人、扣缴义务人等履行义务之权力的制度。税务稽查活动主要涉及两个时效问题，即税款的追征期限和税务行政处罚的追罚期限。

（一）税款的追征期限

1.《税收征管法》第五十二条规定，因税务机关的责任，致使纳税人、扣缴义务人未缴或者少缴税款的，税务机关在三年内可以要求纳税人、扣缴义务人补缴税款，但是不得加收滞纳金。

税务机关的责任是指税务机关适用税收法律法规不当或者执法行为违法。所谓适用税收法律法规不当，是指税务机关在应用税收法律法规时发生错误，对应该用此项规定的却应用了彼项规定，导致纳税人少缴税款。所谓执法行为违法，是指税务机关在执法程序上、执法权限上、执法主体上发生了错误。

2. 因纳税人、扣缴义务人计算错误等失误，在三年内可以追征税款、滞纳金；有特殊情况的，追征期可以延长到五年。所谓特殊情况，根据《税收征管法实施细则》第八十二条的规定，是指纳税人或者扣缴义务人因计算错误等失误，未缴或者少缴、未扣或者少扣、未收或者少收税款，累计数额在十万元以上的情况。

3. 对偷税、抗税、骗税的，税务机关追征其未缴或者少缴的税款、滞纳金或者所骗取的税款，不受上述规定期限的限制，税务机关可以无限期追征。

（二）税务行政处罚的追罚期限

《税收征管法》第八十六条规定，违反税收法律、行政法规应当给予行政处罚的行为，在五年内未被发现的，不再给予行政处罚。在适用此规定时，应注意以下几点：

1. 在违法行为发生后的五年内，对该违法行为有管辖权的税务机关未发现这一违法行为，在五年后，无论何时发现了这一违法行为，对行为人都不能再给予行政处罚。

2. 五年的期限从行为发生之日起计算，行为发生之日是指违法行为结束日或停止日。

3. 违法行为有连续或继续状态的，自行为终了之日起计算。所谓连续行为，是指行为人在一定时间内连续数次实施了同一性质完全相同的违法行为，如某纳税人多次采取使用假发票、不计收入等手段偷税。所谓继续行为，是指一个违法行为发生后，该行为以及由此造成的不法状态一直处于持续状态，如逃避追缴欠税行为。有连续或继续状态的违法行为，自最后一次违法行为实施完毕之日起计算期限。

---

① 如在行政复议领域，《税收征管法》相对于《中华人民共和国行政复议法》（以下简称《行政复议法》）而言，是特别法。按照《行政复议法》的规定，当纳税人对税务机关的税务处理决定存在异议时，可以直接申请复议。但是《税收征管法》第八十八条规定，纳税人、扣缴义务人、纳税担保人同税务机关在纳税上发生争议时，必须先依照税务机关的纳税决定缴纳或者解缴税款及滞纳金或者提供相应的担保，然后才可以依法申请行政复议。按照特别法优于普通法的原则，此时纳税人就应当按照《税收征管法》的规定先缴纳或者解缴税款及滞纳金或者提供相应的担保，然后才可以依法申请行政复议。

第四节 税收违法行为概述

一、税收违法行为的概念和分类

税收违法行为是指税收法律关系主体（以下简称税收主体）违反税收法律规范，侵害了为税法保护的税收关系并应承担某种法律后果的行为。其中，主体不仅包括征税主体和纳税主体，还包括其他主体，如委托征税主体、协助征税主体、税务代理人等。

根据不同的标准，税收违法行为可分为：

1. 征税主体的违法行为和纳税主体的违法行为

这是根据实施税收违法行为的主体类型所作的分类。征税主体的违法行为，即征税机关和其他行使征税权的组织实施的违法征税行为。其具体内容又可分为征税越权、征税滥用职权、征税侵权、适用法律错误、程序违法等[①]。纳税主体的违法行为是纳税人和其他纳税主体实施的不履行法定的税法义务，侵害国家税收管理秩序的行为。其主要又可分为违反税款征收制度的行为和违反税收管理制度的行为两类。违反税款征收制度的行为，是指纳税主体违反税款申报缴纳义务，直接侵害国家税收债权的行为，如偷税、骗税、欠税、抗税等。违反税收管理制度的行为，是指纳税主体违反有关税务登记、账簿凭证管理、发票管理等税法规定的协力义务，妨碍了国家税收征收权的正常行使，通常不以直接发生应纳税款的减少为结果要件的行为，如未依法设置或保管账簿、未按期办理纳税申报等。

2. 税收实体违法行为和税收程序违法行为

这是根据税收违法行为的性质所作的分类。税收实体违法行为又称为实质上的税收违法行为，是税收主体违反税法规定的实体权利义务的行为。对征税主体来说，主要是违法多征、少征或越权开征、停征税收；对纳税主体来说，主要是实施各种逃避纳税义务的行为。税收程序违法行为又称为形式上的税收违法行为，是指税收主体违反法定的税收程序，即违反了法定的征纳行为必须遵循的方式、步骤、时限和顺序的行为。如税务稽查人员认为自己与被查对象比较熟悉，而未出示税务检查证和《税务检查通知书》，要求对被查对象实施检查的行为，就严重违反了税法的规定。

3. 抽象税收违法行为和具体税收违法行为

这是根据税收违法行为的对象所作的分类。抽象税收违法行为是指与税收相关的机关制定税收法规、规章和规范性文件的行为违法，包括主体违法、形式和程序违法、内容违法等[②]。具体税收违法行为是指税收主体在进行各种具体征纳活动时的行为违法，这是税收违法行为中最常见、最主要的类型，大量地存在于税收征纳的各个环节。

---

① 如在税务稽查过程中，稽查人员与被查对象有利害关系，足以影响案件查处，但却不申请回避，该稽查人员的行为就是违反税法规定的行为。

② 如，部分地区的市、县政府为了招商引资的需要，违反法律法规的规定，擅自做出税收的开征、停征或者减税、免税、退税、补税以及其他同税收法律法规相抵触的决定的行为。

二、税收违法行为的具体形式

税收征收管理是一个动态、复杂的管理活动，可以分为不同阶段、不同层次，而各阶段、各层次产生的税收违法行为的具体形式也是不同的。

（一）违反税务登记管理制度的行为

具体包括：未按规定申报办理税务登记的行为；未按规定申报办理变更税务登记的行为；未按规定申报办理注销税务登记的行为；不按规定使用税务登记证件或者转借、涂改、损毁、买卖、伪造税务登记证件的行为。

（二）违反账簿管理制度的行为

具体包括：未按照规定设置、保管账簿或者保管记账凭证和有关资料的行为；未按照规定将财务、会计制度或者财务、会计处理办法和会计核算软件报送税务机关备查的行为；扣缴义务人未按照规定设置、保管代扣代缴、代收代缴税款账簿或者保管代扣代缴、代收代缴税款记账凭证及有关资料的行为。

（三）违反发票管理制度的行为

1. 未按规定印制发票或者生产发票防伪专用品的行为

具体包括：未经省级税务机关指定的企业私自印刷发票；未经国家税务总局指定的企业生产发票防伪专用品、私自印制增值税专用发票；伪造、私刻发票监制章，伪造、私造发票防伪专用品；印刷发票的企业未按《发票印制通知书》印制发票，生产发票防伪专用品的企业未按《发票防伪专用品生产通知书》生产防伪专用品；转借、转让发票监制章和发票防伪专用品；印制发票和生产发票防伪专用品的企业未按规定保管发票成品、发票防伪专用品，销毁废（次）品而造成流失；用票单位和个人私自印制发票；未按税务机关的规定制定印制发票和生产发票防伪专用品管理制度；指定印制发票的企业，私自将批准印制的发票委托或转让给其他印刷厂印制；其他未按规定印制发票和生产发票防伪专用品的行为。

2. 未按规定领购发票的行为

具体包括：向税务机关以外的单位和个人领购发票；私售、倒买倒卖发票；贩卖、窝藏假发票；借用他人发票；盗取（用）发票；私自向未经税务机关批准的单位和个人提供发票；其他未按规定领购发票的行为。

3. 未按规定开具发票的行为

具体包括：应开具而未开具发票；发票单联填写或上下联金额、增值税销项税额等内容不一致；发票项目、内容填写不齐全；涂改、挖改、伪造、变造发票；转借、转让、代开发票；未经批准拆本使用、隔行跳页使用发票；虚构经济业务，虚开假发票；卖甲开乙，开具票物不符发票；开具作废发票，重复使用发票；未经批准，跨规定的使用区域开具发票；擅自扩大发票填开范围；未按规定报告发票使用情况；未按规定设置发票登记簿；其他未按规定开具发票的行为。

4. 不按规定取得发票的行为

具体包括：应取得而未取得发票；取得不符合规定的发票；取得发票时，要求开票方或自行变更品名、金额或增值税税额；擅自填开、伪造发票入账；其他未按规定取得发票的行为。

5. 未按规定保管发票的行为

具体包括：丢失发票；损（撕）毁发票；保管不当，造成发票被盗、蛀咬、损毁；丢失或擅自销毁发票存根联以及发票登记簿；未按规定缴销发票；印刷发票和生产发票防伪专用品的企业丢失发票和发票监制章或发票防伪专用品等；未按规定建立健全专人、专账、专库（柜）等发票保管制度；其他未按规定保管发票的行为。

6. 违反税务机关检查制度的行为

具体包括：拒绝检查；隐瞒真实情况；刁难、阻挠税务人员进行检查；拒绝接受"发票换票证"；拒绝提供有关资料；拒绝提供境外公证机构或者注册会计师的确认证明；拒绝接受税务人员对有关发票问题的询问、调查、取证；其他未按规定接受税务机关检查的行为。

（四）违反纳税申报制度的行为

根据《税收征管法》第六十条、第六十二条、第六十四条的规定，未按规定办理纳税申报的行为是指纳税人未按照规定的期限办理纳税申报和报送纳税资料的，或者扣缴义务人未按照规定的期限向税务机关报送代扣代缴、代收代缴税款报告表和有关资料；未按照规定安装、使用税控装置，或者损毁或者擅自改动税控装置的；未按照规定将其全部银行账号向税务机关报告的；编造虚假计税依据的行为。

（五）违反税款征收制度的行为

1. 偷税行为

根据《税收征管法》第六十三条的规定，偷税行为包括纳税人伪造、变造、隐匿、擅自销毁账簿、记账凭证，或者在账簿上多列支出或者不列、少列收入，或者经税务机关通知申报而拒不申报或者进行虚假的纳税申报，导致不缴或者少缴应纳税款等情形。《最高人民法院关于审理偷税抗税刑事案件具体应用法律若干问题的解释》（法释[2002]33 号）第一条第五项规定，缴纳税款后，以假报出口或者其他欺骗手段，骗取所缴纳的税款行为也构成偷税。

2. 抗税行为

根据《税收征管法》第六十七条的规定，抗税行为是指以暴力、威胁方法拒不缴纳税款的行为。

3. 逃避追缴欠税的行为

根据《税收征管法》第六十五条的有关规定，纳税人欠缴应纳税款，采取转移或者隐匿财产的手段，妨碍税务机关追缴欠缴的税款的行为都属于逃避追缴欠税的行为。

4. 骗取出口退税的行为

骗取出口退税行为是指以假报出口或者其他欺骗手段，骗取国家出口退税款的行为。

5. 不进行纳税申报的行为

不进行纳税申报的行为是指纳税人不进行纳税申报，不缴或少缴应纳税款的行为。

6. 未按规定期限缴税的行为

未按规定期限缴税的行为是指纳税人、扣缴义务人在规定期限内不缴或少缴应纳或应解缴的税款的行为。

7. 未扣缴税款的行为

未扣缴税款的行为是指扣缴义务人应扣未扣、应收而不收税款的行为。

（六）银行及其他金融机构未能协税的行为

纳税人、扣缴义务人的开户银行或者其他金融机构拒绝接受税务机关依法检查纳税人、扣缴义务人存款账户或者拒绝执行税务机关作出的冻结存款或者扣缴税款的决定，或者在接到税务机关的书面通知后帮助纳税人、扣缴义务人转移存款，造成税款流失的行为。

练习题

1. 简述税务稽查的基本概念。
2. 简述日常稽查与日常检查之间的区别。
3. 结合本地实际，说明专项稽查与税收专项检查之间的区别与联系。
4. 为什么要强调执法主体的一致性？如果不一致会产生什么后果？
5. 结合税收法律关系中稽查执法主体特殊性问题论述如何理解稽查依法独立原则。
6. 联系实际谈谈如何在新形势下进一步强化税务稽查的职能作用。
7. 如何借鉴发达国家税务稽查的成功经验，完善我国税务稽查体制？
8. 税务稽查法律规范按法律渊源如何分类？
9. 税务稽查法律适用的原则有哪些？
10. 如何判断一个行为是税收违法行为？

第二章　税务稽查选案及稽查实施

通过本章的学习，需要理解并掌握以下问题：
1. 税务稽查选案的程序及基本方法；
2. 税务稽查实施环节的法定程序；
3. 税务稽查实施的方法和一般步骤。

第一节　税务稽查选案

税务稽查选案是税务稽查的第一道程序，是税务稽查的起点和基础。稽查选案的主要内容是确定税务稽查的对象，其准确率的高低，直接影响着稽查效率的高低，直接决定着稽查成果的大小。

一、税务稽查选案概述

（一）选案的概念

税务稽查选案亦称税务稽查对象的确定，是指按照一定的方式、方法和要求，对纳税人各项信息数据进行采集、分析、筛选，最终为税务稽查的实施确定具体检查对象的过程。涉税案件主要来源于检举、上级交办、各级转办、征管移办、协查拓展、检查拓展、情报交换和采集的综合信息。

税务稽查选案包括主动选案和被动选案。主动选案主要是指日常稽查和税收专项检查对象的确定；被动选案主要是指上级交办案件和群众检举案件等对象的确定。

（二）选案的条件

稽查选案主要是通过对纳税人综合财务信息、纳税情况等的分析、处理，最大限度地发现存在的问题和疑点，分清重点稽查对象和一般稽查对象，确立稽查的重点内容和突破口。为了提高准确性，应在坚持优选和限选的前提条件下，运用科学方法进行选案。

1. 优先选择条件

将线索清晰的群众检举案件，上级督办或交办、部门转办、征管移交案件，金税协查案件，税收专项检查及需要实施检查的其他涉税案件，优先列入税务稽查选案的范围。

2. 限制选择条件

按照《税收征管法实施细则》第八十五条的规定，稽查局应建立科学的检查制度，统筹安排检查工作，严格控制对纳税人、扣缴义务人的检查次数。在一个公历年度内，除群众检举、协查、上级督办或交办、部门转办、征管转办的案件等专案检查外，对同一纳税人、扣缴义务人原则上不重复安排检查。

（三）选案的程序

1. 日常稽查的选案程序

日常稽查的案源主要根据税收宏观管理的需要，从纳税人及各地区税收征管综合信息中筛选产生，具体步骤为：

（1）根据税收宏观管理的需要，确定税收日常稽查的项目和要求。

（2）稽查选案部门通过计算机或人工选案等方法，确定备选的纳税人名单，撰写选案说明，提供初步选案的建议，并提交选案领导小组审定。

（3）选案领导小组对备选名单进行审核讨论，确定稽查对象。

（4）稽查局长签发《税务稽查任务通知书》，由稽查选案部门下达检查任务。

2. 专项检查的选案程序

专项检查的案源主要从纳税人及各地区税收征管综合信息中筛选产生，具体步骤为：

（1）专项检查领导小组办公室根据税收征管情况拟订检查的行业和整治的地区，通过计算机或人工选案等方法，制作备选行业和地区的纳税人名单，撰写选案标准说明，提供初步选案的建议，并提交税收专项检查领导小组审定。

（2）专项检查领导小组对备选名单进行质询、讨论，领导小组办公室对质询问题作出解释答疑，并将讨论中可能新接收的案源信息与已有信息进行比对。

（3）领导小组负责人在综合小组各成员意见的基础上，最终确定稽查对象，并交由领导小组办公室下达检查任务，领导小组办公室组织实施。

二、税务稽查选案的方法

税务稽查案源的筛选，主要是通过计算机、人工或者人机结合的手段，对各类税务信息进行收集、分类、分析、比对和数据处理，从而在所管辖的纳税人、扣缴义务人中，选取出最有嫌疑的稽查对象。

（一）计算机选案

计算机选案是指利用计算机综合选案系统，通过纵向的综合分析与横向的逻辑、勾稽关系审核，筛选出各类纳税申报指标异常的纳税人作为稽查对象的选案方法。

计算机选案提高了稽查选案的科学性和针对性，避免了人工选案造成的重选和漏选现象，增强了选案的准确性。目前，我国有许多省份，特别是经济较发达的省份，已充分利用综合税收征管信息系统 2.0 版（简称 CTAIS2.0）的优势和便利条件，积极推行计算机选案，实现了税务稽查选案由人工选案向计算机选案的转变。

为了加强计算机选案的管理，使整个稽查工作自始至终都能符合科学、合理、高效的要求，在计算机选案过程中应做好以下几方面的工作：

（1）广泛搜集纳税人的各类信息资料。计算机选案的准确性取决于纳税人信息资料的全面性和完整性。纳税人的信息资料越全面、完整，选案的准确率越高。纳税人的信息资料，主要来自两大部分：一是基本信息资料，即与纳税人有关的税收征管资料，主要包括税务登记资料，发票购领、使用、保存资料，申报资料，税款缴纳情况，财务会计报表，以及其他可由纳税人直接提供的或由主管税务机关提供的资料。目前，全国推广的 CTAIS2.0 系统保证了税收征收信息采集的可靠性。二是通过外部协作收集的、与纳税人有关的各种信息资料，主要包括工商登记信息、银行信息、海关信息、行业协会信息、新闻媒体广告信息等。

（2）合理确定计算机选案指标。确定计算机选案指标，是指从纳税人的各种信息资料中筛选出与稽查目标相关联的数据项目。这是决定选案内容的多少及选案深度、广度的关键。从理论上讲，选案指标设置得越多，针对性就越强，选案的准确性就越高。但选案指标越多，约束性就越强，选案的关联性就会受到影响。实际工作中，应当根据稽查目标综合权衡准确性与关联性之间的关系，科学确定选案指标进行分析。从目前看，计算机选案指标的分析主要有以下几种：①单项选案指标分析。主要是对税务登记户数，纳税申报情况，发票领、用、存等指标进行对比分析，找出漏征漏管户、申报异常和有发票违法嫌疑的纳税人。②分行业生产经营平均增长指标分析。主要是将相关行业纳税人的收入、成本、费用、利润、税金等指标予以采集，以平均值作为选案参数，找出有指标异常的纳税人。③分行业财务比率分析指标分析。主要是对各行业的有关财务比率，如销售额变动率、销售利润率、成本毛利率、税收负担率等进行统计和分析，以平均值作为选案参数，找出有指标异常的纳税人。④企业常用财务指标分析。主要是将企业常用的各项财务指标，如销售利润率、应收账款率、应付账款率、资产负债率、流动比率、速动比率等作为选案指标，并将这些财务指标与标准参数进行对比分析，找出有指标异常的纳税人。⑤流转税类选案指标分析。流转税是我国现行税制中的主体税种，对企业缴纳流转税的情况进行分析，能够及时发现疑点，为选案提供依据。其分析的指标较多，比如销售税金负担率（简称税负率）分析、申报与发票对比分析、销售收入增长率分析、销售收入增长率与销售税金增长率分析等。⑥企业所得税税前限制列支项目的指标分析。这一类指标分析的项目有工资、各种费用、各种准备金等。相关数据主要来源于企业的财务报表和所得税纳税申报表。因为对于这些项目，国家政策都规定了相应的列支幅度，如职工福利费，国家规定的列支标准为职工标准工资总额的 14%，如果高于这个比例，则说明有偷逃企业所得税的可能。企业所得税列支项目的分析，是税务机关案头稽查的重要内容，也是选案的重要指标体系之一。

除税收管理方面的分析指标外，还有工商登记与税务登记对比分析、纳税申报时效性分析、企业税收零申报分析等。

（3）科学确定计算机选案参数。计算机选案指标的信息采集好后，并不是马上就可以进行选案工作，因为在具体实施计算机选案过程中，既要有符合本次选案目标的选案指标信息，也要有为选案工作提供准确参数指标的选案参数。比如销售利润率，它是一个重要的选案指标，但如果没有一个相应的参数值进行比较，该指标也就没有实际意义。因此，在计算机自动选案工作中，指标参数选取得成功与否，直接关系到计算机自动选案的成败。在实际工作中，我们可在确定销售利润率的基础上，再选定同行业的平均销售利润率作为参数值，与不同纳税人的销售利润率进行比较，从而筛选、确定出符合税务稽查类型的稽查对象。

计算机选案参数的形成主要有以下途径：①计算机自动生成。即通过计算机程序编排，将所要形成的参数以程序处理的方式产生。如有关纳税申报资料可以通过计算机输入方式按加权平均、移动平均等方法计算出平均值作为参数。②从有关法律法规库中提取。如企业所得税税前列支项目及其标准、固定资产折旧年限和折旧率水平等参数都可以从现有的法律法规信息库中提取。③根据税务稽查的内容和目的确定。如实施专项稽查时，可将上级税务机关布置的专项稽查内容和具体要求作为专项稽查选案的参数。④通过实际调查确定。有些不能由纳税人或有关法律法规直接提供的参数，只能通过调查了解后根据实际情况来确定。⑤根据实际需要选择约束条件。计算机选案的资料指标参数形成或确定后，还需选择选案时的约束条件，明确稽查选案的目标，避免税务稽查选案的盲目性。选案的约束条件一般是指选案的范围、选案的所属时间、选案的稽查时间等。

采用计算机自动生成有效数据的方法，具有高效、准确、科学的特性，而指标参数选取得准确与否，直接关系到计算机数据的有效性，直接关系到数据分析的准确性。在计算机自动选案工作中，必须有重点地选择具体指标和参数，使选案工作重点突出、有的放矢，确保选案的科学性和准确性，有效提高选案准确率。

（4）计算机选案结果的筛选。对计算机选案初步结果必须进行整理才能确定稽查对象。如果把所有信息资料、符合选案指标和参数条件的纳税人都纳入稽查范围，则会使稽查人员无所适从，也会增加不必要的稽查任务。因此，计算机选案初步结果形成后，还必须对所有候选对象进行整理和筛选。筛选时，可以通过计算机程序方式对所有候选对象进行综合评判，从而选择最有代表性的对象作为纳入稽查范围的纳税人。

例 1　增值税日常稽查计算机选案约束条件的确定

根据国家税务总局《增值税日常稽查办法》的规定，某省国家税务局将以下标准作为增值税日常稽查的选案参数：

A. 增值税纳税申报异常且无正当理由的；　　B. 企业财务指标异常且无正当理由的；

C. 连续两年未纳入检查对象的；　　D. 未申报纳税的纳税人经两次书面催报催缴无效的；

E. 未办理税务登记，经书面催办无效的；　　F. 其他需列入日常稽查的。

例 2　计算机指标参数的选取

2007 年度，根据国税总局和省局的统一布置，某市国家税务局将食品药品生产加工企业列入了年度税收专项检查的必查项目。在专项检查的过程中，该市国税局稽查局设计的计算机参数指标的选取工作步骤如下：

（1）确定行业筛选对象范围，保证对象提取的准确性。食品药品生产加工行业在 CTAIS2.0 中的对应代码分别是农副食品加工业（1300）、食品制造业（1400）、医药制造业（2700），因而在计算机程序的设定中，此三个行业代码均为本次筛选对象的范围。

（2）确定基础类的分析比对指标。从 CTAIS2.0 数据库中提取符合行业代码的纳税人的年度销售额、应税销售额、应纳税额、增值税税负率及同期的销售额变动率、应纳税额变动率等数据，并作为分析对象的基础类分析指标。

（3）确定相应的参数值，以进一步提高行业分析的准确性。首先，把全市的年度行业平均税负率作为评价被选对象的税负率是否异常的一项比对参数；其次，把行业增值税税负预警值作为评价被选对象的税负是否异常的另一项比对参数；再次，为避免重复检查，确定被排入此次检查的纳税人必须是三年来尚未接受过稽查（检举检查的纳税人除外）的纳税人。

例 3　计算机选案

2007 年，某市国税局稽查局根据总局的年度安排，自主选择了连续五年未实施检查企业为当年度税收专项检查自选项目，其计算机选案过程如下：

（1）收集信息，分析指标，初步确定税收专项检查自选项目的范围。首先，该局利用计算机对近年来本市查处的大要案件的基本情况进行统计分析，发现这些大要案企业几乎全部是当地的重点税源企业，因此该局初步确定选择连续五年未实施检查企业为 2007 年税收专项检查的自选项目。其次，选择年销售额、销项税额、进项税额、应纳税额等参数指标进行比对，发现 2006 年度增值税应纳税额 100 万元以上且连续五年未实施检查的企业共有 389 户，涉及行业 30 多个。至此，该市 2007 年税收专项检查的自选项目为，连续五年未实施检查且 2006 年度增值税应纳税额 100 万元以上企业。

（2）集中优势兵力，重拳出击。从已有的稽查力量看，要对初步筛选的 389 户企业全面实施稽查，明显人力不足、精力不够，因此，对符合上述两个条件的企业，另外又增设了一些参数指标，如企业所属辖区、年税负率、全市该行业的平均税负率、税负率差、行业增值税最低预警值、比对企业与行业增值税预警值之间的差距等参数指标，通过再次比对最终确定，对主营销售收入较大并且税负率低于全市同行业税负率和行业最低预警值的 144 户企业实施检查。

截至 2007 年底，检查的 144 户企业中，查有问题的 115 户，查有问题率为 79.9%，查补收入合计 1299.44 万元。

（二）人工选案

人工选案是指选案部门的人员根据不同时期的稽查中心工作和稽查计划项目，对所有候选对象进行整理和筛选，可以分为随机抽样和非随机抽样两大类。

1. 随机抽样选案

随机抽样是指按照概率规律来抽取税务稽查对象，并根据检查对象的特征来推断总体特征的一种方法。其主要方式有简单随机抽样、等距抽样、分层抽样等。随机抽样有两个显著特点：一是遵循机会均等原则，即在抽取检查对象时，总体中的每一个单位被选中的机会都是均等的，完全排除了抽查者的主观意愿。二是可以从数量上推断总体，即在随机抽查时，可以通过已经稽查出来的被查对象的特征推断总体特征。

（1）简单随机抽样。简单随机抽样是指对所有单位（纳税人）按完全符合原则的特定方法抽取样本，是随机抽样的最基本方法。即抽样时不进行集体分组、排列，使抽查中的任何一个单位（纳税人）都有被抽取的平等机会，可以排除抽查者的主观意愿。它是其他随机抽样方法的基础，但被抽取的稽查对象不一定具有代表性。

常用的简单随机抽样方法是抽签法，即将所有单位（纳税人）的编号填写在卡片或纸签上，将卡片或纸签放在容器中，掺合均匀后从中任意抽选作为稽查对象，直至达到所需数量。这种方法比较原始，随着计算机技术的发展，现在可以通过计算机进行随机抽样。

简单随机抽样适用于总体单位（纳税人）数目不大的情况，当总体单位（纳税人）较多，特别是纳税人之间的差异比较大时，不适于用简单随机抽样的方法。

（2）等距抽样。等距抽样亦称机械抽样，是指把总的纳税人按一定标志或次序予以编号排列，然后按抽样比例将总体划分为相等的间距，再利用随机数字表确定一个间距内的一个单位（纳税人），最后据此按相等的间距抽取必要的数目。如要在3000户纳税人中抽取100个稽查对象，每30个纳税人必有一个被选中。首先将3000个纳税人依次编码，再在1～30个数字之间随机抽取一个数码，确定为稽查的第一个对象。假设所抽取的随机数码是8，那么纳税人名单上的第38号、68号、128号、158号……就成为被抽取的稽查对象，直至达到100个纳税人为止。

该方法一般可以保证抽取的稽查对象在总体中均匀分布，若按照一定的标志排列时，还可以缩小各纳税人之间的差异程度。但该方法有一定的局限性，将所有纳税人都依次编号，抽取的对象可能缺乏代表性，比如：纳税人中的个体工商业户较多，重点税源较少，等距抽样时可能很少选中，甚至完全没有抽中重点税源企业。

等距抽样是一种采用较为普遍的抽查方法，适用于对同一类型纳税人组织的专项检查（如行业性检查、进项增值税专用发票检查等）。

（3）分层抽样。分层抽样亦称类型抽样或分类抽样，即将总体纳税人按经济类型或经营方式，以一定的分类标准划分成若干层次或类型，然后在各层次或类型中采用简单抽样或等距抽样的方法选出一定数目的稽查对象。其基本原则是使每一个层次或类型内部的差异尽量缩小，而各层次或类型之间的差异尽量增大。

在划分层次或类型之后，一般采用分层定比方法来抽取稽查对象。具体方法是按各层次或类型在总体中所占的比例在各层次内随机抽取稽查对象。例如，在总体的纳税人中，大中型工业企业占10%，大中型商业企业占10%，小型工商企业占30%，个体工商业户占40%，其他类型占10%，分层抽样所用的被查对象的比例应与上述比例相符，才符合随机原则。有时当某个层次或类型所含的纳税人在总体中所占的比例太小时，为了使该层次或类型也能抽到稽查对象，需要适当加大该层次所占的比例，这种做法叫做分层异比。分层异比必须慎用，因为它是违反随机原则的。

分层抽样是分类与随机原则的结合，适用于基层单位所管纳税人数目较多、经济类型复杂、纳税数额差异大的情况，是随机抽样常用的方法。

2. 非随机抽样选案

非随机抽样选案，亦称非概率抽样选案或判断抽样选案，即抽样者根据自身对总体样本的认识或根据主客观条件而主观地选择稽查对象的一种方法。由于这种抽查是凭借抽查者的主观设想或判断选择进行的，可能会有失公正，但只要主观设想的目的性明确、判断选择的内容符合税务稽查的实际需要，则仍可达到稽查的预期效果。在实际工作中，非随机抽样可根据某个时期稽查中心工作内容来选择稽查对象，或根据税收征收时间周期和税务稽查的时间安排，有计划地适时选择稽查对象。

（三）人机结合选案

从当前状况来看，由于录入税收征管信息数据库中的数据信息质量还不是很高，计算机自动选案结果与实际情况会存在一定的误差，而人工选案方法又存在工作效率不高、选案结果不够准确、主观因素大等问题，使得以上两种方法都存在着一定的片面性和局限性。因此，在实际工作中一般采用人机结合的方法开展税务稽查选案工作。

人机结合选案，即在广泛采集有关税务稽查对象的各种与税收有关的信息基础上，确定计算机选案指标，设置合理、有效的选案参数，通过计算机选案分析系统运算生成各类纳税申报指标异常的税务稽查对象名单，再结合日常了解掌握的情况对计算机运算结果作出适当调整，筛选整理后确定税务稽查对象。

人机结合选案过程中应注意以下两点：（1）各项稽查选案分析指标的设定应紧紧围绕企业的经济活动，对已掌握的数据资料运用各种方法深入地揭示可能出现的各种情况，并就其经济效果与各种涉税事项等诸因素之间的关系，进行横向和纵向的定量比较，在综合分析的基础上提出能够定性的量化指数标准，从而作为确定纳税异常的参照依据。（2）注重外部信息的搜集，将计算机信息和实际情况相结合，进一步提高案源信息准确率。诸如在房产税、土地使用税、房产交易税等税种的稽查对象筛选中，在通过计算机分析系统产生纳税异常对象的基础上，还应从当地的城管、房产、土地等部门获取信息，从而提高选案准确率。

第二节　税务稽查实施

税务稽查实施（通常称税务检查）是指税务机关依照法定程序和权限，对税务稽查对象进行调查并提出处理意见的过程。税务稽查实施的工作流程如下：

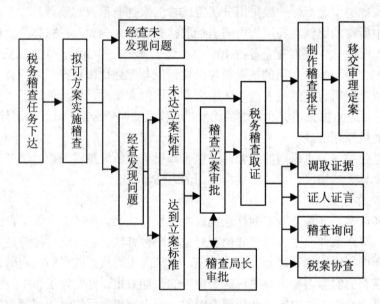

一、稽查实施的主要方式

税务机关可根据法定程序和实际工作的需要，在税务稽查实施时采用调账检查、实地检查和跨辖区检查等方式进行。

（一）调账检查

调账检查指税务机关按照法定的程序和手续，调取稽查对象账簿、凭证、报表及有关资料到税务机关实施税务稽查。

调账检查的目的是通过审查稽查对象会计核算和税收核算的正确性与规范性，查找税收违法的线索。在实施税务稽查时，需要将稽查对象的账簿资料（包括账外与纳税有关的账簿资料）调回税务机关实施检查的，应按规定办理调账手续，并在规定的时间内完整归还。调取和归还账簿资料时，稽查人员和稽查对象的经办人员应当场清点账簿资料的种类及数量，并当场签名。

调账检查是对纳税人送交的会计核算、纳税申报资料和其他与申报纳税有关的资料实施案头审计。实施账务检查一般可分为三个层次五个步骤：三个层次为会计账簿、凭证和报表；五个步骤为会计报表的审核、纳税申报表的审核、有关计税依据账户的审核、与计税依据相关且可能隐匿计税依据账户的审核、会计账户与相关的会计凭证的比对审核。

在实施账务检查时，要注重对会计核算合法性、真实性和正确性的审核，注重会计账簿与会计报表之间、会计账簿与会计凭证之间、总分类账簿与明细分类账簿之间、会计凭证与会计凭证之间逻辑关系的分析，通过查找隐藏在会计资料中的蛛丝马迹，查找违法嫌疑和线索。对发现的违法嫌疑和有关线索，应依法开展调查取证工作。

（二）实地检查

实地检查指稽查人员根据选案确定的稽查对象和稽查实施计划，到纳税人、扣缴义务人的生产经营场所和货物存放地对其账簿、报表、凭证及生产经营等情况实施的税务检查。

实地检查实施前，稽查实施部门要认真分析案情，根据所掌握的有关线索，结合被查纳税人的实际情况，认真分析在实地检查时可能会发生的问题，合理地安排检查力量，落实人员分工，拟订应急预案。

实施实地检查也是查获纳税人账外核算资料等直接证据的主要途径和方法之一。场地检查的内容主要包括：（1）检查商品、货物或其他财产是否与账证相符；（2）检查账簿、凭证等会计资料档案的设置、保存情况，特别是原始凭证的保存情况；（3）检查当事人计算机及其服务器的配置和贮存的数据信息情况；（4）检查当事人隐藏的账外证据资料，获取涉税违法的直接证据。

因此，在实施实地检查时，要按照预定的稽查方案，密切注意被查单位有关人员的动向，控制检查现场，当发现有异常情况时，要及时采取有效措施，尽可能地获取当事人的各类涉税证据资料。

实地稽查实施完毕后，稽查人员根据实地检查的实施情况、发现的有关问题和查获的有关证据资料，可以制作《现场检查记录》，分项予以列明[①]，并由被查单位经办人员在《现场检查记录》上签名并押印。在现场查获重要证据资料或无法移动的物证时，可照相或摄像存档备查。

（三）跨辖区检查

在税务稽查实施过程中，需要跨管辖区调查取证的，可以采用委托协查和异地调查的方法进行。

1. 委托协查。对需要委托外地税务机关等单位协助调查的，由实施税务稽查的稽查局制作《关于案件的协查要求》（以下简称《协查要求》），注明委托协查的事由及要求。《协查要求》一式两份，一份由发函单位留存备案，一份寄往受托方税务机关。受托方税务机关接到《协查要求》后，应按照委托方税务机关的要求，及时予以核查、回复。委托调查回复后，发函单位应及时登记注销，归入该案案卷，并对回复的情况作进一步的核实。

2. 异地调查。对需要实施异地调查取证的，由实施税务稽查的稽查局直接派员前往，在

---

① 说明现场查获资料的名称、数量，现场查获资料的存放处、现场查获资料的保管人姓名等。

当地主管税务机关等有关单位的协助配合下，开展调查取证工作。当地主管税务机关对其他税务机关进行的异地调查，应给予支持和配合。

二、税务稽查权限

依据《税收征管法》等法律法规的规定，税务机关在实施税务稽查时享有下列权力：

（一）查账权

查账权是指税务机关对纳税人的账簿、记账凭证、报表和有关资料以及扣缴义务人代扣代缴、代收代缴税款的账簿、记账凭证和有关资料有进行检查的权力。税务查账是税务稽查实施时普遍采用的一种方法。行使本职权时，可在纳税人、扣缴义务人的业务场所进行，必要时经县以上税务局（分局）局长批准，可将纳税人、扣缴义务人以前年度的账簿、记账凭证、报表和有关资料调回税务机关检查。若要将纳税人当年度的账簿资料调回税务机关检查，必须经设区的市、自治州税务局（分局）局长批准。

（二）场地检查权

场地检查权是指税务机关到纳税人的生产、经营场所和货物存放地检查纳税人应纳税的商品、货物或者其他财产，检查扣缴义务人与代扣代缴、代收代缴税款有关的经营情况的权力。通过场地检查，可以发现账务检查中难以发现的账外证据资料和有关线索，是账务检查的延续和补充，可以增大稽查实施的效果。

（三）责成提供资料权

责成提供资料权是指税务机关指定或要求纳税人、扣缴义务人提供与纳税或扣缴税款有关的资料的权力。责成提供的资料必须是纳税人、扣缴义务人与纳税或者代扣代缴、代收代缴税款有关的文件、证明和其他有关的资料，在收取这些资料时必须开列清单，并在规定的时限内归还。

（四）询问权

询问权是指税务机关在税务稽查实施过程中，向纳税人、扣缴义务人或有关当事人询问与纳税或者代扣代缴、代收代缴税款有关的问题和情况的权力。询问可在被询问人的单位或住所进行，也可以通知当事人到税务机关接受询问。

（五）查证权

查证权是指税务机关到车站、码头、机场、邮政企业及其分支机构检查纳税人托运、邮寄应纳税商品、货物或者其他财产的有关单据、凭证和有关资料的权力。

（六）检查存款账户权

检查存款账户权是指税务机关对从事生产经营的纳税人、扣缴义务人在银行或者其他金融机构的存款账户进行检查的权力。行使该权力时，须经县以上税务局（分局）局长批准，持全国统一格式的《检查存款账户许可证明》进行。税务机关在调查税收违法案件时，经设区的市、自治州以上税务局（分局）局长批准，可以查询案件涉嫌人员的储蓄存款。

（七）采取税收保全措施权

采取税收保全措施权是指税务机关在可能由于纳税人的行为或者某种客观原因，致使以后税款的征收不能保证或难以保证的情况下，采取限制纳税人处理或转移商品、货物或其他财产措施的权力。采取税收保全措施时，稽查局必须按照法律法规规定的程序和要求组织实施。

（八）采取税收强制执行措施权

采取税收强制执行措施权是指当纳税人、扣缴义务人以及纳税担保人不履行法律法规规定的义务时，税务机关采用法定的强制手段，强迫当事人履行义务的权力。采取税收强制执行措施时，稽查局必须按照法律法规和规定的程序和要求组织实施。

（九）调查取证权

调查取证权是指税务机关在税务稽查实施时调取证据资料的权力。税务机关在税务稽查实施时，可以依法采用记录、录音、录像、照相和复制等方法，调取与案件有关的情况和资料。

（十）行政处罚权

行政处罚权是指税务机关对纳税人、扣缴义务人以及其他当事人的税收违法行为予以税务行政处罚的权力。

三、稽查实施的步骤和内容

（一）税务稽查实施前的准备

税务稽查实施涉及纳税人的整个生产经营活动，关系到税收法律法规的具体贯彻实施，做好税务稽查实施的准备工作，是保证税务稽查实施工作顺利、有效开展的基础和必要条件。税务稽查实施准备阶段的工作主要包括：

1. 落实任务

税务稽查实施部门接到税务稽查任务后，应及时指定两名或两名以上稽查人员具体负责税务稽查的实施工作。

2. 学习政策

稽查人员在实施检查前，要针对稽查对象的具体情况，有目的地学习、熟悉有关的税收法律法规的规定，熟悉、掌握会计核算方法及有关的财务会计制度，提高政策业务水平，以保证稽查实施的工作质量。

3. 收集资料

在税务稽查实施之前，需收集、整理纳税人的财务会计报表、纳税申报表、纳税记录、纳税凭证等纳税资料，了解纳税人履行纳税义务的情况，并从纳税资料中查找涉税违法问题和线索，以便有重点地开展税务稽查。

4. 分析情况

在税务稽查实施前，应做好资料分析，以确定税务稽查的重点并拟订稽查方案。

（1）分析财务会计报表。在检查前，稽查人员应对被检查对象的资产负债表、损益表和现金流量表等财务会计报表及各类附表进行认真的审查、验算、分析。通过初审分析，发现涉税违法线索，初步确定稽查实施的重点。

（2）分析检举资料。检举人检举纳税人税收违法行为的线索，可以为税务稽查实施提供重要的稽查目标和范围。实施稽查前，稽查人员应对检举内容的可信度和检查方向进行认真的研究分析，初步确定稽查实施的重点和范围。

5. 拟订实施方案

稽查实施方案是指税务稽查实施部门通过案情分析，对税务稽查实施制定的行动计划。稽查实施方案的主要内容一般包括以下几方面：

（1）稽查实施的目的和要求；

（2）稽查实施的范围和重点；

（3）检查账证资料的所属期限；

（4）稽查实施的具体方法和步骤；

（5）稽查人员的分工；

（6）稽查实施时间的安排；

（7）稽查实施过程中预计出现问题的应急措施。

（二）实施税务稽查

1. 下达《税务检查通知书》。在实施税务稽查前，除另有规定外，稽查人员应提前以书面形式向被查单位（人）送达《税务检查通知书》，见表 2-1，告知其税务稽查的时间和需要准备的资料等，并按规定办理《送达回证》。《税务检查通知书》的存根和《送达回证》均应归入税务稽查案卷。

表 2-1　税务检查通知书

_____税务局（稽查局）税务检查通知书

_____税检通〔　〕号

_____:

根据《中华人民共和国税收征收管理法》第五十四条规定，决定派_____等人，自_____年___月___日起对你（单位）_____年___月___日至_____年___月___日期间（如检查发现此期间以外明显的税收违法嫌疑或线索不受此限）涉税情况进行检查。届时请依法接受检查，如实反映情况，提供有关资料。

税务机关（签章）

年　月　日

告知：税务机关派出的人员进行税务检查时，应当出示税务检查证和税务检查通知书，并有责任为被检查人保守秘密；未出示税务检查证和税务检查通知书的，被检查人有权拒绝检查。

实施税务稽查时，如有下列情况之一的，可不必事先通知，但在进户实施税务稽查的同时，应送达《税务检查通知书》，并按规定办理《送达回证》手续：

（1）群众检举有税收违法行为的；

（2）稽查局有根据认为有税收违法行为的；

（3）预先通知有碍于税务稽查实施工作开展的。

例 4　制定税务稽查实施方案

2005 年 3 月，某市国税局稽查局决定成立专案组，对某饰品有限公司 2002 至 2004 年度涉嫌骗取出口退税的违法行为实施立案稽查。在实施稽查前，市稽查局召开案情分析会，对上级局转入的协查资料、在该公司进行协查中发现的涉税违法疑点、该公司生产经营的特点和现状，以及在实施税务稽查时会产生的困难和应急预案进行了认真分析，确定以票流、物流、资金流为主线对本案展开全面的调查取证工作，并拟订了稽查实施方案如下：

1. 稽查力量——在全局抽调了 8 名政治、业务素质较强的稽查人员组成专案组，稽查局局长任组长、副局长任副组长，负责本案的稽查工作。

2. 侦查力度——向市公安局通报案情，提请警方提前介入联合办案。

3. 从生产规模着手——进一步查看、分析该公司是否有实际生产能力，其生产能力是否与销售货物的数量相适应，有无存在异常情况。

4. 从专用发票着手——对该公司的所有进项发票进一步进行全面清理、分门别类，并采取直接赶赴各地调查和发函取证等多种方式，掌握第一手证据。

5. 从资金流向着手——进一步对该公司的资金流向进行全面检查。要达到骗税的目的，必有异常的资金流向，为了外汇的核销，可能会采取买汇等手法，要通过银行等款项往来，进一步查找和掌握认定骗税的相关证据和线索。

6. 从运输费用着手——进一步检查该公司发生的运输费用是否与购入、发出货物的数量相配比，推算出企业是否真正有货物的购进和发出，验证购入货物的真实性，查找和掌握认定骗税的佐证材料。

7. 从知情人员着手——排摸该公司的知情人员，查找和掌握该公司接受虚开的增值税专用发票和骗取出口退税的内情和线索。

8. 从会计资料着手——进一步检查该公司的各类收入、成本费用、货币资金、结算资金、存货等会计账户，查找和掌握该公司接受虚开的增值税专用发票和骗取出口退税的证据和线索。

9. 从外围关系着手——加强与该公司业务关系单位所在地税务机关的联系和配合，打开业务关系单位的缺口，取得认定接受虚开的增值税专用发票和骗取出口退税的佐证材料。

10. 从责任人员着手——加强和公安部门的配合，以法律和政策攻破责任人员的心理防线，促使责任人员讲清问题，尽快突破本案。

按照预定的税务稽查实施方案，专案组与公安机关密切配合，调查取证，查清了该公司以设立境内外关联企业、虚开进项增值税专用发票、虚报出口货物销售额、非法购买外汇用于出口收汇的核销等手段骗取出口退税 1124.24 万元的违法事实，稽查实施取得了预期的成效。

2. 送达《调取账簿资料通知书》（见表 2-2），出具《调取账簿资料清单》。对采用调账稽查办法的，在调取账簿资料时，稽查实施单位必须向纳税人、扣缴义务人送达《调取账簿资料通知书》，当场填写《调取账簿资料清单》，并在规定的期限内完整归还。值得注意的是，调取稽查对象以前年度的账簿资料，须经县以上税务局（分局）局长批准，并在三个月内完整归还；调取稽查对象当年度的账簿资料必须经设区的市、自治州以上税务局（分局）局长批准，并在三十日内完整归还。调取的账簿资料转作案件证据的，应依法办理税务稽查取证手续。

表2-2　调取账簿资料通知书

＿＿＿＿＿＿税务局（稽查局）调取账簿资料通知书 　　　　　　　　　　　　　　　　　　　　　　　　　　　＿＿＿税调〔　　〕　　号 ＿＿＿＿＿＿＿＿＿＿： 　　根据《中华人民共和国税收征收管理法实施细则》第八十六条规定，经＿＿＿＿＿税务局（分局）局长批准，决定调取你（单位）＿＿＿年＿＿月＿＿日至＿＿年＿＿月＿＿日的账簿、记账凭证、报表和其他有关资料到税务机关进行检查，请于＿＿＿年＿＿月＿＿日前送到＿＿＿＿＿＿税务局（稽查局）。 　　联系人员： 　　联系电话： 　　税务机关地址： 　　　　　　　　　　　　　　　　　　　　　　　　　　　　　　税务机关（签章） 　　　　　　　　　　　　　　　　　　　　　　　　　　　　　　　　年　月　日

　　3. 审查纳税申报和会计核算等有关资料，找出稽查对象在纳税申报和会计核算中存在的问题或线索，并制作《税务稽查工作底稿》（见表2-3）。

表2-3　税务稽查工作底稿

纳税人名称：　　　　　　　　　　　　　　　　　　　　　　　共　页　　第　页

账簿名称	记账时间	凭证号码	摘录	对应科目	金　额		备　注
					借方	贷方	

纳税人陈述意见：   　　　　　　　　　　　　　　　　　　　　　　　　　　　　　　　（签章） 　　　　　　　　　　　　　　　　　　　　　　　　　　　　　　年　月　日
内容摘录：
纳税人陈述意见：   　　　　　　　　　　　　　　　　　　　　　　　　　　　　　　　（签章） 　　　　　　　　　　　　　　　　　　　　　　　　　　　　　　年　月　日

稽查局（盖章）　　　　　　　　　稽查人员签字：　　　　　　　　　年　月　日

纳税人名称：　　　　　　　　　　　　　　　　　　　　　　　共　页　　第　页

4. 调查取证。即稽查局核实并调取有关书证、物证等证据资料，以及询问当事人和知情人等，查清并证实当事人涉税事实的工作过程。

调查取证时，要注意以下几个方面：（1）调取的证据资料，必须由出证单位（人）的法定代表人或经办人核对后签署核对意见，并说明证据资料的出处。同时，必须有两名或两名以上稽查人员亲笔签名。（2）调取书证资料多页的，可填制《证据复制（提取）单》。注明所附证据的数量和反映或说明的内容，并由出证单位（人）的法定代表人或经办人核对后签署核对意见，说明证据资料的出处。同时，必须有两名或两名以上稽查人员亲笔签名。（3）调取空白发票的，应使用《调取证据专用收据》；调取已开具的发票原件时，可使用统一的《发票换票证》换取。（4）为了使零散的证据资料原件或者复制件取得合法、出处明确，防止一些零散的证据资料原件或复制件在稽查实施过程中失散，并使所取得的证据资料易于出示、查阅和保管，稽查人员在取得证据资料后，应将其分类粘贴在《证据复制（提取）单》上，注明所调取的证据资料的出处，由出证单位（人）核对后签署核对意见并签名、盖章，并加盖骑缝章。（5）为了保持证据的原始性，便于日后对案卷的复查，当取得传真件或不是以钢笔或毛笔书写的证据原件时，应加以复印备份，所取得的证据原件与复印件同时归入案卷。（6）证据之间的相互印证，形成完整的证据链，以合法、完整、充分、确凿的证据支持税务稽查认定的涉税违法事实，保证涉税案件的查处质量。

5. 税务稽查立案。稽查立案是指稽查局对通过初步稽查，发现存在涉税违法嫌疑并需要追究法律责任的纳税人，实施进一步税务稽查所履行的法定程序。稽查人员应及时办理税务稽查立案手续，调整稽查实施方案，开展调查取证工作。

在税务稽查实施过程中，发现税务稽查对象有以下情形之一的，应当立案查处：（1）偷税、逃避追缴欠税、骗取出口退税、抗税以及为纳税人、扣缴义务人非法提供银行账户、发票、证明或者其他方便，导致税收流失的。（2）未具有上述（1）所列行为，但查补税款数额在 5000 元至 20000 元以上的。具体标准由省、自治区、直辖市税务机关根据本地情况在幅度内确定。（3）私自印制、伪造、倒卖、非法虚开发票，非法携带、邮寄、运输或者存放空白发票，伪造、私自制作发票监制章、发票防伪专用品的。（4）其他税务机关认为需要立案查处的。

对于经过初查认为需要予以立案稽查的涉税案件，稽查人员应及时制作税务稽查《立案审批表》，连同有关资料，报稽查局局长审批，经批准后再实施进一步的调查取证。

（三）稽查实施的中止（或终止）

在稽查实施过程中，在稽查人员发现涉税案件当事人死亡且其无债权、债务法定继承人，或同一涉税案件已由其他有管辖权的机关立案查处等情况下，在报经稽查局局长批准后可中止（或终止）税务稽查的实施。对中止（或终止）稽查实施的案件已调取的有关证据资料，应装订成册后归档备查。暂时中止实施的涉税案件，在条件成熟时，应重新实施税务稽查。

（四）采取税收保全措施

根据《税收征管法》及其实施细则的规定，税务机关对从事生产、经营的纳税人以前纳税期的纳税情况依法进行税务检查时，发现纳税人有逃避纳税义务行为，并有明显的转移、隐匿其应纳税的商品、货物以及其他财产或者应纳税的收入的迹象的，可以按照《税收征管法》规定的批准权限采取税收保全措施。税收保全措施的期限一般不得超过 6 个月；重大案件需要延长的，应当报国家税务总局批准。

1. 税收保全措施的实施

税务机关可以采取的保全措施有：提供纳税担保；冻结存款；扣押、查封商品、货物或其他财产。

（1）纳税担保的适用范围及实施程序

以下情形可要求纳税人提供纳税担保：①税务机关有根据认为从事生产、经营的纳税人有逃避义务行为的，可以在规定的纳税期之前，责令限期缴纳应纳税款；在限期内发现纳税人有明显的转移、隐匿其应纳税的商品、货物以及其他财产或者应纳税的收入的迹象的，税务机关可以责成纳税人提供纳税担保。②欠缴税款的纳税人或者他的法定代表人需要出境的，应当在出境前向税务机关结清应纳税款、滞纳金或者提供担保。③纳税人、扣缴义务人、纳税担保人同税务机关在纳税问题上发生争议需要依法申请行政复议的。

实施程序如下：

① 发出提供纳税担保通知书。纳税担保通知书是责成纳税人提供纳税担保程序的开始，也是确认纳税人不能按照规定提供纳税担保而采取税收保全措施，或可能阻止纳税人出境，或可能不受理纳税人行政复议的重要法律依据。

② 审查纳税担保人或物的资格。纳税人以未设置抵押权、留置权和质权的财产提供担保的，须向税务机关提供其财产证明，由税务机关审查认定。

③ 签订纳税担保书并填写纳税担保财产清单。纳税担保书要写明担保对象、担保范围、担保期限、担保责任及其他有关事项。经税务机关、纳税人、纳税担保人三方签字盖章并经税务机关审批后方为生效。纳税担保书、纳税担保财产清单是纳税担保关系成立的重要标志。

④ 纳税担保的终结。纳税人在担保期限内缴纳了税款，或者纳税担保人在纳税人不能依法履行纳税义务时缴纳了应担保的税额，纳税担保关系终止。纳税人应税期限内没有缴纳税款，纳税担保人也未按照规定担保应担保的税款，税务机关责令其限期改正，逾期不改正的，税务机关可采取税收强制执行措施。

（2）冻结存款的适用范围及实施程序

《税收征管法》第三十八条规定，如果纳税人不能提供纳税担保，经县以上税务局（分局）局长批准，税务机关可以书面通知纳税人开户银行或者其他金融机构冻结纳税人的金额相当于应纳税款的存款。

实施程序如下：税务机关需要冻结纳税人存款时，须经县以上税务局（分局）局长批准、签发《税收保全措施决定书》，送达当事人；同时签发《冻结存款通知书》送达当事人开户银行或其他金融机构，并由收到通知书的金融单位在本通知书税务机关留存联上签收并注明协助冻结存款金额。

纳税人在规定的限期内自动缴纳税款的，税务机关应当在收到税款或金融机构转回税票后及时印发《解除税收保全措施决定书》，送达当事人；同时印发《解除冻结存款通知书》，通知纳税人的开户银行或其他金融机构办理解除冻结的手续。

（3）扣押、查封的适用范围及实施程序

以下情形下税务机关可以扣押、查封价值相当于应纳税款的商品、货物或者其他财产：①未按照规定办理税务登记证的从事生产、经营的纳税人以及临时从事经营的纳税人，税务机关按核定应纳税额责令缴纳，纳税人不缴纳的；②纳税人不能提供纳税担保的。但应注意，税务机关可以扣押、查封的财产中不包括纳税人个人及其家属维持生活必需的住房和用品。

实施程序如下：

① 填写《税务行政执法审批表》。注明采取税收保全措施的种类、原因、依据和具体意见，报县（市、区）以上税务局（分局）局长批准、签发《税收保全措施决定书》（扣押/查封适用），送达给纳税人。

② 在实施查封、扣押措施时，按以下方法计算应查封、扣押的商品、货物或其他财产的价值：

a. 商品、货物，参照同类商品的市场价、出厂价或者评估价估算。

b. 金银首饰等贵重物品按照国家专营机构公布的收购价格计算。

c. 不动产按照当地财产评估机构评估价值计算。

d. 税务机关按上述方法确定应查封、扣押的商品、货物或其他财产的价值时，还应当包括滞纳金和在查封、扣押、保管等过程中所发生的费用。

③ 税务机关在实施查封、扣押措施时，应当根据查封的物品填制《查封商品、货物、财产清单》或者根据扣押的物品填制《扣押商品、货物、财产专用收据》。

④ 税务机关在实施查封措施时，应在查封的商品、货物或其他财产上加贴税务机关封条，并加盖税务机关印章。纳税人不得损坏封条或者擅自转移、隐匿、毁坏被查封的商品、货物或其他财产，违反者应移送公安部门以妨碍公务处理。

⑤ 税务机关在实施扣押措施时，应将所扣押的商品、货物或其他财产运至存储地点妥善保管。

纳税人按照规定的期限足额缴纳税款的，税务机关应当在收到税款或银行转回的税票后及时解除查封、扣押措施，印发《解除税收保全措施决定书》（扣押/查封用），送达给纳税人。

2. 实施税收保全应注意的问题

税务机关在依法实施税收保全时，应切实保证纳税人的合法权益不受损害，实施中应注意以下几个问题：

（1）实施税收保全措施必须按照法律规定的程序进行，顺序不能颠倒，程序不能缺少。

（2）采取税收保全措施时必须按规定填制各种法律文书，项目填写必须准确、齐全。

（3）采取纳税担保时，担保人用于担保的财产和纳税人自己拥有的用于担保的财产必须是未设置抵押权，或未设置或者未全部设置担保物权的财产。

（4）扣押商品、货物或者其他财产时，必须开付收据；查封商品、货物或者其他财产时，必须开付清单。

（5）在确定扣押、查封价值相当于应纳税款的商品、货物或者其他财产时，其价值还应包括滞纳金和扣押、查封、保管、拍卖、变卖所发生的费用。

（6）扣押、查封商品、货物或者其他财产时，必须由两名以上税务人员执行，并通知被执行人。拒不到场的，不影响执行。

如税务机关采取税收保全措施不当，或者纳税人在限期内已缴纳税款，税务机关未立即解除税收保全措施，使纳税人的合法利益遭受直接损失的，税务机关应承担赔偿责任。

例5　税收保全的实施

2007 年，某市国税稽查局采取实地突击检查的方法，对某公司公民检举一案实施税务稽查。检查组在该公司财务室发现了两套账本，一套是记录公司全部经营情况的账本（即账外账），一套是向税务部门申报的财务账本。同时，也发现了多个其他银行账户。通过仔细核查，发现该公司采用设立两套账本，以及通过个人银行账户结算货款的手段偷税，违法事实应补增值税 1000 多万元。在检查过程中，稽查人员发现该企业有将部分存入非基本结算银行账户的存款划走的情况，检查组当即依法办理相关手续，经税务局局长批准后，冻结了银行账户资金 800 余万元，确保了查补税款的及时入库。

四、稽查实施终结

稽查实施终结是指稽查人员在税务稽查实施完毕后，整理案卷、归纳案情、认定事实、制作报告和移送审理工作过程的总称。税务稽查终结是税务稽查实施的最后环节。在稽查实施的终结阶段，主要应做好以下几项工作：

（一）整理案卷资料

税务稽查实施完毕后，稽查人员应及时审查税务稽查实施过程中所取得的各种证据材料，并进行分类整理，以确保审查程序和手续合法、完整，证据资料完整、有效。

税务稽查案卷卷内资料需包括工作报告、工作程序、证据资料和其他资料四部分。其中工作报告部分包括税务稽查报告、重大涉税案件报告和其他与涉税案件有关的请示、报告、汇报材料等；工作程序部分包括税务稽查任务通知书[①]、税务检查通知书、调取账簿资料通知书等[②]；证据材料部分包括询问笔录、证人证言或询问笔录、书证、物证等证据材料，税务稽查工作底稿，有关部门的鉴定结论材料等；涉案的其他有关资料还包括与涉税案件有关的协议书、文件、批复、合同等。

（二）分析归纳案情

分析归纳案情是涉税案件定性处理的重要环节。稽查人员在对税务稽查实施中收集的资料进行整理归集后，对当事人的税收违法行为进行分析，并予以落实定案。

（三）制作《税务稽查报告》

《税务稽查报告》是稽查人员根据税务稽查实施的目的和要求，经过对纳税人、扣缴义务人的账簿、凭证及有关资料的全面审查，并对有关问题进行调查核实后，全面反映税务稽查实施过程和结果的书面总结报告。凡是对稽查对象实施税务稽查并已终结的，稽查人员均应按照要求制作《税务稽查报告》。制作《税务稽查报告》时应做到文字简练、内容完整、条理清楚、用语准确规范。

《税务稽查报告》的主要内容包括：（1）基本情况；（2）案件的来源及初查情况；（3）当事人的基本情况；（4）稽查实施的基本情况；（5）检查认定的涉税违法事实及性质；（6）处理意见及依据；（7）其他需要说明的事项等。

---

① 包括检举信、税收违法案件审批表和检举案件摘录单。
② 其他程序资料还包括：调取账簿资料清单，税务稽查询问通知书，税务稽查立案审批表，涉税案件撤销或中止审批表，税务行政执法审批表及有关材料，其他税务稽查程序、手续材料，税务稽查资料（案卷）移交清单，各类税务文书送达回证，税务稽查审理提请书等。

例6　税务稽查报告举例

被查单位名称	×文教用品有限公司		
经济性质	私营有限责任公司	法定代表人	郑×
经营地址	×市×区×街道×路×号	主管税务机关	×市国家税务局×税务分局
检查单位	×市国家税务局稽查局	检查人员	李×　　钱×
检查类型	专案稽查	检查实施时间	2007.9.12～2007.11.12

本案系公民检举案件，检查组按照×国税稽通[2007]××号《税务稽查任务通知书》的要求，于2007年9月12日起对×文教用品有限公司2005年1月1日至2006年12月31日的纳税情况进行了实地检查，当场调取了该公司的电子文档和纸质资料，同时调取了该公司的会计账簿。经检查发现该公司有偷税嫌疑后，于2007年10月25日报经×市国税稽查局批准，对该公司予以立案检查，现已检查终结，报告如下：

一、当事人基本情况

×文教用品有限公司，纳税人识别号××××37686××××，成立于2004年9月，系私营有限责任公司，于2005年4月认定为一般纳税人，主管国税机关为×市国家税务局×税务分局，法定代表人郑×，经营笔、文具的制造、销售，经营地址设在×市×区×街道×路×号。

2005年度，该公司申报的主营业务收入为6779847.77元，销项税金为1152574.14元，进项税金为933276.90元，应纳税金为219297.24元，税负率3.23%；会计利润为204189.54元，申报的应纳税所得额为204189.54元，应纳所得税额为67382.54元。

2006年度，该公司申报的主营业务收入为17905388.72元，销项税金为3043916.12元，进项税金为2382934.37元，应纳税金为660981.75元，税负率3.69%；会计利润为524645.98元，申报的应纳税所得额为524645.98元，应纳所得税额为173133.17元。

二、检查过程及查处的违法事实

根据被查企业规模较小的实际情况，检查组认真分析了本案案情，制定了有针对性的检查方案。为了摸清该公司的实际情况，检查组在下户前对该公司的生产地进行了实地勘探，掌握了第一手的情况。该公司除在租赁的厂房进行生产外，在住所也设有生产车间，根据日常经验，在住所的车间查获资料的可能性比较大，所以将检查组的主要力量放在那里，后来发现的情况证实了这一判断，使检查组在检查过程中一举调取了记录该公司发货情况的电子文档。根据查取的资料，检查组重新调整了办案思路：对电子文档进行整理分析，并按客户进行分类，就每一客户的每一笔发货与该公司法定代表人进行比对，掌握、分析该账外销售所涉及的资金来源和去向，查清了本案。

（一）认定的违法事实

1. 2005年9月至12月，该公司销售各种笔给客户王×，实现销售收入价税合计5854289.00元，通过郑×的农行个人储蓄存款账户已经收到货款，少申报缴纳增值税 5854289.00÷1.17×0.17＝850623.19元，少申报缴纳企业所得税5854289.00÷1.17×0.33＝1651209.72元。

2. 2006年1月至12月，该公司销售各种笔给客户王×，实现销售收入价税合计6142833.00元，通过郑×的农行个人储蓄存款账户已经收到货款，少申报缴纳增值税 6142833.00÷1.17×0.17＝892548.38元，少申报缴纳企业所得税6142833.00÷1.17×0.33＝1732593.92元。

3. 上述未申报收入的相应成本已经入账结转，在企业所得税前扣除。

（二）支持认定事实的相关证据

1. 公司法定代表人郑×承认其涉税违法事实的询问笔录；

2. 本地客户王×承认事实的询问笔录；

3. 本地客户王×存入郑×在农行开设的私人储蓄账户的银行卡存款凭条；

4. 该公司 2005 年度记录发货给王×的电子文档（证据材料一的对账单）；

5. 该公司 2006 年度记录发货给王×的电子文档（证据材料二的对账单）。

三、企业的意见

该公司法定代表人对上述事实的意见：情况属实。

四、处理意见

根据该公司的上述涉税违法事实，提出如下处理意见：

（一）根据《中华人民共和国增值税暂行条例》第一条、第十九条，《中华人民共和国增值税暂行条例实施细则》第三十三条第（一）项，《中华人民共和国企业所得税暂行条例》第一条、第五条之规定，追缴增值税 1743171.57 元、企业所得税 3383803.64 元。

（二）根据《中华人民共和国税收征收管理法》第六十三条第一款之规定，该公司的上述违法行为已构成偷税，建议对所偷的增值税、企业所得税 5126975.21 元处以 1 倍的罚款计 5126975.21 元。

（三）根据《中华人民共和国税收征收管理法》第三十二条之规定，对少缴的税款加收滞纳金。

四、其他需要说明的情况

该公司的税收违法行为已涉嫌犯罪，建议移送公安机关立案侦查。

检查人员：李×　钱×

2007 年 11 月 12 日

（四）移交审理

稽查人员在《税务稽查报告》制作完毕后，应办理税务稽查审理的提请手续，移交审理部门审理：

1. 填制《税务稽查案件提请审理书》，将《税务稽查报告》连同案卷材料报送主管领导，办理税务稽查审理的提请手续。

2. 填制《税务稽查资料移交清单》，连同税务稽查案卷材料，移交审理部门审理。移交时应办理交接手续，交接双方须当场清点签章。

练习题

1. 税务稽查实施依法享有哪些权力？

2. 如何办理税务稽查的立案？

3. 简述如何实施调账稽查。

4. 如何实施冻结存款的税收保全措施？

5. 税务稽查实施前应做好哪些准备工作？

6. 税务稽查实施方案包括哪些主要内容？

7. 税务稽查终结阶段应做好哪些工作？

8. 如何制作《税务稽查报告》？

第二部分　稽查方法

第三章 税务稽查基本方法

通过本章的学习，需要理解并掌握以下问题：

1. 账务检查的基本方法，包括顺查法和逆查法、详查法和抽查法、审阅法和核对法；
2. 税务分析的基本方法，包括控制计算法、比较分析法和相关分析法；
3. 税务调查的基本方法，包括观察法、查询法、外调法、盘存法；
4. 电子化稽查的基本查账方法。

税务稽查基本方法，是指税务机关实施税务检查时，为发现税收违法问题，收集相关证据，依法采取的各种手段和措施的总称，主要包括账务检查方法、分析方法、调查方法和电子查账方法等。

第一节 账务检查方法

账务检查方法，是指对稽查对象的会计报表、会计账簿、会计凭证等有关资料进行系统审查，据以确认稽查对象缴纳税款的真实性和准确性的方法。按照查账顺序的不同，可分为顺查法和逆查法；按照审查详细程度的差异，可分为详查法和抽查法；按照审查方法的不同，可分为审阅法和核对法。

一、顺查法

顺查法，又叫正查法，是指根据会计业务处理顺序，依次进行检查的方法。顺查法适用于业务规模不大或业务量较少的稽查对象，经营管理和财务管理混乱、存在严重问题的稽查对象和一些特别重要的项目的检查。按照会计处理的顺序，检查内容依次为：

（一）审阅和分析原始凭证

审阅和分析原始凭证，即按照一定的方法和程序，对原始凭证及其内容的真实性、合法性、合理性进行分析和判断，以确定其是否真实有效，具体包括：

1. 审查原始凭证上的要素是否齐全，手续是否完备。

2. 将原始凭证反映的经济业务内容与经济活动的实际情况进行比较，分析原始凭证上记录的经济内容与实际经济活动是否相符。包括原始凭证所反映的用于经济活动的货物、劳务等数量和规模是否与企业真实经营状况一致；原始凭证记录货物或劳务的单位价值是否符合当时公允标准；货物或劳务的购入是否符合当时企业的经营需要等。

3. 对比分析不同时期同类原始凭证上相关事项，查找相同事项之间的差异。如果分析发现来自同一外来单位、反映同类经济业务的原始凭证上的有关要素变动较大，又无合理解释时，则存在问题的可能性较大。

4. 分析原始凭证上的有关要素。如反映的商品物资的数量及单价变动有无不合理现象、日期有无异常或涂改、出据单位的业务范围与凭证上所反映的业务内容是否相符、票据抬头与受票单位是否一致、笔迹和印章是否正常、经办人的签章是否正常等。

5. 分析和比较原始凭证本身的特性。如比较票据纸面的光泽、纸张的厚度、印刷的规范性、纸质、底纹（水印）及其他防伪标记等。

6. 复核原始凭证上的数量、金额合计，并对其结果进行分析比较。

（二）证证核对

证证核对，包括原始凭证与相关原始凭证、原始凭证与原始凭证汇总表的核对，还包括记账凭证与原始凭证、记账凭证与汇总凭证之间的核对。具体核对方法如下：

1. 将记账凭证注明的所附原始凭证的份数与实际所附的份数进行核对，以判明有无不相符的会计错弊。

2. 将记账凭证上会计科目所记录的经济内容与原始凭证上所反映的经济内容进行核对，判明有无会计科目适用错误或故意错用会计科目。

3. 将记账凭证所反映的数量与金额和所附原始凭证上的数量与金额合计数进行核对，以判明数量和金额是否相符。

4. 将记账凭证上的制证日期与原始凭证上的日期进行核对，以判明是否存在通过入账时间的变化人为调节会计收益和成本的现象。

5. 查看记账凭证附件的规范性。一般情况下，除了结账和更正错误的记账凭证外，其他所有的记账凭证都必须附有原始凭证。核对时应注意查看记账凭证有无应附而未附原始凭证的问题。

6. 核对记账凭证汇总表与记账凭证、科目汇总表与记账凭证。按照编制记账凭证汇总表和科目汇总表的方法，依据审阅无误的记账凭证由检查人员重新进行编制，将重新编制的记账凭证汇总表和科目汇总表与企业原有的记账凭证汇总表和科目汇总表进行对照分析，从中发现问题或线索。

注意，应用证证核对法的基本前提是检查人员在审阅账户或其他会计资料时发现了疑点或线索，或有证据证明企业在某些方面存在舞弊嫌疑，或是为了某些特定目的的检查（如为了查清某些问题），才对相关科目的账簿进行核对。

（三）账证核对

账证核对，即将会计凭证和有关明细账、日记账或总账进行核对。通过账、证核对可以判断企业会计核算的真实性和可靠性，有助于发现并据以查证有无多记、少记或错记等会计错弊，帮助检查人员节约检查时间，简化检查过程，提高检查效率和正确性。值得注意的是，在进行账、证核对之前，首先应确定会计凭证的正确性，如果发现存在错误，必须先纠正后才能进行核对。

进行账证核对时，一般采用逆查法，即在查阅有关账户记录时，如果发现某笔经济业务的发生或记录存在疑问，可以将其与记账凭证及原始凭证进行核对，以求证是否存在会计错弊问题。

（四）账账核对

账账核对，即将总账与相应的明细账、日记账进行核对，其目的在于查明各总账科目与其所属明细账、日记账是否一致。验算总账与所属明细账、日记账的一致性是进行总账检查不可缺少的步骤。值得注意的是，在账账核对前，必须进行账簿记录正确性的审查和分析，以发现有无不正常现象和差错舞弊行为。

通过账账核对，可以发现诸如利用存货账户直接转销的方式隐瞒销售收入的问题、在建工程耗用自产货物或外购货物未记销售或未作进项税额转出的问题、以物易物销售货物未记销售的问题等涉税问题。

进行账账核对，需要将存在对应关系账簿中的业务逐笔逐项进行核对，核对时不仅要核对金额、数量、日期、业务内容是否相符，还要核查分析所反映的经济业务是否合理、合法。

（五）账表核对

账表核对，即将报表与有关的账簿记录相核对，包括将总账和明细账的记录与报表进行相符性核对，也包括报表与明细账、日记账之间的核对。其目的在于查明账表记录是否一致，报表之间的勾稽关系是否正常。但是，账表相符不表明不存在问题。例如，资产负债表中的成品资金占用，从理论上讲应与存货类（如库存商品、原材料等）总账余额相等，然而，即使相等也不能完全排除存在差错或舞弊行为的可能性，如对增值税应税企业而言，如果存在存货的虚进（虚假的购入）、虚出（虚假的销售）或多转销售成本等问题，都会造成成品资金占用不实，但是，这并不影响账表之间的相符性。值得注意的是，在账表核对之前，必须对报表本身进行正确性和真实性审查与判断。

（六）账实核对

账实核对，就是采用实物盘存与账面数量比较、金额计算核对的方法，核实存货的账面记录与实际库存是否一致，其目的在于查明实物是否安全，数量是否正确，实物的存在价值与账面记录是否一致或相符，各种债权、债务是否确实存在。

账实核对，既可以根据经审阅核对过的账簿记录与现存的实物进行核对，也可以根据检查人员实地盘点的结果与其账面记录进行核对。核对时，应将企业生产经营的主要和关键的财产物资作为盘点和核对的重点。核对发现的差异，还需作进一步的核实和审查，并对产生差异的原因及可能产生的后果进行客观分析和判断。

（七）对会计年末结转数进行审查

审查会计年末余额结转数，就是对企业年末过入新账的账户余额进行相符性审核，目的是防止企业利用年末过账隐瞒存在的问题，达到少缴税款的目的。审查时，主要是将上年年末会计账户余额、会计报表相关项目金额和新开账户年初余额进行比较，看是否一致，如果出现不一致的情况，应查明原因。

二、逆查法

逆查法，亦称倒查法或溯源法，是指按照会计记账程序的相反方向，由报表、账簿查到凭证的一种检查方法。从检查技术上看，逆查法主要运用了审阅和分析的技术方法，在排疑的基础上根据重点和疑点，逐个进行追踪检查。逆查法主要适用于对大型企业以及内部控制制度健全、内部控制管理严格的企业的检查，但不适用于某些特别重要和危险项目的检查。

逆查法的检查内容依次为：

1. 审阅和分析会计报表。通过审阅和分析会计报表，掌握纳税人生产经营及变化情况，有利于从总体上把握纳税人在纳税上存在的问题，以便确定稽查对象或确定账证检查的重点。审查、分析会计报表时应注意：

（1）会计报表资料要齐全，以便进行纵向或横向比较。

（2）要搞清各种会计报表各个项目的具体核算内容，各项目数据来源如何进行核算，以及与哪些税有关系。否则，难以通过会计报表分析出在纳税方面存在的问题。

（3）要选择与税收有关的主要项目进行分析，以提高检查效率。会计报表的项目较多，但有些项目与税收无直接关系或关系不大，所以审查时应抓住重点。

（4）可与实际调查研究搜集的相关纳税指标参数进行对比，以发现会计报表的各项指标有无异常。

2. 账表核对（方法同顺查法）。

3. 账账核对（方法同顺查法）。

4. 审查分析有关明细账、日记账及原始凭证。审查分析有关明细账、日记账，并在此基础上抽查核对记账凭证及其所附的原始凭证或者其他资料（如成本计算单、企业购销合同等），是运用逆查法的必经步骤。

5. 账实核对（方法同顺查法）。

三、详查法

详查法，又称精查法或详细审查法，是指对稽查对象在检查期内的所有经济活动、涉及经济业务和财务管理的部门及其经济信息资料，采取严密的审查程序，进行周详的审核检查。

详查法适用于规模较小、经济业务较少、会计核算简单、核算对象比较单一的企业，或者为了揭露重大问题而进行的专案检查，以及在整个检查过程中对某些（某类）特定项目、事项所进行的检查。因而，详查法对于管理混乱、业务复杂的企业，以及税务检查的重点项目和事项的检查十分适用，一般都能取得较为满意的效果。详查法也适用于对歇业、停业清算企业的检查。

四、抽查法

抽查法，亦称抽样检查法，指从被查总体中抽取一部分资料进行审查，再依据抽查结果推断总体的一种方法。抽查法具体又分为两种：一是重点抽查法，即根据检查目的、要求或事先掌握的纳税人有关纳税情况，有目的地选择一部分会计资料或存货进行重点检查；二是随机抽查法，即以随机方法，选择纳税人某一特定时期或某一特定范围的会计资料或存货进行检查。抽查法的程序为：

（一）制定抽查方案，确定抽查重点

制定抽查方案时要尽量考虑到各种因素的影响，从而使方案尽可能与实际情况相符合。抽查方案除要确定抽查的重点以外，还包括根据不同的抽查项目制定合理的抽查路线，确定抽查的时间、人员分工及复核等。

（二）确定抽查对象

抽查重点确定以后，要按照抽查的要求合理确定抽查的对象和内容。当某一抽查重点存在多个对象时，要按照重要性原则确定具体的抽查对象。

（三）实施抽查

在实施抽查时要把握好抽查时间，以免影响企业的生产经营。在抽查实物资产时，要选择资产流动量相对较小的时候进行，以免影响抽查结果的正确性。

（四）抽查结果分析

分析抽查结果，目的是根据抽查的情况判断对总体的影响程度。分析时要注意准确性、可靠性的分析。

（五）确定抽查结果对总体的重要程度

根据抽查结果对总体进行推断是抽查法的目的，但抽查结果只能作为对总体判断的参考，不能作为直接的定案依据。对于抽查结果与实际情况差异比较大的，要进一步查明原因，必要时可以扩大抽查范围，或者放弃抽查结果。

五、审阅法

审阅法，是指对稽查对象有关书面资料的内容和数据进行详细审查和研究，以发现疑点和线索，取得税务检查证据的一种检查方法。审阅法适用于对所有企业经济业务的检查，尤其适合对有数据逻辑关系和核对依据内容的检查。审阅法的审查内容主要包括两个方面：一是与会计核算组织有关的会计资料；二是除了会计资料以外的其他经济信息资料以及相关资料，如一定时期的内外部审计资料、购销和加工承揽合同、车间和运输管理等方面的信息资料。

（一）会计资料的审阅

1. 原始凭证的审阅

审阅原始凭证时可以从以下方面进行：

（1）审阅凭证格式是否规范、要素是否完整。

（2）审阅凭证上的文字、数字是否清晰，有无挖、擦、涂、改的痕迹。对于复写的凭证应该查看反面复写字迹的颜色是否一致、均匀；对于有更正内容的凭证，应该审查更正的方法是否符合规定、更正的内容是否反映了经济业务的真实情况、更正的说明是否符合逻辑等。

（3）审阅填制凭证日期与付款日期是否相近，付款与经济业务是否存在必然联系。

（4）审阅填制凭证的单位是否确实存在，以防止利用已经合并、撤销单位的作废凭证作为支付凭据，冒领、乱支成本、费用。

（5）审阅凭证的抬头是否为稽查对象。

（6）审阅凭证的审批传递是否符合规定，相关责任人员是否已按规定办理了必要的签章手续。

（7）审阅收款、付款原始凭证是否加盖财务公章或收讫、付讫印鉴。

（8）审阅凭证所反映的经济业务内容是否合法、合规、合理。对这一类内容的审阅主要表现在支付性费用上面。

（9）稽查对象自制的凭证如果已交其他单位，应审阅其存根是否连续编号，存根上的书写是否正常、流畅。

（10）自制凭证的印刷是否经过审批，保管、领用有无手续。对这一类内容的审阅重点应放在自制和外购收据的使用和保管上，必要时可以采用限定定额法、最低（平均）消耗（成本或费用）定额法等方法测算稽查对象的应税收入或收益。

2. 记账凭证的审阅

审阅记账凭证时，应重点审查企业的会计处理是否符合《企业会计准则》及国家统一会计制度的规定，将审阅过的原始凭证与记账凭证上的会计科目、明细科目、金额对照观察，分析其是否真实反映了实际情况，有无错弊、掩饰的情形，记账凭证上编制、复核、记账、审批等签字是否齐全。

3. 账簿的审阅

审阅会计账簿，包括审阅稽查对象据以入账的原始凭证是否齐全完备，账簿记载的有关内容与原始凭证的记载是否一致，会计分录的编制或账户的运用是否恰当，货币收支的金额是否正常，成本核算是否符合国家有关财务会计制度的规定、是否符合检查目标的其他要求（如税金核算的正确性要求、税金的增减与企业经营能力变化的关系）等。

对账簿的审阅除了审阅总账与明细账、账簿与凭证的记录是否相符以外，重点应审阅明细分类账，内容包括：明细分类账记载的经济业务的内容是否合法、合规，有无将不应列支的成本、费用采取弄虚作假、巧立名目的手段记入成本、费用类科目核算的情况；账簿记录的小计数和合计数是否与发生数相符，借贷方登记的方向是否有误，是否登错栏目或栏次；账簿摘要栏所记载的内容是否真实，有无例外情况；账簿启用、期初和期末余额的结转、承前页、转下页、月结和年结是否符合会计制度的规定，账簿应登记的内容是否已按要求登记，是否根据更正错账的方法更正错账等。

4. 会计报表的审阅

审阅会计报表时不能仅仅局限于对资料本身的评价，更主要的是对资料所反映的经济活动过程和结果做出正确判断或评价。具体审阅方法见逆查法。

（二）其他资料的审阅

对于会计资料以外的其他资料进行审阅，一般是为了进一步获取信息。在实际工作中到底要审阅哪些其他方面的资料，则应视检查时的具体情况而定。可以审查的资料包括以下方面：

1. 经济合同、加工收发记录、托运记录、产品或货物经营的计划资料，以及生产、经营的预算、统计资料等。

2. 计划和预算。除了审阅计划、预算本身的合法、合规、合理性外，还可以联系计划、预算执行情况和记录以及会计资料进行审阅。

3. 企业一定时期的审计报告、资产评估报告、税务处理处罚决定等资料。

4. 有关法规文件，内部控制制度，各类与生产、经营有关的协议书和委托书，考勤记录，生产记录，各种消耗定额（包括产品的行业单位消耗定额），出车运输记录，税务机关的审批文件等。

六、核对法

核对法，是指对书面资料的相关记录，或对书面资料的记录和实物进行相互核对，以验证其是否相符的一种检查方法。

核对法作为一种检查方法，在检查过程中用于证实有关资料之间是否相符是有一定限度的，在采用核对法对稽查对象的会计资料或其他资料进行核对和验证时，必须相应结合其他检查技术方法的运用，才能达到检查要求。

（一）会计资料之间的相互核对

会计资料的核对，是核对法最核心的内容和步骤。具体包括：证证核对、账证核对、账账核对、账表核对及表表核对。

表表核对指报表之间的核对，包括会计报表及税务机关要求报送的各种纳税申报表及其附表。表表核对既包括不同报表之间具有勾稽关系项目的核对，又包括同一报表中有关项目的核对。

（二）会计资料与其他资料之间的核对

通过查证和核对与经济业务相关联的其他资料，对会计记录进行必要的说明和补充，以全面、正确、客观地反映经济业务的实质。

1. 核对账单

核对账单，即将有关账面记录与第三方的对账单进行核对，查明是否一致。比如，将企业的银行存款日记账与银行提供的对账单进行核对；将应收或应付账款与外部其他企业提供的对账单进行核对等。

2. 核对其他原始记录

核对其他原始记录，即将会计资料与其相关的其他原始记录进行相互核对，以查证会计记录是否正确、真实。原始记录包括核准执行某项业务的文件，生产记录，实物的出入库记录，托运记录，出车记录，非生产性水、电、煤、物料消耗记录，在册职工名册，考勤记录以及有关人员的公务信函等。

3. 核对审计报告

核对审计报告，即将会计资料和其他资料与企业一定时期的审计报告（包括内部审计报告）进行核对，查明审计报告所披露的相关财务和涉税问题是否已在会计核算或会计报表中得到充分而正确的反映。充分分析和运用企业现有的审计报告，对于分析和发现企业可能存在的涉税问题具有十分重要的作用。

4. 核对税务处理决定

核对税务处理决定，指将会计资料和其他资料与企业某一时期接受税务检查的税务处理决定进行核对，以确定企业是否已经按照税务处理决定的要求进行了相应的会计处理，并对违法行为进行了纠正。

第二节 分析法

分析法，是指运用不同的分析技术，对与企业会计资料有内在联系的财务和管理信息以及税收核算情况进行系统或有重点的审核和分析，以确定涉税线索和疑点，并进行追踪检查的一种方法。常用的分析法包括控制计算法、比较分析法、推理分析法、技术经济分析法、经济活动分析法、因素分析法和趋势分析法等。本节重点介绍控制计算法、比较分析法和相关分析法。

一、控制计算法

控制计算法，又称数学计算法或平衡分析法，是指运用可靠的或科学测定的数据，利用数学等式原理来推测、证实账面资料是否正确，从而发现问题的一种检查方法。常用方法有：以产控耗、以耗控产、以产控销、以支控销等。

（一）控制计算法的基本程序

1. 确定需要进行分析的事项或目标

需要进行分析的事项和目标，是指检查人员在检查过程中根据检查目的和要求，以求证某些事项是否客观存在并正确的实际事件。如分析税收负担率的实际情况时，必须将企业一定时期履行纳税义务的具体事项确定下来，而这一具体事项可以是企业全部经营的税收负担率，也可以是增值税税收负担率，或者是所得税税收负担率。

2. 确定参考数据和采集数据

需要进行分析的事项或目标一经确定，就必须根据被分析事项的特征，确定相应的参数，同时采集供分析实体用的相关数据。参考数据可以是企业同期比较值，也可以是行业平均值。如分析税收负担率时，必须获得企业同期比较值，或者行业平均值；同时，采集具有可比性的相关数据。

3. 建立数学模型

建立数学模型，是控制计算法的基本条件。对同一事项进行分析比较可以有多种不同的方法，也可以建立多种数学分析模型。如在分析企业增值税税收负担率时，为了求得销售对进项税额影响的足够支持，以一定时期企业实际缴纳的增值税和同期实现的销售收入为基本依据，考虑和分析同期存货购入、结存以及销售变动对进项税额的影响。这样建立的数学模型更能反映企业真实的增值税税收负担率，更易于发现问题。

4. 比较数据分析结果

根据控制计算法所得到的数据，与企业实际数据进行比较而出现的差异，需要通过进一步检查和核实才能确定是否对税收构成实际影响。

（二）运用控制计算法应注意的问题

1. 需要进行分析的事项或目标必须首先进行复核，确保其正确并符合会计核算原理。

2. 需要进行分析的事项或目标，必须是可以建立数学模型的事项，即关键在于确定分析事项或目标之间是否存在内在的依存关系，如果不存在相互依存关系，运用控制计算法进行审查不可能达到预期目标。

3. 运用控制计算法的目的，是为了检查和发现企业经济活动的不平衡状况，以帮助检查人员进一步发现涉税问题。因此，多数情况是对有关指标进行计算和测定，这就要求用于计算和测定的数学模型（关系公式）必须具有充分的科学性，计算过程也要进行认真演算和复核，以防结果有误，导致分析判断失误。

4. 为了提高运用的正确性和工作效率，在确定进行审查前，检查人员必须了解企业生产经营常识和被审查事项或目标的特点与内在关系，掌握企业会计核算过程和规律，否则很难达到预期目的。

二、比较分析法

比较分析法，是指将企业会计资料中的有关项目和数据，在相关的时期之间、指标之间、企业之间及地区或行业之间进行静态或动态对比分析，从中发现问题，获取检查线索的一种分析方法。比较分析法的种类较多，常用的有绝对数比较分析法、相关比率比较分析法、构成比率比较分析法。

（一）绝对数比较分析法

绝对数比较分析法，是指通过经济指标绝对数的直接比较分析来衡量企业经济活动的成果和差异的方法。例如，对企业各个不同时期的货物运输费用或销售收入进行对比，对各个不同时期的库存商品（存货）的购销存数量进行对比等。通过这种对比，可以揭示被查事项的增减变动是否正常，是否符合经营和核算常规，从而发现存在的问题。

在税务检查过程中，绝对数比较分析法适用于对资产负债表、损益表等会计报表中相关项目真实性的核查，以及成本计算表（单）、纳税申报表、有关账户余额和有关明细账户特定项目的检查。当这些项目的增减变动超出了正常的变化幅度和曲线值时，便可以认为这种变动存在某种涉税疑点或问题。

（二）相关比率比较分析法

相关比率比较分析法又称相对数比较分析法，是指利用会计资料中两个内容不同但又相关的经济指标求出新的指标比率，再与这种指标的计划比率或上期比率进行比较分析，以观察其性质和大小，从而发现异常情况的方法。

相关比率比较法，是通过被查项目的百分比、比率或比值结构等相对数指标的计算比较，揭示其中存在的差异，并对这些差异进行对比，以判断问题的性质和程度，例如应收账款周转率、存货结构、税收负担率、存货（运输）费用比率等指标的计算与对比等。在税务检查中，有时运用相关比率比较分析法比绝对数比较分析法更容易发现问题。

（三）构成比率比较分析法

构成比率比较分析法，指通过计算某项经济指标的各个组成部分占总体的比重，分析其构成内容的变化，从中发现异常变化和升降情况的方法。

构成比率比较分析法，是通过有关联关系的经济指标各组成部分所占比率的计算，确定各组成部分的重要性是否符合常规，从而发现企业的涉税问题。比如，通过对企业外购货物构成比率是否与销售货物和期末存货的构成比率具有同一性的计算分析，可以发现企业是否存在虚假进货或隐瞒销售收入的情况。

（四）运用比较分析法应注意的问题

1. 比较分析之前，应对用于对比分析的被查项目的有关资料所涉及内容的正确性予以确认，即企业提供和检查人员检查提取用于对比分析的数据资料在内容上是真实的，取数上是正确的。

2. 运用对比分析的各项目之间必须具有可比性。

3. 比较的内容是由比较的目的确定的，而且这种目的是预置的，不是随机的。也就是说，在进行比较之前，首先必须明确需要比较的项目、内容以及所要达到的目的。比较的目的不同，数据的采集方向和运用的比较分析方法是不同的。

4. 比较分析的差异，只是一种抽象的、相对的检查结果，要在检查结论中予以采纳，还必须经过分析、验证和核实。

三、相关分析法

相关分析法，是指将存在关联关系的被查项目进行对比，揭示其中的差异，并且判明经济业务可能存在问题的一种分析方法。对于稽查对象而言，一项经济业务的发生，必然会引起一连串相关活动的变动，这既是由经济活动的相关性所决定的，同时，也是由经济活动的规律所决定的。相关分析法的基本程序是：

（一）分析判断经济活动是否涉及税务关系

企业的经济活动有些会涉及税收关系，有些不一定涉及税收关系；有些是在经济活动发生时就与税收相联系，而有些是在经济活动发生以后的一定时期内相联系。运用相关分析法进行检查时，首先必须分析企业的经济活动是否构成，或者将要构成税收关系。

（二）分析判断经济活动涉及的关联关系

主要是分析经济活动事项之间在哪些方面有关联，属于什么关联，关联的程度如何。税务检查重点关注的是直接与税收相关联的事项，但不能忽略或漠视间接与税收相关联的事项。

（三）找出经济活动事项之间的关联

一项经济业务，如果客观上肯定与税收相联系，而在会计处理上并不反映税收关系，那么必然存在税收问题。找出经济活动事项之间的关联，是运用相关分析法的关键，否则会导致分析后不能揭示出差异，或出现判断失误。

（四）从相关事项的异常现象中把握问题的本质

对经济活动事项分析的结果，只是提供了一个抽象的判断，是否确实存在税收问题，需要从异常现象中把握实质，并在检查中得到验证。因为并不是所有的异常现象都构成税收问题，有些异常现象是无意中的笔误或疏忽造成的，可能并不构成税收问题。

第三节　调查方法

调查方法，是指在税务检查过程中，采用观察、查询、外部调查等方法，对稽查对象与税收有关的经营情况、营销策略、财务管理等进行检查、核实的方法的总称。根据被调查对象和调查目的的不同，调查方法可分为观察法、查询法、外调法、盘存法。

一、观察法

观察法，指检查人员通过深入检查现场，如车间、仓库（包括外部仓库）、营业场所以及基建工地等，对被查事项或需要核实的事项进行实地视察和了解，考察企业产、供、销、运各环节的内部管理状况，控制程序和各方面的实际情况，从中发现薄弱环节和存在的问题，获取相关证据的一种方法。

二、查询法

查询法，是指对审查过程中发现的疑点和问题，通过调查和询问的方式，证实某些问题或取得必要的资料，以帮助进一步检查。根据方式的不同，查询法可以分为面询法、函询法。函询法指根据检查需要，按照既定的函件格式，提出需要询证的问题或事项并制作成函件，寄给有关单位或人员，根据对方的回答来获取有关资料，或者求证某些问题。在制作并发出询证函时，要注意函证过程的安全，保证函证的效果。

三、外调法

外调法，是指对有疑点的凭证、账项记录或者其他经济业务，通过派出检查人员到稽查对象以外、与该项业务相联系的单位（或个人）进行实地调查，或者委托发生地税务机关协查，以取得问题证据的检查方法。外调法主要用于外部证据的核实或取证，具体包括函调和派人外调两种方式。

四、盘存法

盘存法，是指通过对货币资产和实物资产的盘点与清查来确定其形态、数量、价值、权属等是否与账簿记录相符的一种检查方法。根据盘存的目的、做法、范围的不同，盘存法可以分为实地盘存法和其他盘存法（包括数学盘存法、账面盘存法、委托盘存法、全面盘存法等）。

（一）实地盘存法实施程序

1. 制定盘点计划、落实盘点责任

根据需要，对稽查对象进行实物盘点前要制定严格的盘点计划，明确盘点的时间、重点、要求、组织、人员配备，以及盘点的方式等。由于参与盘点的人员较多，也可借助企业人员进行盘点。对不同对象同时进行的盘点，要求结束盘点的时间基本一致，而且要严格落实初盘和复盘时参与人员的责任。

2. 实施盘点前的准备

（1）确定需要盘点的实物。如果实物种类繁多，不能进行全面盘点，可以根据检查确定的重点，结合审查项目的具体情况，在盘点过程中作相应的调整。

（2）计算一定时期（如季度、月度）的毛利率，并同以前年度或在各季、各月之间按照不同的生产经营项目或产品进行比较，检查期末存货价值是否存在高估或低估的情形。

（3）计算季度或月度存货周转率，并同以前年度或在各季、各月之间按照不同的生产经营项目或产品进行比较，检查是否存在存货储备过多或存在过时、呆滞存货的情形。

（4）确定参加盘点的人员。在盘点成员中，至少要有两名税务检查人员、一名财务负责人和一名实物保管人，同时，还应有必要的工作人员。如果盘点的工作量大，可以分成几个盘点小组。

（5）取得或编制存货明细表，通过审阅、账内复核，表、单、簿（账簿）等的核对，确定盘点日的账面结存数，如果发现存在账面记录和计算错误，要进行账面调整，以保证盘点基准数的基本正确。

（6）准备连续编号的实物盘点标签和盘点记录表格、检查的度量衡具。用于盘点的度量衡具，一定要经过严格的检查，对于特殊的度量衡具在使用前可以请专门的机构或部门检查并校正，以防弄虚作假导致盘点结果失真。

（7）选择适当的盘点时间。盘点时间的选择，以不影响企业正常的生产经营为原则，一般选择在每天业务终了以后，或是业务开始以前。如果企业的生产经营是连续进行的，没有明显的开始或结束标志，可以选择在一次领料之后、下次领料之前进行盘点。

为保证存货数量的准确性，盘点时各处存货应停止流动，并分类存放。

（8）选择适当的盘点形式。根据检查的需要，可以采用直盘法（即直接由检查人员对存在疑点的重点货物进行盘点）、监盘法（即主要由企业人员进行盘点，但盘点的组织和盘点的重点由检查人员负责，同时盘点由检查人员监督进行）。

采用监盘形式的，税务检查人员要加强盘点现场和盘点过程的监督，盘点结果要按照随机的原则进行抽盘，抽盘相符后，税务监盘人员、企业盘点人员、财务负责人、实物保管人均要在盘点记录上签字或盖章。

3. 进行实地盘点

对于一般货物的盘点，如果采用直盘以外的其他形式，税务检查人员主要在现场进行监督，观察盘点的过程和有关物品的质量。对于特别重要的财物，检查人员除了监督、观察外，还要进行复点、复验，如现金的盘点、其他有价证券的盘点、贵重物品的盘点等。

某些存货，如化学制品、油品、水产品、冷冻产品、煤炭、原木等，由于其性质的特殊性，难以对其进行实际盘点，这要求检查人员运用一些非常规的创造性的方法验证存货的数量，如使用照相测量、单位面积数量推算、标尺测量、聘请专家等。

4. 确定盘点结果

盘点结束后，要对盘点明细表、汇总表进行复核，对尚未入账但已入库、发出的实物数量等进行调整，并与账面记录进行核对，对存在差异的向有关人员了解差异产生的原因，并作进一步的核实。

在具体盘存过程中应特别注意以下几点：

（1）盘点结果确定后，应由所有在场人员（包括实物保管员、企业财务负责人、检查人员）在盘点表上签字，以明确责任。

（2）采用监盘形式的，盘点工作结束后，检查人员应根据盘点情况，撰写盘点备忘录。备忘录的内容包括：企业偏离盘点计划的有关情况，抽查盘点的范围和发现的重要差异事项，有关盘点正确性和存货一般状态的结论，其他重大问题。

（3）注意任何性质的白条都不能用来冲抵库存实物。

5. 检查认定差异，提出处理建议

根据盘点结果，对存在差异以及差异较大的存货，详细分析形成差异的主要原因，针对稽查对象提供的说明，结合盘点过程中发现的疑点进行检查和验证。

（二）采用盘存法应注意的问题

1. 注意盘点方式的运用

盘点时应尽量采用突击盘点的方式，特别是对稽查对象重要的实物资产，或是存在重大税收疑点的实物资产进行检查时。实施突击盘点能取得攻其不备的效果，为保证这一效果，对同类实物资产的盘点应同步实施，对不能同步盘点的，应采取封存等暂时的保全方法，事后再进行盘点和比较。

2. 使用临盘法时要加强监督

在实物资产的盘点中，由于工作量大，同时受到专业技术、管理责任和工作效率的影响，税务检查人员常常采用临盘法完成对稽查对象实物资产的检查。

税务检查人员要与稽查对象有关人员商议盘点的计划、组织准备和分工，由检查人员提出盘点清单，交稽查对象执行，同时观察其反应。对稽查对象反应强烈或冷淡的盘点对象（实物资产），检查人员要特别注意盘查和监督。在监督盘点中发现异常的实物资产，而稽查对象又有意回避或企图转移视线的，应及时改为检查人员亲自盘点。监督盘点应有所侧重，对重要的物资、容易出现问题的物资以及存在重大涉税嫌疑的物资，要严格监督盘点过程，盘点结束后要适当抽样复盘，对一般的实物资产可适当放宽盘点的要求或简化监督程序。

3. 充分考虑盘点资产的特点

盘点不仅要清点实物，而且还要检查与其相关的其他物件，如白条、票据、其他抵押物等，这些物品往往与实物资产的变动相关。因此，对实物资产的查证不仅要检查其数量、价值，还要判定其权属、质量和流动方向；对实物资产的权属要充分考虑其实物流、发票流、结算流、运输流和仓储流是否一致。

4. 选择适当的盘点时间

在选择盘点时间上，一是要考虑稽查对象的生产经营需要，以不影响正常的生产经营为基本点；二是要考虑盘点的正确性需要，以不影响有效盘点的连续性为基本点；三是要考虑盘点的效率需要，以结合企业正常盘点为基本点。因此，盘点的时间一般选择在上班前或下班后，或者选择在两次领料的中间进行。

5. 有效组合盘点人员

实物资产盘点必须由检查人员主导。参加盘点的人选最好要有两名以上的税务检查人员，至少要有一位稽查对象的财务人员、实物资产的保管人员，但是不宜让稽查对象安排过多人员介入。

6. 正确调整盘点结果

无论采用何种盘存方法，盘点结果只能反映盘点日当天的实物存在状态，而盘点日与被查所属日期大多数情况下是不一致的，因而，在被查账簿记录所属日期与盘点日不一致时，还应采用一定的方法进行调整，计算出被查账簿记录当日实际应有的实物数量，再与被查账簿记录进行核对，分析账实是否相符。调整时一般采用如下公式：

被查日账面应存数＝盘点日账面应存数＋被查日至盘点日发出数－被查日至盘点日收入数

被查日实存数＝盘点日实存数＋被查日至盘点日发出数－被查日至盘点日收入数

注意："盘点日账面应存数"，是在盘点准备阶段确定的，一般为无核算错误的账面结存数，而不是稽查对象提供的盘点日账面余额。两个公式中的两个调整项，数据相同，但无论是期间的发出数，还是收入数，如果要用来调整，都必须经过税务检查人员的审核，只有认为正确无误时，才能用来调整。

第四节 会计电算化资料的分析检查

一、会计电算化业务流程简介

无论企业购置、开发什么功能的财务软件，在新安装后都要进行建账设置，进而进行财务核算和业务管理。稽查人员对会计电算化资料进行检查，首先要了解会计电算化的基本业务流程。

（一）财务部分

1. 建立新账套和基础设置

由用户根据自己的需要建立财务应用环境，把账务处理变成适合本单位实际需要的专用财务管理系统。包括：确定使用者和账套名称、账套编号、企业信息、账套主管和操作员信息；设置各种操作权限；自由定义科目代码长度、科目级次、可定义凭证分类、可自由定义会计期间等最基本的建账定义设置。各种管理系统软件会根据其需要引进一些其他定义，建账的具体操作流程见图 3-1。

注意：正常情况下，每套系统软件都可设置多个账套，如一个单位分多个下属子单位和多个部门，或多个项目建立多个账套，有的企业往往利用这个条件，建立多个财务或业务账套，如一个账套对应董事会，一个账套对应税务机关，一个账套对应股民等等，这就是所谓的"两套账、真假账"的由来。

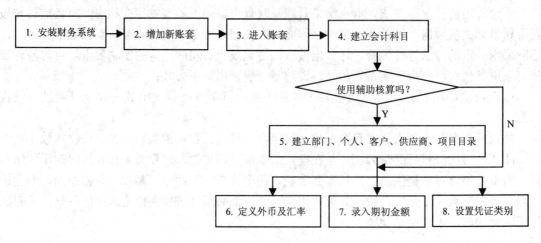

图 3-1 建账具体操作流程

2. 日常业务处理

日常业务处理包括填制凭证、出纳签字、审核凭证、记账，日常业务处理操作流程见图 3-2。

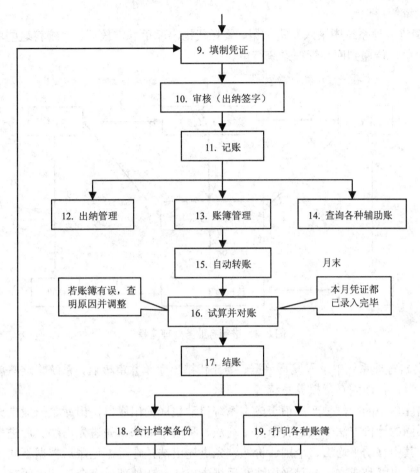

图 3-2　日常业务处理操作流程

3. 月末处理

月末处理包括转账、对账、结账、编制报表（集团公司还需要并做抵销分录、并账、合并会计报表等）。

4. 账簿查询

包括查询总账、明细账、科目余额表、多栏账及辅助明细账等。

（二）业务管理部分

在企业管理系统中，企业把进货、销售、库存和存货核算作为业务管理范畴，在业务管理系统中可详细地查询到企业进、销和库存的明细账，在财务总账中能查询到的只是科目余额账。

进销存业务处理的流程是，多数企业在日常工作中，采购部门、供应部门、仓库、销售部门、财务部门等各个部门都涉及购、销、存及其核算的相关业务处理，部门间单据的传递实现了业务的延续。各个功能系统之间的关联见图 3-3。

1. 在采购管理系统中录入采购入库单、受托代销入库单后，系统将这些单据自动传递到库存管理系统等待审核（有的是在采购中录入采购计划单，在库存录入或生成平均入库单）。

2. 在采购管理系统中录入采购入库单、受托代销入库单后，系统将这些单据自动传递到存货管理系统等待记账。

3. 在销售管理系统中录入发货单据、委托代销出库单并审核后，系统将这些单据自动生成销售出库单，传递到库存管理系统待审。

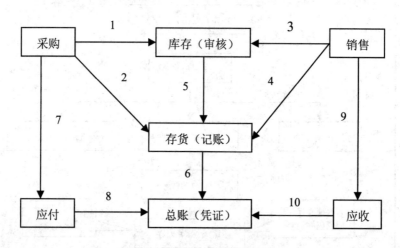

图 3-3 进销存业务处理流程

4. 在销售管理系统中录入发货单据、委托代销出库单并审核后，系统将这些单据自动生成销售出库单，传递到存货核算系统等待记账。

销售出库单中的余额是产品销售成本系统自动生成的出库单，出库单一般是无金额的。金额根据不同的计价方法生成，有全月平均法、移动平均法、先进先出法、后进先出法、个别计价法。其中移动平均法、个别计价法、先进先出法是在单据记账后根据不同计价方法公式生成金额，也就是成本；全月平均法和后进先出法是在处理单个会计期内所有业务记账后再进行期末处理方可形成成本。

5. 在库存管理系统中录入产成品入库单、其他入库单和材料出库单、其他出库单后，系统自动传递到存货核算系统等待记账。

6. 出、入库的各种单据在存货核算系统中记账，登录存货明细账，再把记账后的出、入库制单，并将相关凭证传递到总账系统中，登录总账。

7. 在采购管理系统中录入采购发票并审核，形成应付账款。

8. 在应付款管理系统中审核的采购发票制单，生成应付款凭证；在应付款管理系统中录入付款单并付款；核销应付款，对付款后所填制的付款单进行制单，生成付款凭证，并将凭证传递到总账系统中，登录总账。

9. 在销售管理系统中录入销售发票，审核后形成应收账款，并传递到应收系统。

10. 到应收款管理系统中对审核后的销售发票制单，生成应收款凭证，在应收款管理系统中录入收款单并收款，核销应收款，对收款后所填制的收款单制单，生成收款凭证，并将凭证传递到总账系统中，登录总账。

（三）财务和业务系统模块接口

财务和业务系统模块接口见图 3-4。

在财务总账系统中，能反映出各项财务指标和凭证，但不能明细反映具体的业务情况。

具体业务情况在业务系统中反映，但要注意在业务系统中库存系统打印出的报表只能反映数量和规格等指标，不能体现金额，但能反映明细的出、入库单；存货核算系统中，能反映数量、规格和金额等指标，但不能反映明细的出、入库单。

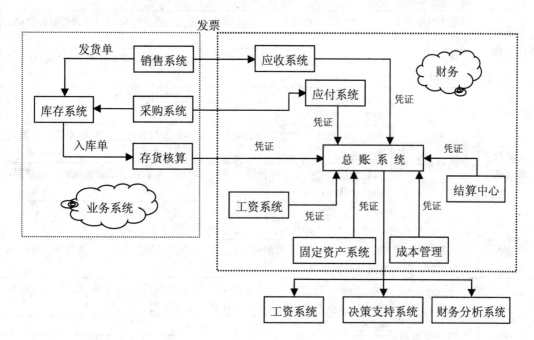

图 3-4 财务和业务系统模块接口

二、电子查账软件功能介绍

电子化稽查查账系统是针对税务稽查程序中的稽查实施环节，以企业的财务账簿、税务征管和相关外部数据为基础，以税收政策法规为依据，将税务稽查经验、方法与计算机信息处理相结合，辅助税务稽查人员完成不同税种稽查实施的科学、先进的信息化工具。近年来，为应对会计电算化对传统手工稽查的影响，全国部分省市如江苏、山东、山西等省税务系统在稽查查账电子化应用方面做了大量工作，开发查账软件并在实际工作中加以推广应用。

电子化稽查查账系统的工作原理是：系统首先设定各种数据接口标准，通过计算机的自动采集和自由录入功能将与企业相关的涉税数据导入数据库，形成企业数据中心；然后，通过设置各种数据关联，利用计算机的数据加工功能，将企业数据转换生成标准数据中心；通过数据检验和数据核对功能来判断企业数据的真实性；通过自由查账（抽样检查、模糊查询、自定义检查等）、数据比对、自动查账（分录比对、账户分析、指标分析、项目核对、项目检测等）和外部查账等方法，查找企业数据涉税疑点；通过查证落实，生成企业涉税问题数据；最后，通过对稽查工作过程中所记录的疑点数据编制工作底稿，并根据对问题数据的调整处理生成稽查报告，自动完成稽查实施过程。

表 3-1 电子化稽查查账系统功能一览表

功能名称	功能描述	
数据采集功能	对主流财务软件，用专用的"数据接口采集软件"进行自动采集	
	对非主流财务软件，由企业按"标准接口"的方式进行采集，提供税务部门要求的财务数据，然后导入查账系统	
	征管数据采集，包括对征管系统、CTAIS 征管系统、金税开票及认定系统采取"标准格式"进行采集	
自动查账功能	通过设立四大类模型进行自动查账	会计分录比对模型：迅速、全面地对企业会计分录进行检测，提示异常和错误会计分录
		账户分析模型：检测出会计科目和发生额的异常情况，并提示疑点，提供检查方向
		指标分析模型：对企业数据进行关联性分析，以图表的形式反映分析结果，提供总体涉税疑点
		表表核对模型：将企业财务软件信息、征管系统信息、金税系统信息在一个平台进行比较核对，以迅速发现企业不实申报等情况
自主查账功能	系统提供模糊查询、频率抽样、电子表格和自定义检查等四种稽查工具，方便稽查人员查询有关账目、随时添加经验模型	
辅助及指导查账功能	文档处理功能	疑点归集：自动将稽查人员采用税务稽查软件发现的涉税疑点归集到疑点平台，为稽查人员制作稽查工作底稿提供便利
		疑点确认：对归集的疑点进行分析查证
		问题汇总：通过稽查工作底稿模板，汇集和整理稽查记录，汇总稽查情况
		稽查报告：利用预设的稽查报告制作模块，自动将汇总项目的数据反映至稽查报告
	查账指南	系统提供：经验问题归类、查账方法应用、典型案例、政策法规、查账程序和查账文书等内容，为稽查人员提供在线帮助

三、电子查账的工作步骤与方法

（一）数据采集

数据采集是对企业电算化资料进行检查的第一步。

（1）数据采集前的准备工作

一是拟订检查方案，包括稽查对象、检查时间、具体负责检查部门、税务文书的准备；二是稽查人员分组和分工，一般情况下，稽查小组应指派两名以上稽查人员负责电子数据采集工作，其中一名稽查人员负责电子采集笔录；三是取证设备的准备，稽查组应根据实际需要配备足够数量的笔记本电脑、移动存储设备、网络连接线、光盘刻录机、可刻录光盘、封存包装物等电子取证装备。具备条件的检查小组还应携带摄影机和相机，对现场状况以及现场检查、提取电子数据、封存物品文件的关键步骤进行录像和拍照，并将录像带和照片编号封存。

（2）采集的信息种类

需要采集的信息涉及三大类：一是财务核算信息，通过"标准接口"或"财务数据转换系统"的形式采集不同版本财务软件的数据；二是征管信息，通过"标准格式"将征管信息采集到查账系统中来；三是金税系统信息，通过"标准格式"将金税系统开票及认证信息采集到查账系统中来。

（3）数据采集过程的控制重点

①控制计算机等设备。控制电脑设备就是控制企业的计算机（工作站）、服务器和有关设备如光盘、U盘类存贮介质。基于电子数据的易改动性，企业人员有可能对电脑中的数据进行删改，为稽查人员获取真实资料设置阻力和困难。到达企业后，应立即要求现场人员停止操作计算机，并立即切断各台计算机的网络连接；防止现场人员将笔记本电脑、移动硬盘、U盘、软盘等可作移动存储用途的设备带离现场；对有网络设备的，要尽快找到存放会计财务和业务数据的服务器，加以控制。

②控制财务电子数据。搜索会计、出纳和凭证录入员等人员的计算机，如是网络连接方式，要确定服务器的 IP 地址并向其了解存贮数据库的服务器存放位置；搜索其电脑工作站中的各种 Excel 电子报表和各部门之间往来的电子文件或个人记录企业日常经营运作的 Word 文件，进行拷贝。

③控制进、销、存等部门的电子数据。

④控制有关主管人员的电子数据。企业主管领导及关键部门负责人电脑中往往存储着非常重要的电子数据，如账外账、账外经营收入的数据，对检查工作起到至关重要的作用，应与财务电子数据同时、同样采取控制措施。

（二）电子数据的整理

电子资料的整理是指通过技术手段对提取的电子数据进行账套恢复和重建，以发现和提取与案件相关的线索和证据，最终形成检查分析报告并传送给相关的稽查人员。具体是指对后台业务数据库、财务数据库和前台 Office、WPS 等办公文档，通过计算机技术或其他相关技术，如数据库技术、解密、数据恢复或专业的查账软件系统等，对电子取证时备份的案件数据进行读取、筛选、归类、统计、分析等，将取得的企业财务数据恢复成账册、报表的形式，建立模拟企业账务处理系统和服务器后台数据库系统，供稽查人员使用。

电子数据的整理工作一般仅对未封签的备份数据进行。经过整理分析后，应制作数据分析报告，筛选获取数据中与企业涉税有关的电子数据，为下步检查工作开展作好准备。

（三）电子数据的疑点分析

对整理好的企业标准账套的检查，电子检查与手工检查在检查方法上并无太大的区别，但稽查人员可以利用电子化稽查查账系统提供的强大检索功能和在线指导功能，尽快发现和归集疑点，确定检查重点，并对疑点进行人工核查。

1. 稽查软件自动发现疑点

（1）会计科目及分录比对。根据查账软件设置的标准会计科目对采集来的电子数据进行科目自动比对，检查企业各种错误会计分录和异常情况，同时还可以根据实际需要进行科目调整和添加。在会计业务中，会计科目有正常的对应关系。在电子查账系统中，可以运用标准科目进行大量的标准化稽查模型的预先定制，有了这些预先定制好的稽查模型，稽查人员就可以方便地查看某些涉税科目的对应关系，发现存在的疑点。如银行存款贷方对应的一般是收入科目，如果对应的是成本费用类科目，就可能是应税收入直接冲减成本，从而造成少缴相关税款。

（2）表表核对。通过对企业财务数据、查账软件自动生成的财务报表、企业上报的财务报表、征管系统中企业纳税申报表及金税系统中企业开票数据、防伪认证数据进行核对，验证企业纳税申报和财务核算数据的一致性。

（3）指标分析。根据查账软件预设的分析模型，采取指标联动的办法，对企业的投入、产出、收益、税收等各方面的数据进行关联性分析，可直接以图表的形式反映分析结果，帮助稽查人员进一步分析税收负担的合理性，对企业财务、管理、税收等各方面的数据进行完整性分析，提供疑点和稽查重点。

（4）科目余额比对。按照正常会计核算要求，设置有关条件，对会计科目余额、发生额的异常情况进行分析，将会计科目和发生额的异常情况自动提示出来，提供检查走向。

（5）模糊查询及频率抽样。按记账凭证的关键字、种类、摘要、时间、操作符号、内容等进行模糊查询，可以查到每一张凭证的具体内容，然后可按照频率抽样审核办法，对会计凭证及会计科目按照一定比例进行抽样审核，对审核中发现的疑点，结合人工核查进行确认。

（6）经验模型提示。利用查账系统预先写入的疑点分析模型，如"应收账款"贷方有余额，企业的主要收入项目利润率、主要产品的单位利润率、单位销售成本率、单位销售费率在同行业、同类项目的合理水平范围之外等，可以获得疑点提示。经验模型是一个动态经验归集，稽查人员可以根据个人的稽查经验进行筛选和应用。

2. 人工核查确认疑点

目前开发研制的查账软件尚不能独自完成整个稽查过程，必须与人工的审核相结合。对于稽查查账软件发现的疑点，要根据检查要求和企业的实际情况，采用疑点核对、发票稽查、账外调查、异地协查等必要手段进行疑点确认，取得相关证据，确认涉税违法过程、手段及性质，将确认的问题复制到稽查底稿。

四、电子查账有关注意事项

（一）采集数据的完整性。采集数据的完整性，将直接影响恢复账套数据的真实性和可用性。特别是对于设立多套账、实行服务器模式的网络记账的单位，更要注意全部账套的搜索和采集的完整性。

（二）采集数据的保密性。稽查人员有责任保守被查对象的商业秘密，如产品配方、人事、市场营销方案等。检查过程中必须做好采集电子数据的保密工作，防止其他人员擅自复制数据，检查结束后应及时做好数据的删除、销毁和存档工作，防止数据资料外流。

（三）采集数据的安全性。采集数据时，要询问企业相关人员财务软件特点和操作要求等注意事项，防止操作不当，给企业造成损害。

练习题

1. 在账套检查过程中，顺查法与逆查法存在哪些差异？
2. 采用核对法检查企业账务时，应主要核对哪些内容？
3. 常用的比较分析法有哪几种？各自适用于哪些情形？
4. 使用相关分析法检查企业账务的基本程序是什么？
5. 采用盘存法进行税务检查时应注意哪些问题？
6. 与人工稽查相比，电子查账有哪些优势和局限性？

第四章　增值税检查方法

通过本章的学习，需要理解并掌握以下问题：

1. 对增值税纳税人和扣缴义务人的检查：常见涉税问题及主要检查方法；
2. 对增值税征税范围和适用税率的检查：常见涉税问题及主要检查方法；
3. 对进项税额、销项税额、抵扣凭证和减免税的检查：常见涉税问题及主要检查方法。

第一节　纳税人和扣缴义务人的检查

一、对纳税人和扣缴义务人检查的政策依据

（一）一般规定

根据《中华人民共和国增值税暂行条例》的规定，增值税的纳税义务人是在中华人民共和国境内销售货物或者提供加工、修理修配劳务以及进口货物的单位和个人。

增值税纳税人分为一般纳税人和小规模纳税人。小规模纳税人的标准是：（1）从事货物生产或提供应税劳务的纳税人，以及以从事货物生产或提供应税劳务为主，并兼营货物批发或零售的纳税人，年应征增值税销售额在 100 万元以下；（2）从事货物批发或零售的纳税人，年应税销售额在 180 万元以下。一般纳税人是指年应征增值税销售额（包括一个公历年度内的全部应税销售额）超过小规模纳税人标准的企业和企业性单位。

境外的单位或个人在境内销售应税劳务而在境内未设有经营机构的，其应纳税款以代理人为扣缴义务人；没有代理人的，以购买者为扣缴义务人。

（二）特殊规定

1. 企业租赁或承包给他人经营的，承租人或承包人为纳税人。承租或承包的企业、单位和个人，有独立的生产、经营权，在财务上独立核算，并定期向出租者或发包者上缴租金或承包费的，应作为增值税纳税人按规定缴纳增值税。

2. 年应税销售额超过小规模纳税人标准的企业、个人、非企业性单位，不经常发生应税行为，视同小规模纳税人纳税。

3. 销售货物并负责运输所售货物的运输单位和个人，符合增值税一般纳税人标准的可认定为一般纳税人。

4. 年应税销售额在 180 万元以下的商业个体经营者，无论财务核算是否健全，一律不得认定为一般纳税人，均按小规模纳税人征税。

二、常见涉税问题及主要检查方法

（一）一般纳税人认定的检查

1. 常见涉税问题

符合一般纳税人条件但不办理一般纳税人认定手续。

2. 主要检查方法

审查会计报表、资金流动凭据和现金流量计算、货物购进凭据、销售日记账，通过单位能耗（比如材料消耗、水电消耗、工资消耗）测算，核实纳税人的年实际应税销售额，检查是否符合一般纳税人条件。

（二）租赁或承包经营的检查

1. 常见涉税问题

（1）承租或承包的企业、单位和个人，不按规定办理税务手续，以出租人或发包人的名义进行经营，逃避纳税义务。

（2）承租承包超市、商场的柜台和经营场地，以超市、商场的名义进行经营，逃避纳税义务。

2. 主要检查方法

（1）根据其提供的纳税人名称进行调查质证，审核出租人、发包人与承租或承包的企业、单位和个人签订的承包、承租合同或协议，核实实际经营人，审查承租或承包的企业、单位和个人是否有独立的生产、经营权，在财务上是否独立核算，并定期向出租者或发包者上缴租金或承包费，确认其是否存在逃避履行纳税义务的行为。

（2）检查出租人、发包人财务账簿中"其他应收款"、"其他应付款"、"其他业务收入"、"营业外收入"、"经营费用"、"管理费用"、"财务费用"等账户，审核是否有承包费和租金收入，是否将"承租或承包"部分的收入纳入出租人、发包人财务核算，确定承租或承包的企业、单位和个人是否履行纳税义务。

例 1

2005 年 1 月，某公司领取营业执照和税务登记，主营小五金配件、橡胶制品的销售，为增值税一般纳税人。2006 年 1 月起，该公司将其店面出包给刘某经营，经营项目仍为该公司的主营业务，并签订了出（承）包协议。协议约定，公司将店面承包给刘某经营，并提供营业执照，刘某自主经营、自负盈亏，债权债务和税收由刘某自己负责，在财务上实行独立核算（不纳入该公司统一核算和管理）。刘某既没有向税务机关办理相关的税务登记，也未进行申报纳税。稽查人员在对该公司进行检查时，从"其他业务收入"明细账中发现该公司收取了承包费收入，进而调取发包合同，查出了刘某未履行纳税义务的税收违法行为。

（三）扣缴义务人的检查

1. 常见涉税问题

发生扣缴义务时，扣缴义务人未按规定履行代扣代缴义务。

2. 主要检查方法

审阅扣缴义务人所签订的劳务合同,审查境外的单位或个人在境内销售应税劳务的情况,核实扣缴义务人是否正确履行扣缴义务。

第二节　征税范围的检查

一、征税范围检查的政策依据

（一）一般规定

1. 基本范围

单位和个人在境内销售货物或者提供加工、修理修配劳务以及进口货物的行为,应缴纳增值税。加工是指受托加工货物,即委托方提供原料及主要材料,受托方按照委托方的要求制造货物并收取加工费的业务。

2. 视同销售货物的行为

单位或个体经营者的下列行为,视同销售货物:（1）将货物交付他人代销;（2）销售代销货物;（3）设有两个以上机构并实行统一核算的纳税人,将货物从一个机构移送其他机构用于销售,但相关机构设在同一县（市）的除外;（4）将自产或委托加工的货物用于非应税项目;（5）将自产、委托加工或购买的货物作为投资,提供给其他单位或个体经营者;（6）将自产、委托加工或购买的货物分配给股东或投资者;（7）将自产、委托加工的货物用于集体福利或个人消费;（8）将自产、委托加工或购买的货物无偿赠送他人。

上述第（3）项中所称的用于销售,是指受货机构向购货方开具发票、向购货方收取货款。受货机构的货物移送行为有上述两项情况之一的,应当向所在地税务机关缴纳增值税;未发生上述两项情况的,则应由总机构统一缴纳增值税。

3. 混合销售行为

一项销售行为如果既涉及货物又涉及非应税劳务,为混合销售行为。从事货物的生产、批发或零售的企业、企业性单位及个体经营者的混合销售行为,视为销售货物,应当征收增值税;其他单位和个人的混合销售行为,视为销售非应税劳务,不征收增值税。

4. 兼营非应税劳务

兼营非应税劳务的,应分别核算货物或应税劳务和非应税劳务的销售额。不分别核算或者不能准确核算的,其非应税劳务应与货物或应税劳务一并征收增值税。以从事非增值税应税劳务为主,并兼营货物销售的单位与个人,其混合销售行为应视为销售非应税劳务,不征收增值税。但如果其设立单独的机构经营货物销售并单独核算,该单独机构应视为从事货物的生产、批发或零售的企业、企业性单位,其发生的混合销售行为应当征收增值税。

（二）特殊规定

表 4-1　增值税征税范围的特殊规定

序号	征税范围
1	货物期货（包括商品期货和贵金属期货）。
2	银行销售金银的业务。
3	典当业的死当物品销售业务和寄售业代委托销售物品的业务。
4	集邮商品的生产、调拨，邮政部门以外的其他单位与个人销售集邮商品。
5	邮政部门以外其他单位和个人发行报刊。
6	单独售无线寻呼机、移动电话，不提供有关电信劳务服务的。
7	缝纫业务。
8	基本建设单位和从事建设安装业务的企业附设的工厂、车间生产的水泥预制构件、其他构件或建筑材料，用于本单位或本企业的建筑工程的，应在移送使用时征收增值税；但对其在建筑现场制造的预制构件，凡直接用于本单位或本企业建筑工程的，不征收增值税。
9	专门生产或销售货物（包括烧卤熟制食品在内）的个体经营者及其他个人应当征收增值税。
10	生产、销售铝合金门窗、玻璃幕墙的企业、企业性单位及个人经营者，其销售铝合金门窗、玻璃幕墙的同时负责安装的，属于混合销售行为，对其取得的应税收入照章征收增值税。
11	对企业销售电梯（自产或购进的）并负责安装及保养、维修取得的收入，一并征收增值税。
12	对经中国人民银行批准经营融资租赁业务的单位所从事的融资租赁业务，无论租赁的货物的所有权是否转让给承租方，均按《中华人民共和国营业税暂行条例》的有关规定征收营业税，不征收增值税。其他单位从事的融资租赁业务，租赁的货物的所有权转让给承租方，征收增值税，不征收营业税；租赁的货物的所有权未转让给承租方，征收营业税，不征收增值税。
13	销售自己使用过的应税固定资产。
14	纳税人以签订建设工程施工总包或分包合同方式开展经营活动时，销售自产货物、提供增值税应税劳务并同时提供建筑业劳务，同时符合以下条件的，对销售自产货物和提供增值税应税劳务取得的收入征收增值税，提供建筑业劳务收入征收营业税：（1）具备建设行政部门批准的建筑业施工（安装）资质；（2）签订建设工程施工总包或分包合同中单独注明建筑业劳务价款。不同时符合以上条件的，对纳税人取得的全部收入征收增值税，不征收营业税。
15	纳税人受托开发软件产品，著作权属于受托方的征收增值税，著作权属于委托方或属于双方共同拥有的不征收增值税。
16	纳税人销售软件产品并随同销售一并收取的软件安装费、维护费、培训费等收入，应按照增值税混合销售的有关规定征收增值税，并可享受软件产品即征即退政策。
17	印刷企业接受出版单位委托，自行购买纸张，印刷有统一刊号（CN）以及采用国际标准书号编序的图书、报纸和杂志，按货物销售征收增值税。
18	纳税人销售林木以及销售林木的同时提供林木管护劳务的行为，属于增值税征收范围，应征收增值税。

二、常见涉税问题及主要检查方法

（一）视同销售行为的检查

1. 常见涉税问题

（1）委托代销业务不按规定申报纳税；

（2）受托代销业务未申报纳税；

（3）在不同县（市）间移送货物用于销售未申报纳税；

（4）将自产或委托加工的货物用于非应税项目、集体福利和个人消费，未视同销售申报纳税；

（5）将自产、委托加工或购买的货物用于对外投资、分配给股东或无偿赠送他人，未视同销售申报纳税。

2. 主要检查方法

（1）对委托代销业务不按规定申报纳税的检查

①审核委托代销业务的真实性，查阅委托代销合同或协议，重点检查是否构成代销业务，核实纳税人是否将直销业务作为委托代销业务进行核算。

②审查在收到代销清单前是否收取货款，收到清单后是否及时结转销售，审查发出代销商品是否超过 180 天，核实有无延迟纳税义务发生时间和不计销售的问题。检查"应收账款"、"应付账款"、"其他应付款"、"销售费用（或营业费用）"等账户，核查"库存商品——委托代销商品"账户贷方发生额的对应账户是否异常。

（2）对受托代销业务未申报纳税的检查

审查代销商品账户、销售资料和往来明细账，查阅相关合同、协议，了解被查单位是否存在代销业务，必要时对受托代销商品采用发函协查或实地盘存的方法进行检查，核实是否存在代销收入不入账、隐匿销售收入或延缓实现销售收入时间的问题。

（3）对在不同县（市）间移送货物用于销售，未申报纳税的检查

审查工商登记情况，了解企业经营机构尤其是异地分支机构的设立情况；检查"库存商品"等存货类账户，核实机构间是否存在移送货物的情况；核对机构间的往来明细账和银行资金往来凭据；审查销售部门的销售台账、仓库部门的实物账等情况。

（4）对将自产或委托加工的货物用于非应税项目、集体福利和个人消费，未视同销售申报纳税问题的检查

①实地观察或询问自产或委托加工货物的用途，分析有无用于非应税项目、集体福利和个人消费。

②审阅"其他业务支出"、"在建工程"、"应付职工薪酬"账户的借方发生额，进一步检查"库存商品"、"自制半成品"账户的贷方发生额，若发生额大于当期结转的主营业务成本，说明有可能将自制或委托加工的货物用于非应税项目或集体福利、个人消费，应对"应付职工薪酬"、"其他业务支出"、"在建工程"账户进行逆向反查，对这些账户的借方发生额的对应账户进行审核，检查其是否使用了自产或委托加工的货物。

③检查仓库发货单，审核是否存在非应税项目、集体福利和个人消费领用自产、委托加工货物的情况。

④审核计税价格，核实有无以成本价作为计税依据的情况。

（5）对将自产、委托加工或购买的货物用于对外投资、分配给股东或无偿赠送他人，未视同销售申报纳税的检查

审阅"长期股权投资"、"应付股利"、"产成品"、"营业外支出"等账户借方的对应账户是否是"原材料"、"库存商品"等存货类账户，核实企业有无将自产、委托加工或购买的货物用于对外投资和分配给股东以及无偿赠送他人等事项；如果有，查阅相应业务的记账凭证，再对应"应交税费——应交增值税（销项税额）"账户，检查纳税人用于投资、赠送或分配的货物是否按规定核算销项税额。

例 2

某通讯设备有限公司主营手机批发零售业务，为增值税一般纳税人。2006 年实现销售收入 1116 万元，已交增值税 8.1 万元，税负率 0.73%；2007 年销售收入 7349 万元，已交增值税 62.4 万元，税负率 0.85%。在对该公司实施的检查中，稽查人员发现库存商品明细账中三种型号的手机连续两年库存数量不变。经到企业仓库实地盘点，发现上述手机账实不符，二者相差 1200 台（账面比实际多）。企业解释 1200 台的差额是委托代销发出的手机，因未收到代销清单，故未记账。稽查人员要求企业提供代销协议，经核实发现，代销手机发出已超过 180 天。依据《增值税暂行条例实施细则》第四条和财税[2005]165 号文件的规定，该公司应按视同销售货物的规定补缴增值税。

（二）兼营非应税劳务的检查

1. 常见涉税问题

纳税人兼营非应税劳务，未分别核算或不能准确核算销售货物或应税劳务和非应税劳务的销售额，未按规定申报缴纳增值税。

2. 主要检查方法

查阅工商登记情况，采取询问、实地观察等方法，了解企业的实际经营范围，核实其是否有兼营非应税劳务的情况；检查"其他业务收入"、"营业外收入"、"其他业务支出"、"营业外支出"以及费用类账户，审核兼营非应税业务是否分别核算，不分别核算或者不能准确核算的，是否一并缴纳了增值税。

例 3

国税机关在对某工业公司进行检查时，发现该公司有一非独立核算的小型运输车队，但在"其他业务收入"和"其他业务支出"账户中没有运输收入或支出的核算记录，经进一步审核"销售费用"账户，发现有多笔红字冲减销售费用的记录。通过对原始凭证的审查，发现该企业车队取得的对外承运收入直接冲减销售费用，其车辆修理费和油料费全部计入生产成本，并抵扣了进项税额。依据《增值税暂行条例实施细则》第六条的规定，国税机关对该公司做出了补税和罚款的决定。

（三）混合销售行为的检查

1. 常见涉税问题

发生混合销售行为，将应税劳务作为营业税项目申报缴纳了营业税。

2. 主要检查方法

（1）查阅工商营业执照和税务登记证件，了解企业的经营范围，检查纳税人的生产经营场所，了解有无混合销售业务。

（2）检查"主营业务收入"、"其他业务收入"账户，核实混合销售行为中非应税项目是否一并申报缴纳增值税，有无将一项混合销售业务分割成增值税项目和营业税项目分别核算的情况。

（3）审查有关成本、费用账户，核实是否存在将收取的混合销售收入直接冲减成本、费用的情况。

（4）对销售自产货物、提供增值税劳务并同时提供建筑业劳务的纳税人，应重点审核其建设行政部门批准的建筑业施工（安装）资质证书和签订建设工程施工总包或分包合同，查阅总包或分包合同中是否单独注明建筑业劳务价款。如果不符合国税发[2002]117 号文件规定的条件，其取得的混合销售收入应全额征收增值税。如果符合条件，建筑业务收入征收营业税，还应审核建安预决算书和货物的销售价格是否异常，是否存在压低混合销售中增值税应税货物的销售价格，提高非应税劳务价格，从而少缴税款的问题。

例 4

某企业为增值税一般纳税人，从事塑钢门窗的生产及安装、装饰装修等业务。稽查人员检查时发现塑钢门销售和安装收入分别记入"主营业务收入"和"其他业务收入"，在"其他业务收入"账户下设了"装潢"和"塑钢门窗安装"子目。经细查相关凭证，发现所附发票是从地税部门领购的"其他服务业发票"，并申报缴纳了营业税。经核对，该企业年度货物销售收入占应税总收入的 60% 以上。依据《增值税暂行条例实施细则》第五条的规定，该单位安装塑钢门窗取得的安装收入应补缴增值税。

（四）销售自己使用过的应税固定资产的检查

1. 常见涉税问题

销售自己使用过的应税固定资产，未按规定申报缴纳增值税。

2. 主要检查方法

检查"固定资产"、"固定资产清理"、"营业外收入"、"应交税费——应交增值税"账户，核实销售自己使用过的应缴纳增值税的固定资产是否已申报缴纳增值税。

（五）加工业务的检查

1. 常见涉税问题

货物销售作为受托加工业务处理，仅就加工费收入申报缴纳增值税，从而少缴税款。

2. 主要检查方法

结合加工合同或协议，审核加工业务的资金流动，检查受托方与委托方、原材料供应商之间的资金往来，核查受托方是否存在代垫原料及主要材料价款或代购原材料的情况。必要时到委托方进行调查，以判断是否存在将购销业务作为委托加工业务进行核算、纳税的问题。

第三节 适用税率的检查

一、对适用税率检查的政策依据

（一）一般规定

增值税的基本税率为 17%。纳税人销售或进口货物（除《增值税暂行条例》列举的外），提供加工、修理、修配劳务，税率均为 17%。

销售或进口的部分货物适用 13% 的税率，见表 4-2。

表 4-2 适用 13% 税率的货物列表

序号	货物
1	粮食、食用植物油
2	自来水、暖气、冷气、热水、煤气、石油液化气、天然气、沼气、居民用煤炭制品
3	图书、报纸、杂志
4	饲料、化肥、农药、农机、农膜
5	农业产品 农机产品
6	金属矿采选品
7	非金属矿采选品
8	音像制品和电子出版物
9	盐包括海盐、井矿盐和湖盐
10	国务院规定的其他货物

纳税人出口货物，税率为零，但国务院另有规定的除外，如出口的原油，援外出口货物，国家禁止出口的天然牛黄、麝香、铜及铜基合金、白金等，糖。

小规模纳税人销售货物或应税劳务的征收率为 6%；商业小规模纳税人的增值税征收率为 4%。

（二）特殊规定

1. 适用原则

纳税人兼营不同税率的货物或者应税劳务，应当分别核算不同税率货物或者应税劳务的销售额。未分别核算销售额的，从高适用税率；纳税人销售不同税率货物或应税劳务，并兼营应属一并征收增值税的非应税劳务的，其非应税劳务应从高适用税率。

2. 适用 6% 的征收率

（1）一般纳税人生产下列货物，可按简易办法依照 6% 的征收率缴纳增值税：

➤ 县以下小型水力发电单位生产的电力；

➤ 建筑用和生产建筑材料所用的砂、土、石料；

➤ 以自己采掘的砂、土、石料或其他矿物连续生产的砖、瓦、石灰；

➤ 原料中掺有煤矸石、石煤、粉煤灰、烧煤锅炉的炉底渣及其他废渣（不包括高炉水渣）生产的墙体材料；

➤ 用微生物、微生物代谢产物、动物毒素、人或动物的血液或组织制成的生物制品。

（2）一般纳税人销售自来水，可以比照对县以下小型水力发电和部分建材等商品的征税规定，按 6%的征收率缴税。

（3）一般纳税人生产销售的应当征收增值税的商品混凝土，自 2000 年 1 月 1 日起按照 6%的征收率征收增值税，但不得开具增值税专用发票。

（4）固定业户到外县（市）销售货物应当向其机构所在地主管税务机关申请开具外出经营活动税收管理证明，回其机构所在地向税务机关申报纳税。未持有其机构所在地主管税务机关核发的外出经营活动税收管理证明的，销售地主管税务机关一律按 6%的征收率征税。其在销售地发生的销售额，回机构所在地后，仍应按规定申报纳税，在销售地缴纳的税款不得从当期应纳税额中扣减。

3. 适用 4%征收率

从 2002 年 1 月 1 日起，纳税人销售旧货（包括旧货经营单位销售旧货和纳税人销售自己使用的应税固定资产），无论其是否为增值税一般纳税人或小规模纳税人，也无论其是否为批准认定的旧货调剂试点单位，一律按 4%的征收率减半征收增值税，不得抵扣进项税额。纳税人销售自己使用过的属于应征消费税的机动车、摩托车、游艇，售价超过原值的，按照 4%的征收率减半征收增值税；售价未超过原值的，免征增值税。旧机动车经营单位销售旧机动车、摩托车、游艇，按照 4%的征收率减半征收增值税。

二、常见涉税问题及检查方法

（一）基本税率适用的检查

1. 常见涉税问题

高税率货物适用低税率，少缴税款。

2. 主要检查方法

（1）审核工商登记资料，对企业有关人员进行询问，掌握其实际经营范围。

（2）对难以判断属性和用途的货物，应查阅有关书籍、咨询权威机构、观察企业生产过程，对"原材料"、"生产成本"账户进行检查，必要时请有关部门进行技术鉴定，到购货方进行调查，了解货物的生产工艺及使用的原材料，掌握货物的属性和用途，判断其适用税率。

（3）审核"主营业务收入"明细账和"应交增值税"明细账以及有关凭证，核实是否将应适用高税率的货物适用了低税率。

例5

某化工厂主营用于卫生杀虫剂生产的原材料的生产销售，应适用 17%的税率。税务机关在对其进行检查时，发现该企业有部分货物按卫生杀虫剂适用了 13%的税率。在使用其他方法无法对该企业适用 13%税率的货物的属性和用途进行正确判断的情况下，税务机关委托技术监督局进行了取样、鉴定，从而证明了该企业适用 13%税率的货物实质为应适用 17%税率、用于卫生杀虫剂生产的原材料。

（二）兼营不同税率的货物或应税劳务的检查

1. 常见涉税问题

（1）未分别核算不同税率的货物或应税劳务的销售额，未从高适用税率。

（2）不能准确核算不同税率的货物或应税劳务的销售额，或将高税率货物的销售额混入低税率货物的销售额进行核算。

2. 主要检查方法

（1）采用比较分析法，计算不同税率货物的销售额占总销售额的比例，并与上期或以往年度的比例对比。如果低税率货物的销售收入比例明显上升，高税率货物的销售比例明显下降，应分析不同税率货物的销售价格和销售数量是否发生变化，如果变化不大，则该纳税人可能存在高税率货物按低税率货物申报纳税的问题。

（2）采用实地观察法，调查了解实际生产经营货物的具体品种、性能、用途、配料、工艺流程等，结合税收政策的相关规定，审查其申报的税率是否正确。

（3）检查不同税率的货物或应税劳务的财务核算情况，重点检查存货核算的凭证资料、原始附件，审核是否将高税率的货物并入低税率的货物中核算。

（4）检查"主营业务收入"、"其他业务收入"明细账设置情况，核实是否按规定分别核算和准确核算不同税率的货物或应税劳务的销售额。

（5）对照审核"主营业务收入"、"其他业务收入"、"应交税费"明细账和纳税申报表，核实是否按规定计提、申报不同税率的货物或应税劳务的销项税额。

例 6

某建材厂主营混凝土的生产销售，2006 年 1 月正式投产，其销售的混凝土一直按照商品混凝土适用 6% 的征收率申报纳税。稽查人员发现从 2007 年 2 月开始，其原材料明细账上有大量的沥青购入，而账面上只有商品混凝土一种产品。稽查人员对其生产现场进行了进一步检查，发现该企业还用碎石、天然砂、矿粉、沥青等按一定比例配比并加温搅拌生产出沥青混凝土产品。根据国税函〔2007〕599 号文件规定，对于沥青混凝土等其他商品混凝土，应统一按照适用税率征收增值税。该企业将不适用简易办法征收增值税的沥青混凝土，混入以水泥产品为原料生产的水泥混凝土，应补缴增值税。

（三）销售不同税率货物或应税劳务，并兼营应属一并征收增值税的非应税劳务的检查

1. 常见涉税问题

（1）未分别核算或不能准确核算不同税率货物或者应税劳务和一并征收增值税的非应税劳务销售额，未从高适用税率。

（2）将非应税劳务申报缴纳了营业税。

2. 主要检查方法

（1）审核会计报表和"主营业务收入"、"其他业务收入"明细账，核实是否按规定分别核算和准确核算不同税率货物，以及一并征收增值税的非应税劳务的销售额。

（2）审核记账凭证和原始凭证，根据原始凭证注明的经济内容，核实价格和金额等方面有无异常情况，判断有无将应适用高税率的货物或应税劳务的销售额，混入低税率非应税劳务销售额的情况。

（3）审核"主营业务收入"、"其他业务收入"、"应交税费"明细账和纳税申报表，核实是否按规定计提、申报不同税率的货物或应税劳务的销项税额，有无将应一并征收增值税的非应税劳务申报缴纳营业税的情况。

例 7

某酒厂为增值税一般纳税人，主要生产销售粮食白酒、薯类白酒及酒类副产品，下设一个非独立核算的运输车队，主要为本厂运输货物。稽查人员检查该酒厂"主营业务收入"、"其他业务收入"账户时，发现有部分运输收入。为确定其产品的销售收入和运费收入核算的正确性，检查了与运费收入相对应的记账凭证和有关原始凭证，发现 2007 年 8 月 21 日记账凭证后附有三份原始凭证，其中两份增值税专用发票，一份运费结算单据。一份增值税专用发票上注明粮食白酒金额 150 万元，另一份增值税专用发票上注明酒糟 30 万元，运输费用结算单据上只注明运送白酒、酒糟等收取运费 10 万元。运费是该厂随同货物销售收取的运输费用。经过进一步检查，证实酒厂取得的运费收入未按规定申报缴纳增值税，而是按运输业申报缴纳了营业税。依据《增值税暂行条例实施细则》第十条的规定，该酒厂销售不同税率的货物，并兼营应属一并征收增值税的非应税劳务，其非应税劳务应从高适用税率。粮食白酒增值税适用税率为 17%，酒糟适用税率为 13%，该酒厂取得的运费收入应从高适用 17%的税率补缴增值税。

第四节　销项税额的检查

一、销项税额检查的政策依据

（一）纳税义务发生时间

1. 一般规定

销售货物或者应税劳务，纳税义务发生时间为收讫销售款或者取得索取销售款凭据的当天；进口货物纳税义务发生时间为报关进口的当天。按销售结算方式的不同，具体为：

（1）采取直接收款方式销售货物，不论货物是否发出，均为收到销售额或取得索取销售额的凭据，并将提货单交给买方的当天；

（2）采取托收承付和委托银行收款方式销售货物，为发出货物并办妥托收手续的当天；

（3）采取赊销和分期收款方式销售货物，为按合同约定的收款日期的当天；

（4）采取预收货款方式销售货物，为货物发出的当天；

（5）委托其他纳税人代销货物，为收到代销单位销售的代销清单的当天；

（6）销售应税劳务，为提供劳务同时收讫销售额或取得索取销售额凭据的当天；

（7）视同销售货物行为，为货物移送的当天。

2. 特别规定

纳税人以代销方式销售货物，在收到代销清单前已收到全部或部分货款的，其纳税义务发生时间为收到全部或部分货款的当天；对于发出代销商品超过 180 天仍未收到代销清单及货款的，视同销售实现，其纳税义务发生时间为发出代销商品满 180 天的当天。

（二）销售额

1. 一般规定

销售额为纳税人销售货物或者应税劳务向购买方收取的全部价款和价外费用，但不包括收取的销项税额。

2. 特别规定

（1）价外费用

①价外费用指价外向购买方收取的手续费、补贴、基金、集资费、返还利润、奖励费、违约金（延期付款利息）、包装费、包装物租金、储备费、优质费、运输装卸费、代收款项、代垫款项及其他各种性质的价外收费，但不包括向购买方收取的销项税额、受托加工应征消费税的消费品所代收代缴的消费税、代垫运费（同时符合承运部门的运费发票开具给购货方，纳税人将该项发票转交给购货方两个条件）。凡价外费用，无论其会计制度如何核算，均应并入销售额计算应纳税额。

②纳税人代有关行政管理部门收取的费用，凡同时符合以下条件的，不属于价外费用，不征收增值税。一是经国务院、国务院有关部门或省级政府批准，二是开具经财政部门批准使用的行政事业收费专用票据，三是所收款项全额上缴财政或虽不上缴财政但由政府部门监管，专款专用。

③纳税人销售货物的同时代办保险而向购买方收取的保险费，以及从事汽车销售的纳税人向购买方收取的代购买方缴纳的车辆购置税、牌照费，不作为价外费用征收增值税。

④电力公司向发电企业收取的过网费，应征收增值税。

⑤对从事热力、电力、燃气、自来水等公用事业的增值税纳税人收取的一次性费用，凡与货物的销售数量有直接关系的，征收增值税。

（2）包装物及其押金

①纳税人为销售货物而出租出借包装物收取的押金，单独记账核算的，不并入销售额征税。但对因逾期未收回包装物不再退还的押金，应按所包装货物的适用税率征收增值税。

②销售除啤酒、黄酒外的其他酒类产品而收取的包装物押金，无论是否返还以及会计上如何核算，均应并入当期销售额征税。

③自2004年7月1日起，纳税人为销售货物出租出借包装物而收取的押金，无论包装物周转使用期限长短，超过一年（含一年）以上仍不退还的均并入销售额征税。

（3）销售折扣与折让

纳税人采取折扣方式销售货物，如果销售额和折扣额在同一张发票上分别注明的，可按折扣后的销售额征收增值税；如果将折扣额另开发票，不论其在财务上如何处理，均不得从销售额中减除折扣额。

纳税人销售货物并向购买方开具增值税专用发票后，由于购货方在一定时期内累计购买货物达到一定数量，或者由于市场价格下降等原因，销货方给予购货方相应的价格优惠或补偿等折扣、折让，销货方可按现行《增值税专用发票使用规定》的有关规定开具红字增值税专用发票。

（4）核定销售额

纳税人销售货物或者应税劳务的价格明显偏低并无正当理由的，由主管税务机关核定其销售额。其核定顺序如下：

①按纳税人当月同类货物的平均销售价格确定；

②按纳税人最近时期同类货物的平均销售价格确定；

③按组成计税价格确定，公式为：组成计税价格＝成本×（1+成本利润率）。

属于应征消费税的货物，其组成计税价格中应加计消费税额。

（5）特殊销售方式

①纳税人采取以旧换新方式销售货物，应按新货物的同期销售价格确定销售额；纳税人采取还本销售方式销售货物，不得从销售额中减除还本支出。

②对金银首饰以旧换新业务可以按销售方实际收取的不含增值税的全部价款征收增值税。

二、常见涉税问题及主要检查方法

（一）纳税义务发生时间的检查

1. 常见涉税问题

人为滞后销售入账时间，延迟实现税款，主要包括：

（1）采用托收承付结算方式销售时，为调减当期销售或利润，延期办理托收手续。

（2）发出商品时不作销售收入处理。

（3）采用交款提货销售方式销售时，货款已收到，提货单和发票账单已交给买方，但买方尚未提货情况下，不作销售收入处理。

（4）故意推迟代销商品的结算，人为调节或推迟当期应交税费。

（5）货物已经发出，未收到货款而不申报纳税。

2. 主要检查方法

（1）查阅"主营业务收入"明细账，根据摘要内容和凭证字号，调阅有关记账凭证和原始凭证，将"销货发票"、"出库单"等单据上记载的发出商品的时间等内容，与"主营业务收入"明细账、"增值税纳税申报表"进行比较。

（2）根据所附发货证明、收货证明，确认其发出日期；根据所附的托收回单、送款单等确定其收款依据，判断是否延期办理托收手续、入账时间是否正确、有无存在不及时结转销售的问题。

（3）必要时可调查询问有关业务人员和保管人员，以取得证据。特别要注意检查核算期末前几天的销售情况。

（4）检查仓库实物账，并与货物出运凭证核对，确认货物的出库和出运时间，判断是否存在滞后入账的情况。

（二）销售额申报情况的检查

1. 常见涉税问题

采取少申报或不申报销售额办法，不计或少计销项税额，包括：

（1）账面已记销售，但账面未计提销项税额，未申报纳税。

（2）账面已记销售、已计提销项税额，但未申报或少申报纳税。

2. 主要检查方法

对于纳税人申报的销项税额与账面销项税额不一致，申报数额小于账面计提数的情况，可以采用以下方法检查：

（1）采用对比分析法，对账表进行比对，将纳税申报表与"应交税费——应交增值税"进行逐月比对。

（2）对于汇总申报缴纳增值税的企业，还要注意将各组成单位的增值税明细账进行汇总，并与应交增值税汇总账户进行比对。

（三）账面隐匿销售额的检查

1. 常见涉税问题

不按规定核算货物销售，应计未计销售收入，不计提销项税额，包括：

（1）销售货物直接冲减"生产成本"或"库存商品"。

（2）以物易物不按规定确认收入。

（3）用货物抵偿债务，不按规定计提销项税额。

2. 主要检查方法

（1）检查"生产成本"、"原材料"或"库存商品"明细账的贷方发生额，如果存在与资金账户直接对转的异常情况，则结合原始凭证，核查销售货物是否直接冲减生产成本或库存商品。

（2）检查"库存商品"、"原材料"等存货类账户明细账的贷方发生额，对于对应账户是"原材料"或"工程物资"或其他货物等账户的，应进一步检查记账凭证和原始凭证，查明是否存在以物易物不按规定确认收入的问题。

（3）查阅相关合同和负债类账户的明细账，审核各种债务的清偿方式，核实是否存在与"库存商品"、"原材料"等资产类账户的贷方发生额对转的情况，确认是否存在以货抵债的事项。

（4）检查偿还债务的原始凭证和应交税费明细账，核实以货抵债业务是否按规定计提税额。

例 8

某公司为增值税一般纳税人，主要生产机械设备，2008 年 5 月当地税务机关对其上年度的纳税情况实施全面检查。稽查人员采用审阅法检查"原材料"账户相关记账凭证时，发现 2007 年 12 月 12 号记账凭证记载如下：

借：应付账款　　　　　　　201900.00
　贷：原材料　　　　　　　　201900.00

记账凭证后附有仓库出库单据。采用外调法至债权单位调查，查实存在该公司以电机抵付应付购货款的税收违法事实。

（四）虚构销货退回业务的检查

1. 常见涉税问题

（1）纳税人为少缴税款，采取虚构退货的手段，人为减少应计税销售收入，销售货物直接冲减生产成本或库存商品。

（2）以退货名义支付费用。

2. 主要检查方法

（1）审查销货退回冲减销售收入时有无合法凭据，检查在购货方尚未付款并未做账务处理的情况下全部退货的，增值税专用发票各联次是否全部收回作废；检查已付款或购货方已作账务处理的情况下，是否取得了购买方税务机关出具的《开具红字增值税专用发票通知单》。

（2）核实退回的货物是否冲减了本期的销售成本并办理了入库手续。如果纳税人无合法依据冲减主营业务收入，且无货物退货入库记录，就可能存在虚构销货退回的业务。

（3）检查资金流，核实货物流和资金流是否一致和同步，在财务上是否构成完整的核算过程，如果不存在，则可能存在虚构销货退回的业务。

（五）收取价外费用的检查

1. 常见涉税问题

将向购货方收取的各种应一并缴纳增值税的价外费用，采用不入账、冲减费用、人为分解代垫运费或长期挂往来账等手段，不计算缴纳增值税。

2. 主要检查方法

（1）了解企业所属行业特点和产品市场供求关系，综合分析企业有无加收价外费用的可能，同时了解行业管理部门是否要求其代收价外费用的情况。

（2）审核销售合同，查阅是否有收取价外费用的约定或协议。

（3）检查往来明细账，重点检查"其他应付款"明细账户，如果存在长期挂账款项，需进一步审阅有关原始单据，核实是否属于价外费用。

（4）检查"其他业务收入"、"营业外收入"等明细账，如有从购买方收取的价外费用，应对照"应交税费——应交增值税（销项税额）"账户，核实是否申报纳税。

（5）检查"管理费用"、"制造费用"、"销售费用"等明细账，如有贷方发生额或借方红字冲减销售额，应对照记账凭证，逐笔检查，核实是否存在收取价外费用直接冲减成本费用。

（6）审阅购销合同，并与"其他应收款"账户进行核对，确认是否存在代垫运费协议，是否同时符合代垫运费的两个条件等，判断代垫运费业务是否成立，有无将销售业务人为分割成货物销售和代垫运费的情况。

例 9

2007 年 5 月稽查局对某企业 2006 年度的纳税情况进行检查时，发现其中一笔业务作分录如下：

借：银行存款　　　　　　　　32000.00

　　贷：营业外收入　　　　　　32000.00

记账凭证摘要栏中注明为收取的装卸费。稽查人员遂调取该企业与付款方签订的产品购销合同进行检查，合同约定销货方为购货方运送货物，但运输费用由购货方负担。又面询此业务的销售人员，证实为随同货物销售收取的运输费用和装卸费，企业未计提销项税额。

（六）利用关联企业转移计税价格的检查

1. 常见涉税问题

纳税人销售货物（应税劳务）的价格明显低于同行业其他企业同期的销售价格，或某一笔交易的货物（应税劳务）销售价格明显低于同期该货物的平均销售价格。

2. 主要检查方法

（1）采用比较分析法，将纳税人的货物（应税劳务）销售价格、销售利润率与本企业和其他同业企业的同期销售价格、销售利润率进行对比，核实销售价格和销售利润率是否明显偏低。

（2）采用询问、调查等方法，了解纳税人经营战略、发展规划和销售政策，了解与价格明显偏低的销售对象是否存在关联关系，审核纳税人货物销售价格偏低的理由是否正当，如无正当理由，应补缴税款。

（七）坐支销货款的检查

1. 常见涉税问题

将收取的销售款项，先支付费用（如购货方的回扣、推销奖、营业费用、委托代销商品的代销手续费或用销货款直接进货），再将余款入账作收入。

2. 主要检查方法

（1）审核销售收入日报表和"主营业务收入"明细账以及销售收入原始凭据和货物出（入）库单，核实实际销售收入。

（2）对于将费用凭证和销货记账原始凭证混在一起记账的，应对上述原始凭据进行仔细审核，核实是否存在坐支销货款的问题。

（3）对有委托代销业务的，应审核代销合同、代销清单，查阅销售价格是否异常，核实是否存在坐支代理销售款的问题。

（八）受托加工业务实物收入的检查

1. 常见涉税问题

受托加工方收取的抵顶加工费的材料、余料收入，未计收入。

2. 主要检查方法

（1）审查合同，了解双方对加工费支付方式和剩余材料归属的约定。

（2）检查"受托加工材料备查簿"、"原材料"明细账贷方发生额及企业开出的加工业务发票或收据，采用投入产出分析法，复核纳税人代制代修品耗用材料的数量，结合加工后退还委托方的材料数量，检查是否存在委托方以材料抵顶加工费的问题。

（3）必要时到委托方进行调查取证，以确认受托加工企业取得的"实物收入"未申报纳税的问题。

例 10

稽查人员在对某制线厂检查时发现，该厂有大量的受托加工业务，但账面没有余料收入，稽查人员觉得不正常，将此作为检查的重点之一，到加工车间调取资料，取得了车间加工台账，上面记载了销售受托加工余料的详细情况。经与账面记录核对，发现账面上均无相关记录。最终查实该厂隐匿加工余料收入不申报纳税的税收违法事实。

（九）以旧换新、还本销售的检查

1. 常见涉税问题

（1）采取还本销售方式销售货物按减除还本支出后的销售额计税。

（2）采用以旧换新方式销售货物，按实际收取的销售款项计税（金银首饰除外）。

2. 主要检查方法

（1）采用调查、询问和比较分析法，核实纳税人是否存在以旧换新、还本销售业务。

（2）检查纳税人的收入类明细账和销售原始凭据，核实有无某种货物销售价格明显低于正常时期的销售价格，对有异常且无正当理由的，判断其是否是由采取以旧换新方式，按实际收取的款项计算销售额造成的。

（3）检查"销售费用"、"主营业务成本"等成本费用账户，核实有无还本支出核算；是否存在还本支出冲减销售收入的问题，对照销售收入进行审核。

（4）核实实际销售收入。

（十）机构间移送货物的检查

1. 常见涉税问题

设有两个以上机构并实行统一核算的纳税人，将货物从一个机构移送其他机构（不在同一县或市）用于销售，未作销售处理。

2. 主要检查方法

（1）可采用直查法、审阅法和核对法检查"库存商品"明细账的贷方摘要栏，对摘要栏内注明"移库"字样的应深入审查，检查附在凭证后的相关资料。

（2）了解纳税人是否存在跨市县的分支机构，检查仓库明细账、仓库出库单等，以确定库存商品的流向和用途，判定是否有将库存商品移送到统一核算的在其他县（市）的机构用于销售，未作销售处理的问题。

（十一）出售、出借包装物的检查

1. 常见涉税问题

（1）随同产品出售单独计价包装物不计或少计收入。

（2）包装物押金收入不及时纳税。

2. 主要检查方法

（1）查看纳税人成品仓库的产品有无包装，询问相关人员随同产品出售的包装物是否单独计价。

（2）审查纳税人"包装物"账户，看其贷方是否与货币资金、往来结算等账户发生对应关系；根据"包装物"明细账贷方发生额逐笔审查产品销售领用包装物业务的记账凭证和原始单据，核实其是否存在随同产品出售单独计价的包装物，应计而未计销售收入的问题。

（3）结合企业生产的特点，了解其是否有出借包装物的行为及包装物的出借方式、押金的收取方式等。

（4）审查与出借包装物有关的货物销售合同，审核与包装物押金相关的"其他应付款"明细账，掌握各种包装物的回收期限，核实时间超过一年的押金是否按规定计算缴纳增值税。

（5）对酒类生产企业，还要重点审查包装物明细账的贷方发生额，核实销售除黄酒、啤酒以外的酒类产品收取的包装物押金是否并入了当期销售额。

例11

2007年8月，稽查人员对某公司2006年1月至2007年6月的纳税情况进行检查，发现该企业销售黏合剂产品，同时有包装物出借业务，并收取押金。稽查人员核对企业包装物账面数量与库存实物数量时，发现存在差异。进一步采用直查法检查企业的有关账证资料，查实了2006年1月销售产品并收取包装物押金150000元，在2007年4月25日将这笔逾期的包装物押金转入了"营业外收入"未计提销项税额的税收违法事实。

（十二）残次品、废品、材料、边角废料等销售的检查

1. 常见涉税问题

将销售残次品、废品、材料、边角废料等隐匿账外，或直接冲减原材料、成本、费用等账户，或作其他收入，不计提销项税额。

2. 主要检查方法

（1）采用审阅法和核对法，从与"其他业务收入"、"营业外收入"等账户贷方相对应的账户着手，核查销售收入是否提取销项税额。

（2）检查"产成品"、"原材料"、费用、成本等账户，看是否有红字冲减记录，并查阅原始凭证，看是否属销售残次品、废品、材料等取得的收入。

（3）结合投入产出率、企业消耗定额、废品率等指标分析企业残次品、废品、材料、边角废料等数量，与账面记载情况相核对；对差额较大的，进一步检查车间、厂办、食堂等部门，看是否将边角废料收入隐匿在内部部门。

（十三）应税固定资产出售的检查

1. 常见涉税问题

分解出售应税固定资产取得的收入，造成转让价格低于原值的假象，逃避缴纳税款。

2. 主要检查方法

出售固定资产，固定资产的净值、发生的清理费用和收入均在"固定资产清理"账户核算。有的纳税人将出售固定资产取得的收入直接通过"营业外收入"账户核算，清理费用、固定资产净值在"固定资产清理"账户核算，导致出售固定资产的成本与收入两分离。这类问题，可采用审阅法、核对法进行检查。

例12

2007年7月，稽查局对某机械设备有限公司2006年度的纳税情况进行检查。稽查人员采用比较分析法对该公司的有关财务数据进行分析，发现其税收负担率明显低于行业平均税收负担率。进一步采用审阅法和核对法查核收入类账户反映的收入金额与应交税费账户反映的销项税额之间的勾稽关系是否正常，发现销项税额小于按收入金额和相应税率计算的税额。于是，抽查"主营业务收入"、"其他业务收入"等账户以及相关的记账凭证、附件资料，发现在2006年3月23日第23号凭证上有这样一笔分录：

借：银行存款　　　　　　　13200.00

　贷：其他业务收入　　　　　13200.00

记账凭证后附磅码单一份，上面注明货物为废铁和铁屑。查实了该公司实现销售未计提销项税额的税收违法事实。

（1）审查企业固定资产登记卡（簿），核实出售的固定资产（包括售价超过原值的应征消费税的机动车、摩托车、游艇）是否属于列入企业固定资产目录并且作为固定资产管理的货物，是否是使用过的固定资产。

（2）根据"固定资产清理"账户的贷方发生事项，检查有关转让、变卖固定资产收入的原始凭证（转让合同、协议等），与转让固定资产账面原值比较，审查转让价格是否高于原值。如高于原值，是否按规定申报纳税。

（3）审查"其他业务收入"、"营业外收入"等账户的贷方发生事项，分析是否存在"固定资产清理"核算前，将转让的成套固定资产拆零分期销售，以造成转让价格低于原值的假象。

（十四）以货物对外投资业务的检查

1. 常见涉税问题

自产、委托加工或购买的货物对外投资时，未视同销售处理，或者计税依据错误，少缴增值税。

2. 主要检查方法

采用审阅法，检查企业"长期股权投资"账户的借方发生额，与其对应账户核对，确认企业长期股权投资是否涉及自产、委托加工或购买的货物，如果涉及货物投资，则采用核对法核查企业是否按照规定作视同销售处理。

企业对外长期股权投资的计价，一般是由投资协议或者合同确认的。检查时，应重点审阅企业每一项长期投资协议（合同），分析确认企业做视同销售时的计税价格是否和投资协议或者合同上面双方确认的价格（价值）一致。此外，在核对投资协议或者合同时，对协议（合同）中双方确认的投资货物价格（价值），还应与同期市场公允价相比对，以防止投资双方通过降低投资货物计价，提高投资收益分配比例（或增加固定收益分配）的形式，达到投资方少缴税的目的。

（十五）账外经营的检查

1. 常见涉税问题

纳税人为了偷税，设立两套账簿，对内账簿真实核算生产经营情况，对外账簿记载虚假的经营收入和利润情况，并以此作为纳税申报的依据。

2. 主要检查方法

账外经营具有很大的隐蔽性。有的偷税者通过现金交易，将大部分业务从购进、生产到销售整个生产经营过程都置于账外，查处难度较大，检查方法也较多，在此仅作简要介绍。

（1）调查分析法

根据企业经营产品特点、用途、销售对象、销售方式，分析判断企业是否可能存在销售不开发票的现象和现金结算的情况；分析企业账面反映的盈利能力是否与企业实际的生产能力一致；分析是否有必须发生，而账面没有反映的费用、支出记录。

（2）税负分析

计算企业的增值税实际税负，将本期税负与上期税负对比、与同行业平均税负对比，分析判断其是否异常；并运用比较分析法，对资产负债表、利润表上的数据进行分析、比较，找出异常之处。

（3）投入产出分析法

结合企业的生产工艺、流程，查找相关的产品料、工、费耗用定额指标。将企业上述物资的实际单位耗用量与同行业其他企业同期的单位耗用量进行对比，可以判断其是否存在异常情况。

（4）逻辑分析法

从货物流向的角度进行研究，根据被查对象的财务核算指标和生产业务流程进行分析论证，通过对资料之间的比率或趋势进行分析，从而发现资料间的异常关系和某些数据的意外波动，从而发现超出异常资金流动和货物流动不匹配的现象，为检查账外经营提供分析依据。

（5）异常情况分析法

在认真检查企业各种账证之间的勾稽关系，仔细分析每一处疑点的基础上，结合企业产品的性能和用途，了解和熟悉企业生产中各环节之间的勾稽关系，发现企业会计核算中不合乎产品生产经营实际、不合乎常规的疑点和问题。

（6）突击检查法

对可能存在账外经营，隐藏销售收入的企业，宜采取突击检查的方法。

例 13

在对某化工企业进行检查时，稽查人员首先对企业产品结构和成本构成进行了分析，确定产品品种所耗用的主要材料，通过对同行业摸底调查，掌握了该类产品的投入产出率（得到该市行业协会的认可）。再将企业当期主要材料耗用数量乘以行业平均投入产出率，求得每种产品的正常产量。在与企业"产成品"明细账上记录的入库数量核对后发现：该企业应产出乙醛 286 吨，而账面入库 205 吨；应产出对本甲基胺氢 232 吨，而账面入库 198 吨。稽查人员通过进一步检查确认企业存在账外经营偷逃税款的事实。

第五节　进项税额的检查

一、进项税额检查的政策依据

（一）一般规定

1. 准予扣除的进项税额

（1）从销售方取得的增值税专用发票上注明的增值税额。

（2）从海关取得的完税凭证上注明的增值税额。

（3）购进免税农业产品准予抵扣的进项税额。

2. 不准扣除的进项税额

（1）购进固定资产的进项税额（除中部、东北试点地区以外）。

（2）用于非应税项目的购进货物或者应税劳务的进项税额。

（3）用于免税项目的购进货物或者应税劳务的进项税额。

（4）用于集体福利或者个人消费的购进货物或者应税劳务的进项税额。

（5）非正常损失的购进货物的进项税额。

（6）非正常损失的在产品、产成品所耗用的购进货物或者应税劳务的进项税额。

（7）小规模纳税人，不得抵扣进项税额。

3. 抵扣时限规定

（1）增值税专用发票。一般纳税人取得的增值税专用发票必须自该票开具之日起 90 日内到税务机关认证，否则不予抵扣进项税额。认证通过的增值税专用发票，应在认证通过的当月按照规定核算当期进项税额并申报抵扣，否则不予抵扣。

（2）货物运输发票和废旧物资发票。一般纳税人取得的货物运输业发票和废旧物资发票，应当在开具日 90 天后的第一个纳税申报期结束以前申报抵扣。

（3）海关完税凭证。一般纳税人取得的海关完税凭证，应当在开具之日起 90 天后的第一个纳税申报期结束以前向主管税务机关申报抵扣。

4. 不得抵扣的进项税额

纳税人兼营免税项目或非应税项目（不包括固定资产在建工程）而无法准确划分不得抵扣的进项税额的，按下列公式计算不得抵扣的进项税额：

$$\text{不得抵扣的进项税额} = \left\{ \text{当月全部进项税额} - \substack{\text{当月可准确划}\\\text{分用于应税项}\\\text{目、免税项目}\\\text{及非应税项目}\\\text{的进项税额}} \right\} \times \frac{\substack{\text{当月免税项目销售额、}\\\text{非应税项目营业额合计}}}{\substack{\text{当月全部销售额、营业额合计}}} + \substack{\text{当月可准确}\\\text{划分用于}\\\text{免税项目}\\\text{及非应}\\\text{税项目的}\\\text{进项税额}}$$

商业企业向供货方收取的与商品销售量、销售额无必然联系，且商业企业向供货方提供一定劳务的收入，例如进场费、广告促销费、上架费、展示费、管理费等，不属于平销返利，不冲减当期增值税进项税额；对向供货方收取的与商品销售量、销售额挂钩（如以一定比例、金额、数量计算）的各种返还收入，均应按照平销返利行为的有关规定冲减当期增值税进项税额。应冲减进项税额的计算公式为：

当期应冲减进项税额＝当期取得的返还资金/（1＋所购货物适用增值税税率）×所购货物适用增值税税率

纳税人进口货物报关后，境外供货商向国内进口方退还或返还的资金，或进口货物向境外实际支付的货款低于进口报关价格的差额，不作进项税额转出处理。

（二）特殊规定

1. 一般纳税人按简易办法计算增值税额，不得抵扣进项税额。

2. 一般纳税人有下列情形之一者，不得抵扣进项税额：会计核算不健全，或者不能够提供准确税务资料的；符合一般纳税人条件，但不申请办理一般纳税人认定手续的。一般纳税人在税务机关核准恢复抵扣进项税额资格后，其在停止抵扣进项税额期间发生的全部进项税额不得抵扣。

3. 一般纳税人（以取得的增值税专用发票为准）、小规模纳税人购置税控收款机所支付的增值税税额（按普通发票上注明价款计算的增值税税款）准予抵免当期应纳增值税。当期应纳税额不足抵免的，未抵免部分可在下期继续抵免。

4. 一般纳税人取得专用发票后，发生销货退回、开票有误等情形但不符合作废条件的，或者因销货部分退回及发生销售折让的，购买方应向主管税务机关填报《开具红字增值税专用发票申请单》，并必须暂依主管税务机关出具的《开具红字增值税专用发票通知单》所列增值税税额从当期进项税额中转出，未抵扣增值税进项税额的可列入当期进项税额，待取得销售方开具的红字专用发票后，与留存的《开具红字增值税专用发票通知单》一并作为记账凭证。

5. 运输费用抵扣。一般纳税人购进或销售应税货物支付的运输费用的扣除率为 7%。

准予抵扣的货物运费金额是指自开票纳税人和代开票单位为代开票纳税人开具的货运发票上注明的运费、铁路建设基金和现行规定允许抵扣的其他货物运输费用；装卸费、保险费和其他杂费不予抵扣。货运发票应当分别注明运费和杂费，对未分别注明，而合并注明为运杂费的不予抵扣。中部、东北地区试点企业购进或销售固定资产支付的运输费用准予抵扣。一般纳税人采取邮寄方式销售、购买货物所支付的邮寄费，不允许计算进项税额抵扣。

6. 农产品抵扣。一般纳税人购进农业生产者销售的免税农业产品的进项税额扣除率为 13%。

7. 废旧物资抵扣。具有一般纳税人资格的生产企业购进废旧物资，取得废旧物资专用发票，须按照增值税专用发票的有关规定认证抵扣，非废旧物资专用发票一律不得作为进项税额抵扣凭证，抵扣率为 10%。

8. 纳税人购进货物或应税劳务，支付运输费用，所支付款项的单位必须与开具抵扣凭证的销货单位、提供劳务的单位一致，才能够申报抵扣进项税额。

9. 纳税人采用账外经营手段进行偷税，其取得的账外经营部分防伪税控专用发票，未按规定的时限（自该防伪税控专用发票开具之日起 90 日内）进行认证，或者未在认证通过的当月按照增值税有关规定核算当期进项税额并申报抵扣，不得抵扣其账外经营部分的销项税额。

二、常见涉税问题及主要检查方法

（一）购进环节的检查

1. 常见涉税问题

（1）购进固定资产和工程物资（除中部、东北试点地区外）等抵扣进项税额。

（2）扩大农产品收购凭证的使用范围，将其他费用计入买价，多抵扣进项税额。

（3）错用扣税率，低税高扣。

（4）采购途中的非合理损耗未按规定转出进项税额。

2. 主要检查方法

（1）审查"库存商品"、"应交税费——应交增值税（进项税额）"账户借方发生额，对照增值税专用发票，看是否相符。

（2）审查购入免税农业产品的买价是否真实，有无将一些进货费用，如收购人员的差旅费、奖金、雇用人员的手续费以及运杂费等采购费用计入买价计算进项税额进行扣税；有无擅自扩大收购凭证的使用范围或错用扣除税率的问题。

（3）检查非合理损耗时，可采用审阅法、核对法、分析法、盘存法等多种方法，核实纳税人是否发生非正常损失，重点审查"物资采购"、"原材料"、"待处理财产损溢"和"应交增值税"明细账账户，结合收料单，查明进项税额核算是否正确，是否压低入库原材料价格，

不扣除损耗短缺，按购入货物全额计列了进项税额。

（二）存货保管使用环节的检查

1. 常见涉税问题

（1）发生退货或取得折让未按规定作进项税额转出，多抵扣税额。

（2）用于非应税项目、非正常损失的货物未按规定作进项税额转出。

（3）用于免税项目进项税额未按规定转出，多抵扣税额。

（4）以存挤销，将因管理不善等因素造成的材料短缺挤入正常发出数，少缴增值税。

（5）盘亏材料未按规定的程序和方法及时处理账务，造成相应的进项税额未转出，或盈亏相抵后作进项税额转出，少缴增值税。

2. 主要检查方法

（1）要求企业提供《开具红字增值税专用发票通知单》的留存联，核对开具退货的数量、价款及税额与账面冲减的数量、金额及税额是否一致，《通知单》的出具时间与账务处理的时间是否匹配，有无人为延期冲销当期进项税额；检查有无利用现行的购进扣税法，大量进货或虚假进货，增大当期进项税额，然后办理退货延期缓缴应纳增值税；将仓库明细账数量与财务材料明细账核对，看有无实际已发生退货，未作进项税额转出的情况。

（2）原材料用于非应税项目、非正常损失进项税额转出的检查。检查"原材料"、"包装物"、"低值易耗品"、"库存商品"等账户，看其贷方的对应账户是否是生产成本、制造费用和销售费用，检查"材料分配单"、"领料单"，查看去向，审查有无非应税项目领料直接进入成本、费用的情况；对用于集体福利、非正常损失或个人消费领用的，审核是否贷记"应交税费——应交增值税（进项税额转出）"账户；根据能确定外购货物批次的单位成本或当期实际成本，核实应由非应税项目（非正常损失）承担的材料物资成本金额，按规定的税率复算进项税额转出是否正确，有无故意降低应付职工薪酬领用材料的成本，少计进项税额转出的情况。

（3）原材料用于免税项目进项税额转出的检查。检查时，可采用审阅法、核对法等方法，首先审查企业的纳税申报表，看有无免税收入申报，对有免税收入申报的企业，一要检查有无进项税额转出记录，进项税额转出的核算是否及时，有无人为调节进项税额转出的时间，从而人为调节当期应交税费的情况；二要检查进项税额转出的计算是否正确，对从事来料加工复出口的企业，有无仅将材料成本作进项税额转出，而对其耗用的水、电、气等不作进项转出的情况。

（4）生产耗用存货的检查。对"生产成本"和"制造费用"账户进行检查，看是否将属资本性支出的耗料计入生产成本，非正常的存货损失直接计入生产成本，属在建工程核算的固定资产改良支出中的实物消耗和修理费支出计入"制造费用"账户，未作增值税进项税额转出处理。对"生产成本"、"制造费用"账户借方发生额与历史同期和当年各期发生额波动情况进行分析比较，对增长比较大的月份应重点审查，分析其增长是否与其经营规模或销售情况相匹配，深入生产现场和仓库，查看仓库实际领料数量金额与财务账面反映的金额是否一致，进一步审查原始记账凭证，检查是否存在固定资产化整为零或应属在建工程项目的耗料计入生产成本、制造费用的情况。

例 14

某市税务机关对该市某钢管制造有限公司 2006 年度纳税情况实施检查。检查过程中，稽查人员运用观察法到车间、仓库及其他部门实地观察企业产、供、销、运各环节运行情况及企业内控情况。了解到该企业自设食堂及托儿所，据此，稽查人员把"福利费"账户作为检查重点之一，运用直查法对其"应付职工薪酬"明细账进行分析检查，在审查"应付职工薪酬"账户发生额中，未发现有分配领料及其他物耗记录。稽查人员抽查了 6 月份的材料分配记账凭证，其账务处理为：

借：生产成本　　　　　　　3500000.00
　　制造费用　　　　　　　 560000.00
　　管理费用　　　　　　　 68000.00
　　销售费用　　　　　　　 23000.00
　贷：原材料　　　　　　　4151000.00

凭证后附的材料分配单显示，在管理费用中列支的材料费用 68000 元中有食堂、托儿所领用 8700 元。查实企业将应由"应付职工薪酬"承担的材料费用记入了"管理费用"账户，未作增值税进项税额转出的税收违法事实。

（5）存货盘亏进项税额的检查。

①非正常损失的盘亏存货，应作进项税额转出，存货的盈亏在计算进项税额转出时，不得与盘盈相抵。

对于企业由于资产评估减值而发生的流动资产损失，如果流动资产中存货的实物数量未减少或损坏，只是由于市场价格降低，价值量减少，则不属于非正常损失，不作进项税额转出处理。

检查时，除盘点实物数量外，要注意财务明细账、企业盘点表与仓库实物账入库、发出、结存数量的核对，看有无三者不一致的情况。

②检查"待处理财产损溢"账户。如果"待处理财产损溢"账户借方发生额对应关系为贷记"原材料"、"库存商品"、"低值易耗品"、"生产成本"，同时贷记"应交税费——应交增值税（进项税额转出）"，说明企业已作进项税额转出。但要注意计算进项税额转出的依据是否正确，有无直接按保险公司的赔偿款项作为计算进项转出的依据；或按扣除保险公司赔款或个人赔偿后的实际损失额作为计算进项转出的依据；计算物耗比例是否人为少计物耗项目，少转出进项税额；计算损耗的商品成本与同类已销商品或库存商品的成本是否一致，有无少计损耗商品成本少转进项税额等。

（三）在建工程的检查

1. 常见涉税问题

（1）将工程用料直接计入相关成本、费用而不通过在建工程账户核算（工程实际用料超过账面用料记录），多抵扣进项税额。

（2）工程用料不作进项转出或故意压低工程用料价格，少作进项税额转出。

（3）工程耗用的水、电、气等不作分配，少作进项税额转出。

2. 主要检查方法

企业在建工程分为两大类，一类为房屋类，一类为设备类。对在建工程的检查，可比照固定资产的检查方法。

（1）采用"观察法"和"逆查法"，了解企业检查所属期内完工或正在实施的基本建设、技术改造等工程项目，并通过各项工程批准的有关文件、营建的预决算资料和施工现场考察，测算工程的用料情况，与账务核算资料核对，检查有无工程实际用料超过账面用料记录的情况，是否将工程用料直接计入相关成本而不通过在建工程账户核算。

（2）检查"在建工程"与"原材料"、"制造费用"、"应交税费——应交增值税（进项税额转出）"等账户的对应关系，查明有无工程用料不作进项转出或故意压低工程用料等的价格，少作进项税额转出的行为。特别注意"在建工程"与"制造费用"等费用账户相对应时，其中的物耗部分有无作进项税额转出，转出金额是否准确。

（3）结合企业在建工程项目，检查企业材料分配单，有无将工程耗用的水、电、气等不作分配，从而少作进项税额转出的现象。

（4）检查纳税人新建、改建、扩建、修缮、装饰建筑物，其进项税额有无申报抵扣。纳税人对生产经营场所进行修缮、装修、装潢的支出，有的不形成固定资产，特别是对承租的生产经营场所进行装潢，有的单独外购并取得增值税专用发票申报抵扣；有的是从经营的商品中直接领用而不作进项转出。核算往往直接从"递延资产"、"管理费用"、"营业费用"账户列支。因此，应重点审查"递延资产"、"管理费用"、"营业费用"账户，了解借方发生额的原因，再调阅有关原始凭证、记账凭证，核实进项税额是否抵扣。

（四）返利和折让的检查

1. 常见涉税问题

（1）把返利挂入其他应付款、其他应收款等往来账，不作进项税额转出。

（2）将返利冲减营业费用，不作进项税额转出。

2. 主要检查方法

平销行为在商业企业比较多见，企业是否存在平销行为，可以通过外购原材料（库存商品）的购销合同及应付账款、营业外收入、其他应付款账户发现线索。一般情况下，有此类情况的企业，均与外购货物的进货数量直接挂钩，有的以购销总量超过一定基数给予一定比例的扣率或资金返回。从实际工作中发现，平销行为的返利主要表现在：

（1）购买方直接从销售方取得货币资金；

（2）购买方直接从应向销售方支付的货款中坐支；

（3）购买方向销售方索取与销售数量有关的销售费用或管理费用；

（4）购买方在销售方直接或间接列支或报销有关费用；

（5）购买方取得销售方支付的费用补偿或单独开票结算费用。

对平销行为的检查，要重点注意以下账户：

（1）审阅经济合同或协议，调查了解企业供应商或同业的其他供应商是否向购货方支付返利，如果都支付，被查企业账面没有任何返利记录，说明被查企业很可能存在账外账，此时需检查账外账。

（2）检查企业的往来账户，看"其他应付款"或"其他应收款"账户有无将销售返利挂账，且未作进项税额转出。存在这种情况的企业，"其他应付款"或"其他应收款"账户余额会明显增加。

（3）检查费用类账户，看是否将收取的进货返利冲减了相关的费用，未作进项税额转出。

存在这种情况的企业，相关费用会比上期明显下降。

（4）检查"库存商品"账户和进货发票，看是否存在以进货返利冲减进货成本，未作进项税额转出的问题。有这种情况的企业，其购入的应税货物成本与进项税额不匹配。

（五）运输费用的检查

1. 常见涉税问题

（1）扩大计税抵扣基数、错用扣税率。

（2）非应税项目的运费支出计算进项税额抵扣。

2. 主要检查方法

（1）检查是否有购进固定资产（除中部、东北试点地区以外）、销售免税货物等所发生的运费及采用邮寄方式购买和销售货物支付的邮寄费和其他杂费等，计算进项税额抵扣。

（2）审查有无应由在建工程（另有规定者除外）等非生产项目负担的运费或弄虚作假将不属扣除的项目巧立名目，冠以运输费的名义开具运输发票；重点审查"原材料"、"营业费用"等账户借方发生额，结合"工程物资"、"应付职工薪酬"等账户，查阅纳税人的购销合同中的有关运输费用条款，和取得的运费发票中的项目内容进行核对。

（六）受让应税劳务进项税额的检查

1. 常见涉税问题

（1）应税劳务支出用于非应税项目、免税项目、集体福利和个人消费的，不作进项税额转出。

（2）虚构业务，让他人为自己虚开发票，多抵扣进项税额。

2. 主要检查方法

主要审查"其他业务支出"、"制造费用"、"原材料"等账户，查阅增值税专用发票，结合加工合同或协议所载明的加工品名、性质和用途，看有无将发生的应税劳务支出用于非应税项目、免税项目、集体福利和个人消费，作增值税进项税额抵扣的情况；有无提供劳务的单位与收款的单位及开具发票的单位不相符的情况；有无虚构加工业务，让他人为自己虚开增值税专用发票的行为。

（七）一般纳税人资格认定前的进项税额的检查

1. 常见涉税问题

小规模纳税人转为一般纳税人后，抵扣其小规模纳税人期间发生的进项税额。

2. 主要检查方法

审核一般纳税人的认定时间、经济业务事项的发生时间，查阅购销合同、协议、货物入库单、仓库保管记录等，核实是否存在小规模纳税人转为一般纳税人后抵扣其小规模纳税人期间发生的进项税额的情况。

第六节　增值税抵扣凭证的检查

一、增值税专用发票的检查

（一）常见涉税问题

1. 虚开增值税专用发票

2. 接受虚开的增值税专用发票

（二）主要检查方法

分析纳税人的有关数据、资料，判断是否存在虚开或接受虚开增值税专用发票的可能。对经营和申报上比较特殊的企业，加强重点检查。应重点关注以下类型企业：（1）经常性零申报的企业；（2）销售额增长较快，税负率反而下降的企业；（3）长期进项税额大于销项税额的企业（也称为负申报企业）；（4）申报的销售额与该企业的经营场所、注册资金、固定资产、流动资产、从业人员、经营费用不匹配的企业；（5）进项抵扣凭证多是"四小票①"的企业；（6）抵扣凭证数量多、金额大且多来自案件高发地区的企业；（7）购销对象较分散且变化频繁，往往大多只有单笔业务往来的企业；（8）经营活动使用大量现金交易的企业。

1. 虚开增值税专用发票的检查

从已有案例来看，虚开增值税专用发票的作案手法已经从简单的无货虚开、开假票、大头小尾票等传统的手法转移为真票虚开、有货虚开偷骗税款的形式。其表现形式主要有三类：（1）"虚进虚出"，即利用虚假的抵扣凭证，虚开增值税专用发票，如利用伪造的海关专用缴款书作为进项税额，虚开增值税专用发票。（2）"控额虚开"，即利用生产经营中不需开具发票的销售额度虚开增值税专用发票。如钢材经营企业将已销售且不需开票的销售额度，开具给没有实际购货的单位，赚取开票手续费。（3）相互虚开，即关联企业间互相虚开增值税抵扣凭证。

真票虚开、有货虚开增值税专用发票，一般能通过增值税交叉稽核系统审核比对，因此，虚开增值税专用发票的检查必须从"票流"、"货流"、"资金流"三方面着手。

（1）核实货物购销的真实性。审查纳税人经营项目、经营方式、生产经营规模、生产能力、盈利能力、货物流向等，分析是否存在虚开增值税专用发票的嫌疑；检查有关原始凭证，如购销合同、材料入库单、验收单、成品出库单、提货单、托运单等，核对企业的资金流向和票据流向，核实其是否存在虚假的货物购销业务。

（2）调查资金流向的真实性。应尽量了解和掌握企业银行账号和涉案人员如法定代表人、厂长、出纳、主要业务人员和其他相关人员的个人银行存款账号或卡号，通过银行协查核实资金的实际流向情况。如果资金回流到受票企业，则该企业可能存在虚开发票的问题。

（3）协查发票开具的真实性。在虚开发票案件的检查中，对有疑问的进项发票和销项发票应向受票地或开票地税务机关发函协查，核实购销业务和票面内容的真实性。

（4）核实采购货物取得的增值税专用发票是否真实，有无取得假票情况，有无满额联号

---

① 海关代征增值税完税凭证、运输发票、农副产品收购发票和农产品销售普通发票。

填开情况，有无开票日期不同、票号相连或相近情况，有无大宗货物来自非产地的情况，有无票面价税合计是大额整数等情况。如存在上述情况，可通过付款结算方式、支付的对象加以分析，询问当事人了解情况，通过函查、实地调查等方法进一步核实。

2. 接受虚开增值税专用发票的检查

除比照虚开增值税专用发票的检查外，还可以从以下三个方面进行检查：

（1）确认受票企业接受的已证实虚开的增值税专用发票是否是企业购销业务中销货方所在省（自治区、直辖市和计划单列市）的增值税专用发票。

（2）确认受票企业与销货方是否有真实交易，购进的货物与取得的虚开增值税专用发票上的内容是否一致。可以通过企业正常的采购、耗用量水平加以初步判断，并结合付款方式、是否支付货款、付款对象、取得增值税专用发票有无异常等，查找疑点，验证购进货物经济业务的真实性；主要核查企业的购货合同、货物运输凭据、货物验收单和入库单以及领用（发出）记录，审核其与销货方是否有真实货物交易，以及其实际采购货物与增值税专用发票注明的销售方名称、印章、货物数量、金额及税额等全部内容是否相符。

（3）检查"应付账款"账户，从该账户贷方发生额入手，与该账户的借方发生额相对照。一是检查其贷方核算的单位与付款反映的单位是否一致，如不一致，则应进一步查明原因，是否有取得代开、虚开的发票抵扣税款的情况；二是要检查其发生额是否与其经营规模或销售情况相匹配，对某些发生额较大，且长期不付款或通过大额现金付款且与其资本规模不符的，应对其进货凭证逐一检查，并发函协查；三是要结合销售开票情况，看其有无销售开票是小额多份开具，而进货则是大额整笔开具或是月底集中进货的情况，是否有虚进虚开增值税专用发票的情况。

二、其他抵扣凭证的检查

其他抵扣凭证包括海关代征增值税完税凭证、货物运输发票、废旧物资（收购、销售）发票和农产品收购发票，俗称"四小票"。

（一）政策依据

1. 进口增值税专用缴款书（简称海关完税凭证或完税凭证）

（1）进口增值税专用缴款书上标明有两个单位名称，即代理进口单位名称和委托进口单位名称，只准予其中取得专用缴款书原件的一个单位抵扣税款。申报抵扣税款的委托进口单位，必须提供相应的海关代征增值税专用缴款书原件、委托代理合同及付款凭证，否则，不予抵扣进项税款。

（2）自营进出口业务的商贸企业须向主管税务机关报送对外贸易经济合作部门关于赋予其进出口经营权的批准文件的复印件（以下简称进出口经营权批件）；否则，其取得的海关增值税完税凭证不得作为增值税扣税凭证。有自营进出口业务或委托代理进口业务的商贸企业，须在签订进口合同后五日内向主管税务机关报送合同复印件；未按期报送合同复印件的，其相关进口货物的海关增值税完税凭证不得作为扣税凭证。

（3）纳税人进口货物，凡已缴纳了进口环节增值税的，不论其是否已经支付货款，其取得的海关完税凭证均可作为增值税进项税额抵扣凭证。

2. 货物运输发票

（1）纳税人购进、销售货物所支付的运输费用明显偏高，经过检查不合理的，不予抵扣运输费用。

（2）运输单位自开运输发票，运输单位主管地方税务局及省级地方税务局委托的代开发票中介机构为运输单位和个人代开的运输发票准予抵扣。其他单位代运输单位和个人开具的运输发票一律不得抵扣。

地税局代开货运发票时，应加盖代开票地税局发票专用章，专用章要有代开票地税局名称和地税局代码，否则不予抵扣增值税。

（3）一般纳税人在生产经营过程中所支付的运输费用，允许计算抵扣进项税额。

（4）提供货物运输劳务（指公路、内河货物运输业）的纳税人必须经主管地方税务局认定方可开具货物运输业发票。凡未经地方税务局认定的纳税人开具的货物运输业发票不得作为记账凭证和增值税抵扣凭证。

增值税一般纳税人外购货物（扩大抵扣范围试点外的地区不包括固定资产）和销售应税货物所取得的由自开票纳税人或代开票单位为代开票纳税人开具的货物运输业发票准予抵扣进项税额。

3. 农产品抵扣凭证

农产品的范围可参考《农业产品征税范围注释》。

4. 废旧物资（收购、销售）发票

一般纳税人生产企业购进废旧物资，取得废旧物资专用发票，可按有关规定认证抵扣进项税额（扣除率 10%）；非废旧物资专用发票一律不得作为进项税额抵扣凭证；废旧物资经营单位销售其收购的废旧物资，开具普通发票时，应加盖财务印章和开票人专章，生产企业增值税一般纳税人取得未加盖"开票人专章"的普通发票，不得计算抵扣进项税额。

（二）常见涉税问题及主要检查方法

1. 常见涉税问题

（1）取得虚假的海关完税凭证抵扣税款。

（2）接受虚开的或开具不规范的其他抵扣凭证抵扣进项税额。

（3）虚开其他抵扣凭证。

（4）虚构废旧物资采购业务，回收经营单位故意为自己虚开发票。

（5）取得小规模纳税人开具的虚假农产品销售普通发票抵扣税款。

2. 主要检查方法

其他扣税凭证的检查与其他内容的检查有不同的特点。

（1）海关完税凭证的检查

①审核完税凭证是否真实。可采用审阅法、核对法审查"原材料"账户，调阅完税凭证，查看其凭证上开具的单位名称与实际是否相符，是否用完税凭证的原件抵扣；印章是否完备真实①，"填制单位"、"制单人"为海关操作人员代码，要一一对应；货物名称、数量及单位的填制是否准确②。

②审查进口业务的真实性。A.审核进口货物合同，重点加强业务真实性的审查，包括合

---

① 海关完税凭证上的印章至少有两个，即完税凭证开具海关的印章和收款银行章。海关印章使用防伪油，轮廓清晰，加印清楚，字迹一般不模糊；银行印章一般都清晰、外形一致。

② "货物名称"为标准名称，表述准确、清楚；"数量"为阿拉伯数字标准表述；"单位"为标准国际计量单位，不同产品使用的计量单位基本与进口货物报关单上的书写形式一致。

同真实性的审查和合同所包含的货物真实性的审查。B.审核纳税人提供的代理进口人的税务登记。伪造海关完税凭证案件，多为代理进口，且代理人为外省纳税人的居多，所提交的代理人税务登记会存在不同程度的漏洞或疑点。C.审查代理进口协议、合同及报关单。利用伪造海关完税凭证抵扣税款的纳税人，往往以开出的专用发票上注明的货物种类、名称，伪造相关合同及进口报关单，而且经营范围种类繁多。D.审查货款的支付情况。如审查资金是否付往代理人的账户，是否通过银行付款来判断其业务的真实性。对有疑问的代理业务，可以请代理企业所在的税务机关协查，核实其真实性。

（2）运输发票的检查

①审查发票开票单位是否合法、内容填写是否规范。各项必须填列的项目应填写齐全，运费和其他杂费未分别注明，不符合规定的一律不允许抵扣。

②审查运费发票是否超范围抵扣。主要通过审核货运单、验收单、入库单等原始凭据，审查纳税人是否将非运输单位开具的发票、运输免税货物或非应税项目货物的发票也申报抵扣进项税额。

③审查运输业务的真实性。A. 审查购销合同和原始货运单据。核实其合同中有关运输条款与原始货运单据上注明的发货人、收货人、起运地、到达地、运输方式、货物名称、货物数量等项目是否一致。B. 审核运费的价格。主要是将其与市场公允的运输价格相比较，审查运费价格是否合理。C. 审核运输货物是否真实入库，主要审查仓库保管员的入库记录。

例 15

某玻璃有限公司主要从事各种啤酒瓶和农药瓶的生产销售。2007 年实现销售收入 7066 万元，已交增值税 429.7 万元。检查中，稽查人员针对该公司发生的运费占其销售成本偏高的疑点，对企业接受运输劳务并取得的运费发票进行了重点检查。通过对该公司外购原料、煤炭以及销售产品发生的运费进行统计分析，逐笔核对和检查取得的运费发票，发现公路运费偏高。鉴于上述情况，对外地地税机关代开或运输公司自开的公路运费发票进行发函协查，最终认定该单位用取得虚开的运费发票抵扣进项税 84.47 万元。

（3）农副产品收购发票的检查

①审查收购发票是否超范围开具。A. 审查开具收购发票的货物是否属于开票的范围，是否将收购的非初级农产品和其他不允许自开收购发票抵扣税款的货物也开具收购发票。B. 审核收购发票的开具对象是否符合要求。审查是否存在假借农业生产者的名义，将向非农业生产者收购的初级农产品也自开收购发票的情况。审查有无假借身份证虚开收购凭证的现象，必要时，对重点大宗农副产品，且存在相对固定收购点（收购人）收购业务的，可以深入收购点对出售农户进行调查。

②审核收购价格是否真实。将纳税人的收购价格与同行业企业同期的收购价、同期的市场公允价格进行比对，审查其收购价格有无异常，是否存在将农产品的生产扶持费用、运输费、装卸费、包装费、仓储费等并入收购价格虚增收购金额的问题。

③审核收购业务的真实性。结合"原材料"和"库存商品"账户，深入车间、仓库实地查看，审核收购的货物是否验收入库，验收入库农产品品种、数量是否与收购发票一致。必要时，可进行实地盘点。

④审核收购资金的流向。采取调查分析法和协查办法,核实其收购款项的实际流动情况,重点审查其是否存在收购款项回流的问题,进而审查其是否存在虚开农产品收购发票的问题。

(4)农产品销售普通发票抵扣的检查

①审查农产品销售普通发票开票对象。审查开票方是否为直接从事初级农产品生产的企业。

②审查收购业务是否真实。主要核查企业的购货合同、货物运输凭据、货物验收单和入库单以及发出(领用)记录等原始凭据,深入车间、仓库实地查看,审核其与销货方是否有真实货物交易。

③审查票货款是否一致。主要是审核其货款的支付情况,核实支付货款的收款单位是否与发货单位以及开票单位完全一致,查证票款结算是否相符。

例 16

某植物油厂主要从事豆类植物油加工销售。生产流程主要为预榨、浸出、精炼。年加工能力 5 万吨。该市税务机关于 2007 年 4 月对该纳税人 2005 年 1 月 1 日至 2006 年 12 月 31 日期间的增值税纳税情况进行了检查。

检查过程中,根据企业的生产经营特点,重点突出了对该公司抵扣凭证合法性、合理性和完整性的审核。检查发现以下疑点:一是该单位购进部分花生、大豆取得的普通发票(已抵扣进项税额)的价格明显高于增值税专用发票的价格,且部分发票的票面不整洁,不像是一次性填写;二是部分汽车运输发票的运价高于正常运价,且运输发票项目填写不全。

经进一步检查确认,该公司存在以下违法事实:①取得"大头小尾"、上下联不一致的购进农产品普通发票申报抵扣增值税。②取得非运输部门开具的运输发票抵扣税款。③取得虚开运输发票(开票单位与收款单位不一致)抵扣税款。④取得不符合规定(内容开具不全)的运输发票抵扣税款。⑤装卸费作运输费用抵扣税款。

---

(5)废旧物资销售发票的检查

主要是审查购销业务的真实性。对回收经营单位主要审查废旧物资是否与其他物资的经营分别核算,确定是否享受废旧物资免征增值税政策;对生产企业主要审查适用扣除率是否正确,有无低税高扣。废旧物资销售发票检查方法与前述农产品销售普通发票的检查相似,可参照上述检查方法。

第七节 增值税减免税的检查

一、政策依据

下列项目免征增值税:农业生产者销售的自产农业产品;避孕药品和用具;古旧图书;直接用于科学研究、科学试验和教学的进口仪器、设备;外国政府、国际组织无偿援助的进口物资和设备；来料加工、来件装配和补偿贸易所需进口的设备；由残疾人组织直接进口供残疾人专用的物品；销售的自己使用过的物品。除上述外，增值税的免税、减税项目由国务院规定。

关于起征点的特殊规定如下：（1）销售额未达到财政部规定的增值税起征点的，免征增值税。（2）个人（包括个体经营者及其他个人）销售货物或应税劳务的起征点：销售货物月销售额 2000～5000 元；销售应税劳务月销售额 1500～3000 元；按次纳税的每次（日）销售额 150～200 元。（3）对于销售水产品、畜牧产品、蔬菜、果品、粮食等农产品的个体工商户，以及以销售上述农产品为主的个体工商户，农产品销售额超过 50%（含 50%），其起征点一律确定为月销售额 5000 元，按次纳税的，起征点一律确定为每次（日）销售额 200 元。

二、常见涉税问题及主要检查方法

（一）擅自扩大减免税范围，将应税项目混入减免税项目中

1. 常见涉税问题

（1）将应税项目的销售收入记入减免税项目。

（2）将减免税项目的进项税额记入应税项目。

（3）减免税项目领用应税项目材料，进项税额未转入减免税项目。

2. 主要检查方法

（1）检查纳税人享受减免税项目是否符合政策规定。主要是检查纳税人的具体经营项目，产品生产工艺流程、配方比例和产品用途，分别核实减免税项目和应税项目的范围。

（2）检查企业减免税项目和应税项目的会计核算与财务管理情况，核实是否严格按照规定进行了分类明细核算。如未实行分别核算，应区别情况进行检查。

① 若耗用原材料基本相同。检查不同时期应税项目的单位材料消耗定额，看不同时期的消耗定额是否有明显的较大变动，是否存在免税项目领用材料记入了应税项目成本中，同时进项税额也未转入免税项目的情况。

② 若耗用原材料不相同。检查材料领用单和仓库发料记录，看有无将免税项目领用材料混入应税项目成本中，进项税额未转入免税项目的情况。

（3）检查减免税项目货物出库单、提货单等出库票据，与减免税项目"库存商品"、"主营业务收入"账户贷方发生数进行核对。审核减免税项目存货发出品名、数量，与减免税项目"库存商品"账户贷方发生的品名、数量是否相符。核实减免税项目销售明细账记录的销售货物品名、数量和销售发票记载的品名、数量是否一致。查证有无将应税项目的销售收入记入减免税项目中。

（4）检查原材料入库数量与应税项目"库存商品"账户借方发生数是否匹配（结合投入产出率和期初因素）。审核有无将减免税项目的原材料成本和进项税额记入应税项目的成本中。

（5）到生产车间实地调查。了解应税项目原材料实际领用数量的情况，核对账面应税项目原材料出库数量，分析两者的差异数量，查实是否存在减免税项目领用应税项目材料，进项税额未转入减免税项目中。

（6）计算分析应税项目和免税项目生产成本中的物耗成本分配标准（比如产量、单位生产工人工资等）是否合理，分配比例是否正确。在结转物耗成本时，进项税额是否同比例结转。

例 17

稽查人员对某木器有限公司（增值税一般纳税人，主要利用三剩物和次小薪材生产销售木竹纤维板、木炭等）2006 年度增值税纳税情况进行检查时发现，该公司 2006 年 5 月购进的一批次小薪材单价明显偏高，经到仓库核查实物账、询问仓库保管员，查实这批购进货物并非"次小薪材"而是原木，已全部用于生产加工木竹纤维板并销售。根据《关于以三剩物和次小薪材为原料生产加工的综合利用产品增值税即征即退政策的通知》（财税[2006]102 号）规定，用不属于三剩物与次小薪材的原料加工生产的木竹纤维板不得享受增值税即征即退优惠政策，应补缴已退还的增值税。

（二）人为调节征免税期间的销售收入和进项税额，骗取税收优惠

1. 常见涉税问题

（1）将征税期间的销售收入记入免税期间。

（2）将免税期间的进项税记入征税期间。

2. 主要检查方法

（1）核对分析纳税人免税期开始或结束前后临近月份的销售收入、原材料购入、进项税额抵扣是否存在异常变动。审核有无将征税期间的销售收入记入免税期间，或者将免税期间的进项税额记入征税期间，重点检查异常会计账户征免税交界期前后的情况。核实月份销售收入异常变动的情况，查看销售凭证、货物原始出库单以及销售合同等资料，有无将减免税期开始前实现的销售收入，延迟到免税期开始后入账，或者将免税期结束前尚未实现的销售收入提前入账。

（2）检查仓库出库单、提货单等出库票据，与"库存商品"、"主营业务收入"账户贷方发生数以及销售明细账相关数据进行核对，查实其真实的发货日期。审核购销合同、托收回单、收款单等，确认其收款的依据和货款结算方式，看有无将征税期间的销售收入记入免税期间的情况。

（3）核对材料仓库入库数量与"库存商品"账户借方发生数量是否匹配（结合投入产出率和期初因素），确认材料（商品）入库单的真实收货日期，查阅付款方式，看有无将免税期间的进项税额记入征税期间进行抵扣。

例 18

2007 年 5 月，税务稽查人员对某新办水泥生产企业（属增值税一般纳税人，主要生产经营的产品是利用"三废"生产的水泥，自 2006 年 10 月份起享受增值税即征即退税收优惠政策）2005 至 2006 年的纳税情况进行实地检查时发现，该企业存在将自产水泥用于在建工程未计提销项税金、销售水泥收取运输费、装卸费等价外费用未计提销项税金等违法事实。同时还发现，该企业 2006 年 8 月至 9 月账面销售收入比前期大幅度下降，遂询问企业财务人员未得到合理解释，稽查人员从生产部获取了 2006 年 8 月至 9 月的生产快报，从销售部获取了发货汇总表，经逐笔审核后，查实了该企业 2006 年 8 月至 9 月期间已发出部分水泥，未及时在当期作销售，人为延迟到 2006 年 10 月份入账的情况，至此企业不得不承认将应税产品销售收入延迟记入免税期收入，少缴增值税的违法事实。

（三）编造虚假资料，骗取享受税收优惠资格

1. 常见涉税问题

（1）编造虚假残疾人资料，骗取增值税即征即退税收优惠。

（2）编造虚假的产品生产工艺（流程）、配方比例和产品用途，骗取增值税免征、减征、先征后退和即征即退的税收优惠。

2. 主要检查方法

（1）查阅企业职工花名册、应付工资表、考勤表和用工合同等资料，核实企业安置残疾人比例是否符合规定，有无瞒报职工人数，人为提高安置残疾人比例的情况。

（2）询问调查企业安置的残疾人员，到生产车间实地了解残疾人上岗情况，核对企业上报的资料，查实有无编造虚假的安置残疾人人数，骗取增值税即征即退税收优惠的情况。

（3）查阅原材料、库存商品明细账及有关记账凭证和原始凭证，核对购入原材料的进货发票、财务原材料明细账与原材料入库单、仓库原材料明细账是否相符。

（4）实地到生产车间调查了解产品生产工艺流程、原材料耗用比例（配方）、产品用途等实际情况，查看是否与企业提供的资料相吻合。查实有无编造虚假资料，骗取增值税税收优惠的情况。

练习题

1. 增值税纳税义务人包括哪些？

2. 简述增值税纳税范围的一般规定。

3. 简述对视同销售行为检查的基本方法。

4. 如何检查混合销售行为的增值税问题？

5. 简述增值税纳税义务发生时间的一般规定。

6. 如何检查账面隐匿销售额的问题？

7. 关于增值税进项税额，有哪些主要涉税问题？

8. 如何检查虚开或接受虚开增值税专用发票的问题？

9. 简述存货保管使用环节的检查方法。

第五章　消费税检查方法

通过本章的学习，需要理解并掌握以下问题：

1. 对消费税纳税人和扣缴义务人的检查：常见涉税问题及主要检查方法；
2. 对消费税适用税目税率的检查：常见涉税问题及主要检查方法；
3. 对纳税环节与纳税义务发生时间的检查：常见涉税问题及主要检查方法；
4. 对计税依据及应纳税额的检查：常见涉税问题及主要检查方法。

第一节　纳税义务人和扣缴义务人的检查

一、对纳税人和扣缴义务人检查的政策依据

消费税纳税人是指在中国境内生产、委托加工和进口应税消费品的单位和个人。委托加工的应税消费品，由受托方在向委托方交货时代收代缴税款。

在中国境内从事金银首饰零售业务的单位和个人，为金银首饰消费税的纳税人；委托加工（另有规定者除外）、委托代销金银首饰的，受托方也是纳税人。

二、常见涉税问题及主要检查方法

（一）常见涉税问题

1. 从事应税消费品生产经营的纳税人未办理税务登记、税种登记手续，或虽办理登记却未申报纳税。
2. 受托加工应税消费品未按规定履行代扣代缴义务。

（二）主要检查方法

1. 界定纳税人的身份，查清纳税人是否属漏征漏管户，特别关注实行定期定额征收的个体经营户。
2. 对照现行政策，看被查对象有无法定代扣代缴义务；对于有法定扣缴义务的，则应让其提供扣缴义务登记手续，以界定其身份。
3. 履行扣缴义务的检查。查阅委托加工合同，结合受托加工账目，核实在中国境内受托加工应税消费品（不包括金银首饰）的单位和个人（委托个体经营者加工应税消费品的除外）在交货时是否按照规定代扣代缴消费税。

例 1

　　某小型饰品零售店打出广告，称其经营的银饰成色足、款式新颖。稽查人员通过查看其征管数据，发现该饰品店为实行定期定额征收税款的个体经营者，没有办理消费税的税种登记。稽查人员遂下户核实，该饰品店老板辩称其经营的银饰为镀银首饰，不须申报缴纳消费税。通过检查饰品店的进货凭据以及向饰品供货方进行协查取证，稽查人员查实了该饰品店实际销售金银首饰，不申报缴纳消费税的事实。根据财税〔1994〕95 号第三条规定，从事金银零售业务的单位和个人为金银首饰纳税人，应按规定申报缴纳消费税。

第二节　适用税目税率的检查

一、适用税目税率检查的政策依据

　　消费税税目税率的一般规定，见《税务稽查方法》第 4 章。纳税人兼营不同税率的应税消费品，应当分别核算不同税率应税消费品的销售额、销售数量。未分别核算销售额、销售数量，或者将不同税率的应税消费品组成成套消费品销售的，从高适用税率。

　　关于税目税率的特殊规定还有：

　　1. 对卷烟类产品的规定如下：

　　（1）纳税人销售的卷烟因放开销售价格而经常发生价格上下浮动的，应以该牌号规格卷烟销售当月的加权平均销售价格确定征税类别和适用税率。

　　（2）卷烟由于接装过滤嘴、改变包装或其他原因提高销售价格后，应按照新的销售价格确定征税类别和适用税率。

　　（3）纳税人自产自用的卷烟应当按照纳税人生产的同牌号规格的卷烟销售价格确定征税类别和适用税率。

　　（4）委托加工的卷烟按照受托方同牌号规格卷烟的征税类别和适用税率征税。

　　（5）残次品卷烟应当按照同牌号规格正品卷烟的征税类别确定适用税率。

　　（6）卷烟分类计税标准的调整，由国家税务总局确定。

　　2. 对酒及酒精类产品的规定如下：

　　（1）用甜菜酿制的白酒，比照薯类白酒征税。

　　（2）佐料产品属于黄酒类产品。

　　（3）果啤、啤酒源、菠萝啤酒，应按啤酒征收。

　　（4）对饮食业、商业、娱乐业举办的啤酒屋（啤酒坊）利用啤酒生产设备生产的啤酒，应当征收消费税。

　　（5）葡萄采取破碎、压榨、发酵工艺制成的酒适用"其他酒"税目税率；采取蒸馏工艺制成的酒，则适用"白酒"税目税率。

　　（6）对以白酒和酒精为酒基，加入果汁、香料、色素、药材、补品、糖、调料等配制或泡制的酒，一律按照酒基所用原料确定白酒的适用税率。凡酒基所用原料无法确定的，一律按粮食白酒的税率征税。对以黄酒为酒基生产的配制或泡制酒，仍按"其他酒"10%的税率征税。

（7）啤酒生产集团内部企业间调拨销售的啤酒液，应由其生产企业按现行规定申报纳税。

（8）外购酒精生产的白酒，应按酒精所用原料确定白酒的适用税率。凡酒精所用原料无法确定的，一律按照粮食白酒的税率征税；外购两种以上酒精生产的白酒，一律从高确定税率征税；以外购白酒加浆降度，或外购散酒装瓶出售，以及外购白酒以曲香、香精进行调香、调味生产的白酒，按照外购白酒所用原料确定适用税率。凡白酒所用原料无法确定的，一律按照粮食白酒的税率征税；以外购的不同品种白酒勾兑的白酒，一律按照粮食白酒的税率征税；对用粮食和薯类、糠麸等多种原料混合生产的白酒，一律按照粮食白酒的税率征税；对用薯类和粮食以外的其他原料混合生产的白酒，一律按照薯类白酒的税率征税。

3. 对出国人员免税商店销售的金银首饰应征收消费税。

4. 金刚石又称钻石，属于贵重首饰及珠宝玉石的征收范围，应征收消费税。

5. 单位和个人外购润滑油大包装经简单加工改成小包装或者外购润滑油不经加工只贴商标的行为，视同应税消费税的生产行为。单位和个人发生的以上行为应当申报纳税。准予扣除外购润滑油已纳的消费税税款。

6. 免征消费税的子午线轮胎仅指外胎。子午线轮胎的内胎与外胎成套销售的，依照《消费税暂行条例》第三条规定执行。

二、常见涉税问题及主要检查方法

（一）一般税目税率的检查

1. 常见涉税问题

（1）兼营非应税消费品，采取混淆产品性能、类别、名称，隐瞒、虚报销售价格等手段，故意混淆应税与非应税的界限。

（2）兼营不同税率应税消费品从低适用税率。

（3）不同税率应税消费品，或者应税消费品与非应税消费品组成成套应税消费品对外销售的，从低适用税率。

（4）对税目税率发生变化的应税消费品从低适用税率。

2. 主要检查方法

（1）重点检查应税与非应税消费品的划分是否正确，检查要点见表5-1。

表 5-1　兼营非应税消费品的检查要点

	重点审查对象	审查标准
1	高档手表与普通手表	每只的不含税售价是否在 1 万元以上
2	游艇与其他艇船	艇的长度、是否为机动艇、是否用于牟利等
3	木制一次性筷子与一般筷子	材质、是否属一次性使用
4	实木地板与其他装饰板材	是否为实木
5	酒与饮料	原料、工艺、酒精含量等
6	高档化妆品与普通护肤护发品	性能、类别、用途、档次

	重点审查对象	审查标准
7	贵重首饰及珠宝玉石与一般饰品	材质、用途
8	小汽车与其他汽车	是否有轨道承载、座位数、用途

（2）对照检查"主营业务收入"、"应交税费——应交消费税"明细账。检查有无不同税率的应税消费品，是否分别核算；未分别核算的，是否从高适用税率；不同税率应税消费品的销售额、销售数量，是否正确计算应纳消费税。

（3）检查"库存商品"、"自制半成品"、"原材料"、"委托加工物资"、"包装物"等账户，重点看其有无可供销售的成套应税消费品。如有，进一步查阅"主营业务收入"账户，核实其有无将组成成套消费品销售的不同税率的货物分别核算、分别适用税率或者从低适用税率的情形。

（4）审查税目税率发生过变动的应税消费品，看企业是否在政策变动的时间临界点及时调整了核算对象或核算办法。

（二）卷烟产品的检查

1. 常见涉税问题

（1）混淆卷烟的品种、牌号、价格，从低适用比例税率。

（2）自产自用、委托加工、进口的卷烟，从低适用比例税率。

（3）白包卷烟、手工卷烟、残次品卷烟、成套礼品烟，以及未经国务院批准纳入计划的企业和个人生产的卷烟，从低适用比例税率。

2. 主要检查方法

（1）了解纳税人生产经营的基本情况，掌握其生产销售卷烟的品种、牌号、价格，准确划分征税对象、适用税目税率。

（2）检查"原材料"、"库存商品"、"委托加工物资"、"主营业务收入"、"其他业务收入"等账户，看其是否有自产自用、委托加工的卷烟、白包卷烟、手工卷烟、残次品卷烟等，应与"应交税费——应交消费税"明细账进行核对，看有无自产自用、委托加工的卷烟，是否按同牌号卷烟计税，没有同牌号卷烟的，是否适用了45%的比例税率；白包卷烟、手工卷烟、未经国务院批准纳入计划的企业和个人生产的卷烟，是否适用了45%的比例税率；残次品卷烟，是否按照同牌号规格正品卷烟的征税类别确定适用税率。

（三）酒及酒精的检查

1. 常见涉税问题

（1）混淆原料，从低适用税目税率。

（2）混淆发酵或蒸馏工艺，从低适用税目税率。

（3）故意压低啤酒的出厂价格，从低确定单位税额。

2. 主要检查方法

（1）了解被查对象生产工艺、生产流程，掌握其生产销售酒及酒精的品种，准确划分征税对象、适用税目税率；检查"原材料"、"库存商品"、"委托加工物资"等账户以及"发料单"、"领料单"等单据，核实用外购酒或酒精生产的白酒是否按所用原料确定适用税率；原料无法确定的，或者以多种原料混合生产的，或者用两种以上白酒勾兑生产的白酒，是否从高适用了税率。

（2）混淆工艺的检查。如葡萄采取破碎、压榨、发酵工艺制成的酒应适用"其他酒"税目税率；采取蒸馏工艺，则应适用"白酒"税目税率。

（3）故意压低啤酒出厂价格的检查。检查"主营业务收入"、"应交税费——应交消费税"明细账，核对销售发票、销售单据等原始凭据，看其生产销售的啤酒是否按销售价格确定了适用的单位税额。

（四）成品油的检查

1. 常见涉税问题

混用非消费税货物名称，销售可用于调和为汽油、柴油的石脑油、溶剂油。

2. 主要检查方法

（1）了解被查对象的基本情况，掌握其各类产品的基本信息，对照技术监督局的质检报告（按照现行政策，企业生产的每一批成品油都应取得技术监督局的质检报告，否则不予出售），重点查看其适用税目税额是否准确。重点检查其有无以化工原料（如轻烃等）的名义销售可用于调和为汽油、柴油的石脑油、溶剂油的情况。

（2）生产企业所在地的稽查部门需检查被查对象开具的除汽油、柴油外的所有油品销售发票，看其有无以非消费税货物名称销售可用于调和为汽油、柴油的石脑油、溶剂油、添加剂的情况。检查的侧重点在于产品的化学构成，而不应仅仅关注产品的名称。根据产品的化学构成，结合技术监督局的质检报告，看其是否符合成品油的税目定义，是否属于成品油的征税范围。

（3）非生产企业所在地的稽查部门，应向生产企业所在地税务机关发函协查生产企业开具的除汽油、柴油外的异常油品销售发票。

第三节　纳税环节与纳税义务发生时间的检查

一、对纳税环节与纳税义务发生时间检查的政策依据

（一）纳税环节

1. 纳税人生产的应税消费品，于销售时纳税。

2. 自产自用的应税消费品，用于连续生产应税消费品的，不纳税；用于其他方面的，于移送使用时纳税。

3. 委托加工的应税消费品，由受托方在向委托方交货时代收代缴税款。

4. 进口的应税消费品，于报关进口时纳税。

5. 委托加工的应税消费品直接出售的，不再征收消费税。

6. 金银首饰消费税由生产销售环节征收改为零售环节征收。纳税人销售（指零售）的金银首饰（含以旧换新），于销售时纳税；用于馈赠、赞助、集资、广告、样品、职工福利、奖励等方面的金银首饰，于移送时纳税；带料加工、翻新改制的金银首饰，于委托方交货时纳税。

7. 经营单位进口金银首饰的消费税，由进口环节征收改为在零售环节征收；出口金银首饰由出口退税改为出口不退消费税。个人携带、邮寄金银首饰进境，仍按海关现行规定征税。

8. 对钻石、钻石饰品及铂金首饰消费税的纳税环节由现在的生产环节、进口环节后移至零售环节。

9. 消费者个人委托加工的金银首饰及珠宝玉石，委托方可暂按收取的加工费征收消费税。

10. 生产企业将自产石脑油用于本企业连续生产汽油等应税消费品的，不缴纳消费税；用于连续生产乙烯等非应税消费品或其他方面的，于移送使用时缴纳消费税。

（二）纳税义务发生时间

1. 纳税人销售应税消费品，其纳税义务的发生时间为：（1）纳税人采取赊销和分期收款结算方式的，为销售合同规定的收款日期的当天；（2）纳税人采取预收货款结算方式的，为发出应税消费品的当天；（3）纳税人采取托收承付和委托银行收款方式销售的应税消费品，为发出应税消费品并办妥托收手续的当天；（4）纳税人采取其他结算方式的，为收讫销售款或者取得索取销售款的凭据的当天。

2. 自产自用的应税消费品，其纳税义务的发生时间为移送使用的当天。

3. 委托加工的应税消费品，其纳税义务的发生时间为纳税人提货的当天。

4. 进口的应税消费品，其纳税义务的发生时间为报关进口的当天。

5. 销售金银首饰，其纳税义务发生时间为收讫销货款或取得索取销货凭据的当天；用于馈赠、赞助、集资、广告、样品、职工福利、奖励等方面的金银首饰，其纳税义务发生时间为移送的当天；带料加工、翻新改制的金银首饰，其纳税义务发生时间为受托方交货的当天。

二、常见涉税问题及主要检查方法

（一）生产销售应税消费品的检查

1. 常见涉税问题

（1）在中国境内生产销售应税消费品（不包括金银首饰），未申报纳税。

（2）非税务定义下的受托加工未按销售自制应税消费品缴纳消费税。

2. 主要检查方法

（1）检查纳税人的经营范围，看其是否有上述应税消费品的应税行为。

（2）检查"库存商品"、"生产成本"、"委托加工物资"等账户，看是否有属于应税消费品的货物。

（3）审查购销合同，了解购销双方有关货物流、资金流以及收款依据的约定，检查存货明细账、仓库实物账、货币资金类账户明细账、往来款项明细账、银行对账单以及相关发运货物单据，并与销售发票、收入明细账、"应交税费——应交消费税"明细账进行比对，核查是否已发生纳税义务而未及时申报纳税。

（4）检查那些不生产最终应税消费品的生产企业、商业企业、服务企业时，重点看其生产经营过程是否有自产自制应税消费品又连续用于生产经营的行为。

（二）自产自用应税消费品的检查

1. 常见涉税问题

（1）将自产应税消费品（不包括金银首饰）用于连续生产应税消费品以外用途的，未在移送使用时申报纳税。

（2）生产、批发、零售单位用于馈赠、赞助、集资、广告、样品、职工福利、奖励等方面的金银首饰，未按视同销售在移送使用时申报纳税。

（3）纳税人将自产石脑油用于连续生产乙烯等非应税消费品或其他方面的，未按规定建立移送使用台账，或未于移送使用环节申报纳税。

2. 主要检查方法

（1）检查纳税人的经营范围、生产工艺流程，看其是否有上述应税消费品的应税行为。重点检查有无属于应税消费品的自产半成品、中间产品。

（2）检查"自制半成品"、"库存商品"等账户的对应账户，看其有无将其用于连续生产应税消费品以外的其他方面的情形。检查中，可结合仓库实物账以及发货、发料凭据，购销发票的品种、数量，根据其生产工艺，判断应税消费品的发出去向、用途和领用部门。审查其一定时期内纳税人相关办公会议纪要，了解管理层是否作出自产自用应税消费品的纪要，并对照"应交税费——应交消费税"明细账，核查属于应税消费品的自产半成品、中间产品用于其他方面的，是否按规定申报纳税。

（三）委托加工应税消费品的检查

1. 常见涉税问题

（1）委托方常见涉税问题

①委托加工应税消费品（不包括金银首饰）应纳的消费税，受托方未按规定代收代缴，委托方也未主动申报纳税。

②委托个体经营者加工应税消费品（不包括金银首饰）的纳税人，未按规定申报纳税。

③将非委托加工应税消费品混入委托加工应税消费品直接销售而不申报纳税。

④隐匿或部分隐匿委托加工的应税消费品。

⑤委托方以委托加工的部分应税消费品抵偿加工费，少申报缴纳消费税。

（2）受托方常见涉税问题

①受托加工应税消费品（不包括金银首饰），未在交货时代扣代缴消费税。

②受托代销金银首饰，未将受托代销收入申报纳税。

③接受除消费者个人外的单位委托加工金银首饰及珠宝玉石时，故意将委托方变为消费者个人，仅就加工费缴纳消费税，从中少缴消费税。

④委托方与受托方串通，采取货物收发、加工，款项收付均不作账务处理的方式，偷逃消费税。

2. 主要检查方法

（1）检查"库存商品"、"生产成本"、"委托加工物资"等账户，看其中是否有属于委托加工的应税消费品。审查委托加工合同、存货明细账、材料出（入）库凭据、备查簿、收（付）款凭证等，核查委托加工业务是否真实。

（2）审查（或外调）其往来单位，看其有无委托加工应税消费品的业务；核实委托加工数量与其收回数量是否匹配；若收回委托加工应税消费品直接用于销售的，核实其销售数量与委托加工的收回数量是否匹配。

（3）审查委托方存货明细账、受托方收入明细账以及双方的往来明细账、"应交税费——应交消费税"账户，核查是否在交货时代收代缴消费税，是否及时解缴税款。

（4）核对仓库实物账、发（收）货发（收）料凭据及存货明细账，审查核对货币资金类账户明细账及银行对账单，核查是否存在双方串通，货物、资金账外循环偷逃消费税的情况。

（四）进口应税消费品的检查

1. 常见涉税问题

（1）进口应税消费品（不包括金银首饰），在报关进口时未足额申报纳税。

（2）进口金银首饰（除个人携带、邮寄进境外），在零售环节未申报纳税或未足额申报纳税。

2. 主要检查方法

（1）审查纳税人的经营范围，看其是否有进口应税消费品的应税行为。

（2）检查"库存商品"、"生产成本"、"委托加工物资"等账户，看其中是否有属于应税消费品的进口货物。

（3）对有进口应税消费品的，除金银首饰外，均应核查其进口环节的完税证明及其货款支付、往来情况。

（五）金银首饰应税消费品的检查

1. 常见涉税问题

（1）在中国境内从事金银首饰零售业务（包括受托代销）、为生产经营单位以外的单位和个人加工金银首饰未申报纳税。

（2）生产、进口的铂金首饰，在零售环节未足额缴纳消费税。

2. 主要检查方法

（1）检查"库存商品"、"委托加工物资"等账户，看其中是否有属于应税消费品的货物。

（2）审查购销合同、委托加工合同，了解购销双方、委托加工的双方有关货物流、资金流以及收款依据的约定，检查存货明细账、仓库实物账、货币资金类账户明细账、往来款项明细账、银行对账单以及相关发运货物单据，结合销售发票、销售单据，并与"主营业务收入"明细账、"应交税费——应交消费税"明细账进行比对，核查是否已发生纳税义务而未及时足额申报缴纳消费税。

（3）对金银首饰零售业务的检查，除了上述内容外，还应审核以下方面：

①对金银首饰批发单位和加工业务单位检查时，首先，应检查其批发资质，看其是否有中国人民银行总行批准其从事金银首饰批发业务的批文。其次，检查其购货对象的两证留存资料，看前来批发的经营单位是否同时持有两证，即《经营金银制品业务许可证》影印件和《金银首饰购货（加工）管理证明单》。凡是与持有两证经营单位的批发业务，不征收消费税，否则一律视同零售征收消费税。

②对经营单位兼营生产、加工、批发、零售业务检查时，应特别关注其生产、加工、批发业务是否与零售业务分别核算，凡是未分别核算销售额或者划分不清的，一律视同零售征收消费税。

（4）检查进口铂金首饰有无对应的进口消费税完税凭证，并核实完税凭证的真实性。

（六）纳税义务发生时间的检查

1. 常见涉税问题

未按规定的纳税义务发生时间申报纳税。

2. 主要检查方法

（1）采用直接收款结算方式的。①结合订货合同，如合同注明直接收款方式，将"主营业务收入"、"其他业务收入"等与货物出库单进行核对，查明当月应实现的收入是否全部入账，有无压票现象；②通过对应收、应付、其他应收、其他应付等有关明细账进行清理，查看有无虚列户名的无主账户或转账异常的情况，凡核算内容不符合规定的、发生额挂账时间较长的，就存在隐匿收入的可能，必要时可到对方单位调查取证。

（2）采取赊销和分期收款结算方式的。①应检查"分期收款发出商品"明细账，并调阅一些老客户、信誉好的大户的赊销合同；②根据赊销双方赊销合同的约定，确认其赊销行为是否成立，核实企业是否将不属于分期收款方式销售的商品划为赊销处理，滞后实现销售收入；③对照赊销合同，检查备查对象是否按照约定的金额和时间实现销售；④通过审核合同约定的收款时间，与相关收入、往来账户进行比对，核实到期应转而未转的应税销售额，确认是否存在滞后收入或不计收入的情况。

（3）采取预收货款结算方式的。①将"预收账款"账户与"主营业务收入"账户进行比对，检查其是否在发出应税消费品的当天确认销售额；②审查存货明细账、仓库实物账、发货（出门）凭据、运输单据等，与收入明细账、"应交税费——应交消费税"明细账进行比对，核查是否发出应税消费品未及时申报纳税。

（4）采取托收承付和委托银行收款方式销售应税消费品的。①审查购销合同了解收款期限和相关约定，结合出库单（或销售清单），以季末或年末发出商品备查簿为依据，将一定时期内办理托收的相关凭据、银行对账单、银行结算凭证回单联及发票开具日期，与"主营业务收入"、"其他业务收入"、"应交税费——应交消费税"明细账进行比对，核查其是否存在不及时结转销售收入的问题。②将"银行存款"、"应收票据"、"其他货币资金"等账户与"主营业务收入"账户进行比对，检查其是否在发出应税消费品并办妥托收手续的当天确认销售额。

（5）采取其他结算方式的。①检查中应将"现金"、"银行存款"、"其他货币资金"、"应收／应付账款"、"其他应收／应付账款"账户与"主营业务收入"等账户进行比对，检查其是否在收讫销售款或者取得索取销售款的凭据的当天确认销售额；②以"库存商品"等存货类账户为中心，结合提货单、出库单、发票及记账凭证，检查会计分录的对应关系，对照收入类账户，看有无产品（商品）已发出、劳务已提供而未列销售的情况。

（6）自产自用应税消费品应当纳税的。检查"原材料"、"自制半成品"、"库存商品"、"生产成本"（非应税消费品）、"固定资产"、"在建工程"、"管理费用"、"营业费用"、"营业外支出"、"其他业务支出"、"应付职工薪酬"等账户以及仓库实物账和相关发货（领料）凭据，看其是否在移送使用的当天确认销售额。

（7）委托加工的应税消费品。检查"委托加工物资"、"原材料"、"自制半成品"等账户，其是否在提货的当天确认应代扣代缴的消费税。

（8）进口的应税消费品。检查"材料采购"、"原材料"、"包装物"、"库存商品"等账户以及完税凭证，看其是否将进口的应税消费品在报关进口的当天确认销售额。

例 2

某卷烟厂有员工 1000 人，生产某牌高档卷烟（调拨价为 70 元/条，售价为 80 元/条）。2007 年 12 月税务机关对其 2007 年 1～11 月的纳税情况进行了检查。稽查人员查阅该厂经理办公会议纪要时，发现 2007 年 9 月经理办公会曾作出向全厂员工每人发放 10 条自产卷烟的决定。稽查人员审查了该厂产成品明细账及其贷方发生额的对应关系，没有发现自产卷烟转至"应付职工薪酬"的相关记录；经向有关人员核实该厂确实发放了福利卷烟后，稽查人员采用全查法逐一审查了 2007 年 9 月产成品明细账的贷方发生额，发现其当月除正常销售结转外，发生卷烟仓库被盗损失 100 万元计入了"营业外支出"；进一步审查记账凭证，发现该厂已转出不予抵扣的增值税进项税额 8 万元，并附有手续齐全的仓库报损明细单、成本计算表及公安机关报案受理单。稽查人员向仓库保管员、财务人员询问，追查发放福利卷烟的账务处理，相关人员闪烁其词。稽查人员遂向受理报案的公安机关发出协助调查通知，证实该厂 2007 年 9 月确实发生被盗案件，但核定被盗损失为 70 万元。面对证据，该厂不得不承认将发放福利卷烟假报产品损失，少缴增值税，不缴消费税的事实。

第四节　计税依据及应纳税额的检查

一、对计税依据和应纳税额检查的政策依据

（一）从价定率的计税依据

1. 销售额

（1）一般规定

销售额为纳税人销售应税消费品向购买方收取的全部价款和价外费用。销售额不包括应向购货方收取的增值税税款。

纳税人销售的应税消费品，以外汇计算销售额的，应当按外汇市场价格折合成人民币计算应纳税额。

（2）价外费用

价外费用是指价外收取的基金、集资费、返还利润、补贴、违约金（延期付款利息）和手续费、包装费、储备费、优质费、运输装卸费、代收款项、代垫款项以及其他各种性质的价外收费。但下列款项不包括在内：①承运部门的运费发票开具给购货方的；②纳税人将该项发票转交给购货方的。其他价外费用，无论是否属于纳税人的收入，均应并入销售额计算征税。

白酒生产企业向商业销售单位收取的"品牌使用费"属于应税白酒销售价款的组成部分，因此，不论企业采取何种方式或以何种名义收取价款，均应并入白酒的销售额中缴纳消费税。

（3）包装物

连同包装销售的应税消费品，无论包装是否单独计价，也不论在会计上如何核算，均应并入应税消费品的销售额中征收消费税。

如果包装物不作价随同产品销售，而是收取押金，此项押金则不应并入应税消费品的销售额中征税。但对因逾期未收回的包装物不再退还的和已收取一年以上的押金，应并入应税消费品的销售额，按照应税消费品的适用税率征收消费税。既作价随同应税消费品销售，又另外收取押金的包装物的押金，凡纳税人在规定的期限内不予退还的，均应并入应税消费品的销售额，按照应税消费品的适用税率征收消费税。

对酒类产品生产企业销售酒类产品而收取的包装物押金，无论押金是否返还与会计上如何核算，均需并入酒类产品销售额中，依酒类产品的适用税率征收消费税。对酒类包装物押金征税的规定只适用于实行从价定率办法征收消费税的粮食白酒、薯类白酒和其他酒，而不适用于实行从量定额办法征收消费税的啤酒和黄酒产品。

（4）视同销售

纳税人用于生产非应税消费品和在建工程、管理部门、非生产机构、提供劳务，以及用于馈赠、赞助、集资、广告、样品、职工福利、奖励等方面的应税消费品，按销售同类应税消费品的销售价格确定计税依据征收消费税。没有同类应税消费品销售价格的，按照组成计税价格计算纳税。

纳税人用于换取生产资料和消费资料，投资入股和抵偿债务等方面的应税消费品，应当以纳税人同类应税消费品的最高销售价格作为计税依据计算消费税。

（5）非独立核算门市部销售的自产应税消费品

纳税人通过自设非独立核算门市部销售的自产应税消费品，应当按照门市部对外销售额或者销售数量征收消费税。

（6）金银首饰

金银首饰以旧换新，应按实际收取的不含增值税的全部价款确定计税依据征收消费税。

带料加工业务，应按受托方销售同类金银首饰的销售价格确定计税依据征收消费税。没有同类金银首饰销售价格的，按照组成计税价格计算纳税。组成计税价格的计算公式为：

组成计税价格＝（材料成本＋加工费）÷（1－消费税税率）

生产、批发、零售单位用于馈赠、赞助、集资、广告、样品、职工福利、奖励等方面的金银首饰，应按纳税人销售同类金银首饰的销售价格确定计税依据征收消费税；没有同类金银首饰销售价格的，按照组成计税价格计算纳税。计算公式为[①]：

组成计税价格＝购进原价×（1＋利润率）÷（1－消费税税率）

（7）成套应税消费品

纳税人将自产的应税消费品与外购或自产的非应税消费品组成套装销售的，以套装产品的销售额（不含增值税）为计税依据。

2. 组成计税价格

纳税人自产自用的应税消费品，按照纳税人生产的同类消费品的销售价格计算纳税；没有同类消费品销售价格的，按照组成计税价格计算纳税。计算公式为[②]：

组成计税价格＝（成本＋利润）÷（1－消费税税率）

同类消费品的销售价格是指纳税人或代收代缴义务人当月销售的同类消费品的销售价

---

① 纳税人为生产企业时，公式中的"购进原价"为生产成本。公式中的"利润率"一律定为6%。
② 成本是指应税消费品的产品生产成本。利润是指根据应税消费品的全国平均成本利润率计算的利润。应税消费品全国平均成本利润率由国家税务总局确定，如化妆品为5%，贵重首饰及珠宝玉石为6%。

格。如果当月同类消费品各期销售价格高低不同，应按销售数量加权平均计算。但销售的应税消费品有下列情况之一的，不得列入加权平均计算：（1）销售价格明显偏低又无正当理由的；（2）无销售价格的。

委托加工的应税消费品，按照受托方的同类消费品的销售价格计算纳税；没有同类消费品销售价格的，按照组成计税价格计算纳税。计算公式为[①]：

　　组成计税价格＝（材料成本＋加工费）÷（1－消费税税率）

3. 核定计税价格

纳税人应税消费品的计税价格明显偏低又无正当理由的，由主管税务机关核定其计税价格。核定权限规定如下：（1）甲类卷烟和粮食白酒的计税价格由国家税务总局核定；（2）其他应税消费品的计税价格由国家税务总局所属税务分局核定；（3）进口的应税消费品的计税价格由海关核定。

（二）从量定额的计税依据

实行从量定额办法计算应纳税额的应税消费品，计量单位的换算标准如下：啤酒 1 吨 ＝988 升；黄酒 1 吨＝962 升；汽油 1 吨 ＝1388 升；柴油 1 吨＝1176 升。

根据《消费税暂行条例》，对啤酒和黄酒实行从量定额的办法征收消费税，即按照应税数量和单位税额计算应纳税额。按照这一办法征税的消费品的计税依据为应税消费品的数量，而非应税消费品的销售额，征税的多少与应税消费品的数量成正比，而与应税消费品的销售金额无直接关系。因此，对酒类包装物押金征税的规定只适用于实行从价定率办法征收消费税的粮食白酒、薯类白酒和其他酒，而不适用于实行从量定额办法征收消费税的啤酒和黄酒产品。

自 2006 年 4 月 1 日取消汽油、柴油税目，增列成品油税目。汽油、柴油改为成品油税目下的子目（税率不变）。另外新增石脑油、溶剂油、润滑油、燃料油、航空煤油五个子目。上述新增子目的计量单位换算标准分别为：石脑油 1 吨=1385 升；溶剂油 1 吨=1282 升；润滑油 1 吨=1126 升；燃料油 1 吨=1015 升；航空煤油 1 吨=1246 升。计量单位换算标准的调整由财政部、国家税务总局确定。

（三）复合计税的计税依据

1. 卷烟

（1）生产销售卷烟从量定额计税办法的计税依据为卷烟的实际销售数量。从价定率计税办法的计税依据为卷烟的调拨价格[②]或者核定价格[③]。计税价格和核定价格确定以后，执行计税价格的卷烟，国家每年根据卷烟实际交易价格的情况，对个别市场交易价格变动较大的卷烟，以交易中心或者交易会的调拨价格为基础对其计税价格进行适当调整。执行核定价格的卷烟，由税务机关按照零售价格变动情况进行调整。实际销售价格高于计税价格和核定价格的卷烟，按实际销售价格征收消费税；实际销售价格低于计税价格和核定价格的卷烟，按计

---

① 材料成本是指委托方所提供加工材料的实际成本。委托加工应税消费品的纳税人，必须在委托加工合同上如实注明材料成本。凡未提供材料成本的，受托方所在地主管税务机关有权核定其材料成本。加工费是指受托方加工应税消费品向委托方所收取的全部费用（包括代垫辅助材料的实际成本）。

② 调拨价格是指卷烟生产企业通过卷烟交易市场与购货方签订的卷烟交易价格，由国家税务总局按照中国烟草交易中心（以下简称交易中心）和各省烟草交易（定货）会（以下简称交易会）的调拨价格确定。

③ 核定价格的计算公式：某牌号规格卷烟核定价格＝该牌号规格卷烟市场零售价格÷（1+35%）。

税价格或核定价格征收消费税。非标准条包装卷烟①应当折算成标准条包装卷烟的数量，依其实际销售收入计算确定其折算成标准条包装后的实际销售价格，并确定适用的比例税率。折算的实际销售价格高于计税价格的，应按照折算的实际销售价格确定适用比例税率；折算的实际销售价格低于计税价格的，应按照同牌号规格标准条包装卷烟的计税价格和适用税率征税。

（2）进口卷烟、委托加工卷烟、自产自用卷烟从量定额计税的依据分别为海关核定的进口征税数量、委托方收回数量、移送使用数量；从价定率计税的计税依据按《消费税暂行条例》及有关的规定执行。

（3）新牌号、新规格以及已经国家税务总局核定计税价格但交易价格发生变动需要重新调整计税价格的卷烟，消费税计税价格由国家税务总局核定。

（4）不进入中烟烟草交易中心和各省烟草交易会交易、没有调拨价格的卷烟，计税价格由省国家税务局核定。

（5）已由各级国家税务局公示计税价格的卷烟，生产企业实际销售价格高于消费税计税价格的，按实际销售价格征税；实际销售价格低于消费税计税价格的，按消费税计税价格征税。

（6）自2004年3月1日起，进口卷烟消费税组成计税价格＝（关税完税价格＋关税＋消费税定额税）÷（1－进口卷烟消费税适用比例税率）。

2. 白酒

（1）粮食白酒、薯类白酒实行从量定额和从价定率相结合计算应纳税额的复合计税办法。

（2）生产销售粮食白酒、薯类白酒，从量定额计税办法的计税依据为实际销售数量。

（3）进口、委托加工、自产自用粮食白酒、薯类白酒，从量定额计税办法的计税依据分别为海关核定的进口征税数量、委托方收回数量、移送使用数量。

（4）生产销售、进口、委托加工、自产自用粮食白酒、薯类白酒从价定率计税办法的计税依据按《消费税暂行条例》及其有关规定执行。

（四）税收优惠政策

1. 低污染排放小汽车

自2004年7月1日起，对企业生产销售达到相当于欧洲Ⅲ号排放标准的小汽车减征30%的消费税。

2. 石脑油、溶剂油、润滑油、燃料油

（1）2006年4月1日起，石脑油、溶剂油、润滑油、燃料油暂按应纳税额的30%征收消费税；航空煤油暂缓征收消费税。

（2）2008年1月1日起，对石脑油、溶剂油、润滑油按每升0.2元征收消费税，燃料油按每升0.1元征收消费税。

（3）2008年1月1日至2010年12月31日止，进口石脑油和国产的用作乙烯、芳烃类产品原料的石脑油免征消费税。

3. 子午线轮胎

2006年4月1日起，子午线轮胎免征消费税，但仅指外胎。子午线轮胎的内胎与外胎成

———————
① 非标准条包装卷烟是指每条包装多于或者少于200支的条包装卷烟。

套销售的，依照《消费税暂行条例》第三条规定执行（即从高适用税率）。

4. 债转股企业应税消费品投资新公司

从国务院批准债转股企业债转股实施方案之日起，债转股原企业将应税消费品作为投资提供给新公司的，免征消费税，有效期暂定 2004 年 1 月 1 日至 2008 年 12 月 31 日。

（五）应纳税额计算公式

1. 实行从价定率办法计算的应纳税额＝销售额×税率。

2. 实行从量定额办法计算的应纳税额＝销售数量×单位税额。

3. 实行复合计税办法计算的应纳税额＝销售数量×定额税率＋销售额×比例税率。

4. 纳税人销售的应税消费品，以外汇计算销售额的，应当按外汇市场价格折合成人民币计算应纳税额。

（六）外购或委托加工收回应税消费品已纳消费税额抵扣的政策规定

1. 关于《消费税若干具体问题的规定》第三条规定的抵扣范围

（1）下列应税消费品可以销售额扣除外购已税消费品买价后的余额作为计税价格计征消费税：①外购已税烟丝生产的卷烟；②外购已税酒和酒精生产的酒（包括以外购已税白酒加浆降度，用外购已税的不同品种的白酒勾兑的白酒，用曲香、香精对外购已税白酒进行调香、调味以及外购散装白酒装瓶出售等）；③外购已税化妆品生产的化妆品；④外购已税护肤护发品生产的护肤护发品；⑤外购已税珠宝玉石生产的贵重首饰及珠宝玉石；⑥外购已税鞭炮焰火生产的鞭炮焰火。外购已税消费品的买价是指购货发票上注明的销售额（不包括增值税税款）。

（2）下列应税消费品准予从应纳消费税税额中扣除原料已纳消费税税款：①以委托加工收回的已税烟丝为原料生产的卷烟；②以委托加工收回的已税酒和酒精为原料生产的酒；③以委托加工收回的已税化妆品为原料生产的化妆品；④以委托加工收回的已税护肤护发品为原料生产的护肤护发品；⑤以委托加工收回的已税珠宝玉石为原料生产的贵重首饰及珠宝玉石；⑥以委托加工收回的已税鞭炮焰火为原料生产的鞭炮焰火。已纳消费税税款是指委托加工的应税消费品由受托方代收代缴的消费税。

2. 关于部分新增消费税项目抵扣范围及抵扣凭证问题

（1）《财政部、国家税务总局关于调整和完善消费税政策的通知》第七条规定，自 2006 年 4 月 1 日起下列应税消费品准予从消费税应纳税额中扣除原料已纳的消费税税款：①以外购或委托加工收回的已税杆头、杆身和握把为原料生产的高尔夫球杆；②以外购或委托加工收回的已税木制一次性筷子为原料生产的木制一次性筷子；③以外购或委托加工收回的已税实木地板为原料生产的实木地板；④以外购或委托加工收回的已税石脑油为原料生产的应税消费品；⑤以外购或委托加工收回的已税润滑油为原料生产的润滑油。

（2）《国家税务总局关于印发〈调整和完善消费税政策征收管理规定〉的通知》中规定，准予从消费税应纳税额中扣除原料已纳消费税税款的凭证按照不同行为分别规定如下：①外购应税消费品连续生产应税消费品。纳税人从增值税一般纳税人（仅限生产企业，下同）购进应税消费品，外购应税消费品的抵扣凭证为外购应税消费品增值税专用发票（抵扣联）（含销货清单）。纳税人从增值税小规模纳税人购进应税消费品，外购应税消费品的抵扣凭证为主管税务机关代开的增值税专用发票。主管税务机关在为纳税人代开增值税专用发票时，应同时征收消费税。②委托加工收回应税消费品的抵扣凭证为《代扣代收税款凭证》。纳税人未提供《代扣代收税款凭证》的，不予扣除受托方代收代缴的消费税。③进口应税消费品的抵扣凭证为《海关进口消费税专用缴款书》，纳税人不提供《海关进口消费税专用缴款书》的，不予抵扣进口应税消费品已缴纳的消费税。

3. 从商业企业购进应税消费品连续生产应税消费品的抵扣

《国家税务总局关于进一步加强消费税纳税申报及税款抵扣管理的通知》规定，从商业企业购进应税消费品连续生产应税消费品的，符合抵扣条件的，准予扣除外购应税消费品已纳消费税税款。

4. 对外购润滑油大包装改小包装、贴标等简单加工的征税

《财政部、国家税务总局关于消费税若干具体政策的通知》第四条规定，单位和个人外购润滑油大包装经简单加工改成小包装或者外购润滑油不经加工只贴商标的行为，视同应税消费税品的生产行为。单位和个人发生的以上行为应当申报缴纳消费税。准予扣除外购润滑油已纳的消费税税款。

5. 外购石脑油已缴纳的消费税税款抵扣额的计算

《财政部、国家税务总局关于消费税若干具体政策的通知》第五条规定，以外购或委托加工收回石脑油为原料生产乙烯或其他化工产品，在同一生产过程中既可以生产出乙烯或其他化工产品等非应税消费品同时又生产出裂解汽油等应税消费品的，外购或委托加工收回石脑油允许抵扣的已纳税款计算公式如下：

（1）外购石脑油

当期准予扣除外购石脑油已纳税款＝当期准予扣除外购石脑油数量×收率×单位税额×30%

收率＝当期应税消费品产出量÷生产当期应税消费品所有原料投入数量×100%

（2）委托加工收回的石脑油

当期准予扣除的委托加工成品油已纳税款＝当期准予扣除的委托加工石脑油已纳税款×收率

收率＝当期应税消费品产出量÷生产当期应税消费品所有原料投入数量×100%

自 2008 年 1 月 1 日起，以外购或委托加工收回的已税石脑油、润滑油、燃料油为原料生产的应税消费品，准予从消费税应纳税额中扣除原料已纳的消费税税款。抵扣税款的计算公式为：

当期准予扣除的外购应税消费品已纳税款＝当期准予扣除外购应税消费品数量×外购应税消费品单位税额

6. 对当期投入生产的原材料已纳消费税的抵扣

对当期投入生产的原材料可抵扣的已纳消费税大于当期应纳消费税情形的，在目前消费税纳税申报表未增加上期留抵消费税填报栏目的情况下，采用按当期应纳消费税的数额申报抵扣，不足抵扣部分结转下一期申报抵扣的方式处理。

7. 关于工业企业从事应税消费品购销的征税

《关于消费税若干征税问题的通知》第二条规定，对既有自产应税消费品，同时又购进与自产应税消费品同样的应税消费品进行销售的工业企业，对其销售的外购应税消费品应当征收消费税，同时可以扣除外购应税消费品的已纳税款。对自己不生产应税消费品，而只是购进后再销售应税消费品的工业企业，凡不能构成最终消费品直接进入消费品市场，而需进一

步生产加工的（如需进一步加浆降度的白酒及食用酒精，需进行调香、调味和勾兑的白酒，需进行深加工、包装、贴标、组合的珠宝玉石、化妆品、酒、鞭炮焰火等），应当征收消费税，同时允许扣除上述外购应税消费品的已纳税款。

8. 关于啤酒集团内部企业间销售（调拨）啤酒液问题

购入方使用啤酒液连续灌装生产并对外销售的啤酒，应依据其销售价格确定适用单位税额计算缴纳消费税，但其外购啤酒液已纳的消费税额，可以从其当期应纳消费税额中抵减（国税函[2003]382号）。

9. 关于以进口葡萄酒为原料连续生产葡萄酒问题

2006年7月1日起，准予从当期应纳消费税税额中抵减《海关进口消费税专用缴款书》中注明的消费税。如当期应纳消费税不足抵减的，余额留待下期抵减。

10. 其他消费税抵扣政策

见《税务稽查方法》第4章。

二、常见涉税问题及主要检查方法

（一）从价定率计税依据的检查

1. 常见涉税问题

（1）隐匿销售收入；（2）视同销售（如对外投资、抵偿债务等），未按视同销售处理或未按最高价计税；（3）已列销售少报或不申报税款；（4）将价外费用单独记账，不并入销售额；（5）包装物及其押金收入未足额缴纳消费税；（6）将销售费用、支付给购货方的回扣等直接抵减应税销售额；（7）自产应税消费品用于连续生产应税消费品以外用途，未按视同销售处理；（8）向单独成立的销售公司或其他关联企业低价销售应税消费品；（9）委托加工（不含金银首饰）应税消费品未按规定代扣代缴消费税；（10）成套应税消费品未按规定足额申报纳税。

2. 主要检查方法

（1）隐匿收入的检查

①对被查对象进行综合测评。首先，审查申报数据。审查"库存商品"、"自制半成品"、"包装物"、"委托加工物资"、"主营业务收入"、"其他业务收入"、"营业外收入"等账户，核实产销存情况是否与纳税申报情况相符。其次，测算消费税税负，与同行业税负对比，本期税负与基期税负对比，找出异常之处。最后，运用比较分析法进行分析，找出异常之处。如将本期销售收入与其上年同期销售收入进行比较，分析销售结构和价格变动是否异常；比较被查对象与同行业其他企业的销售收入变动情况，分析是否符合行业发展趋势；比较本期的存货减少额与销售成本之间的比例关系，检查是否存在销售收入小于或等于存货减少数的情况。

②进一步核实账外疑点。首先，检查资金流。检查收支登记簿、现金日记账、银行对账单、产品出库单或销货清单，以审查其有无虚构往来而将已实现的销售额挂账或不入账（或部分入账）的情况；突击盘点现金，核实库存现金与现金日记账的余额是否一致；调查纳税人在银行设立账户情况，包括核对银行对账单与"银行存款"明细账、检查存款账户中存款的来源、核对"银行存款"明细账与主营业务收入明细账；抽取部分往来客户，对其实施协查取证，查找其他信息；检查结算币种。

其次，检查物流。一是核对"库存商品"明细账与仓库保管账。如果仓库保管账账面数量小于"库存商品"账户数量，应进一步查明是否存在由仓库直接销售货物，隐瞒货物销售收入的情况。二是到仓库检查出库单、提货单，与"库存商品"账户贷方进行核对。若出库单、提货单反映的发出货物数量大于"库存商品"账户的发出数量、"主营业务收入"账户的销售数量，应检查是否存在将库存商品发出而未作销售处理的情况。三是通过实物盘点，核对账实是否相符。如仓库实际数量小于账面结存数量，应进一步检查是否存在销售收入不入账以及用白条抵库存问题。四是检查有无瞒报、少报销售额或者销售数量，有无只报主要产品不报其他产品、半成品、残次品销售情况的问题。

最后，检查发票流。检查滞留票，从 CTAIS 上调取滞留票信息，对发票开具方、收取方进行调查取证；取得及开具发票的检查，主要是对品名、单价、数量等进行统计比对。

③检查应税消费品的销售收入，有无不通过"主营业务收入"等账户核算，而直接挂"应收（付）账款"等往来账户的情况，必要时进行协查取证。

（2）视同销售的检查

①检查"库存商品"、"自制半成品"明细账的贷方发生额中有无异常减少的情况。如有应进一步核查相应的原始凭证（如产品出库单、商品销售清单等），看其是否有将应税消费品用于对外投资、抵偿债务等非货币性交易的行为。

②检查"长期股权投资"账户、往来款异常波动的往来单位往来明细账，看被查对象有无将应税消费品用于对外投资入股和抵偿债务等方面。如有，应进一步审核其是否以其同类应税消费品的最高销售价格作为计税依据计算消费税。

（3）已列销售少报或不申报税款

将年度、季度或月度纳税申报表中的申报收入明细数据及累计数据与"主营业务收入"、"其他业务收入"明细账贷方发生额比较，结合原始凭证，并抽查销售日报表、发货款存根联、银行解款单等，查明申报销售收入与账面数是否相符、征免划分是否符合规定。

（4）价外费用的检查

①了解被查对象可能收取的价外费用种类，特别是其代政府或行业管理部门收取的价外费用。

②向销售部门了解销售情况和货款结算形式，对有长期业务往来的客户，应要求其提供合同、协议，审阅业务内容，综合分析企业有无加收价外补贴的可能。

③根据开具发票或收据所列货物或劳务名称，严格界定价外费用的性质，确定价外费用的金额。

④检查"销售费用"、"管理费用"、"财务费用"等明细账，如有借方红字发生额或贷方发生额，应逐笔核对相关会计凭证，审查其有无价外费用直接冲减期间费用的情况，并与"应交税费——应交消费税"账户核对。

⑤检查"主营业务收入"、"其他业务收入"、"营业外收入"明细账，如有属于应税消费品而从购买方收取的价外收费，应对照"应交税费——应交消费税"账户，核实有无申报纳税。

（5）包装物的检查

①结合企业生产特点，实地察看其所产应税消费品是否需要包装物。

②检查购进包装物的财务核算情况。第一，审查在购进时是否通过"包装物"账户核算，

随货销售后是否未记收入；重点审查其取得发票的品名真正属于包装物。第二，检查随同应税消费品出售单独计价的包装物，审查包装物销售额是否计入"其他业务收入"，是否一并申报纳税。第三，检查须包装的应税消费品与包装物的消耗量的对应关系有无异常。如有异常则应税消费品可能存在问题或包装物可能存在问题，应根据情况分别调查取证。

③抽查往来明细账，审查有无异常波动情况，特别要检查"其他应付款"明细账户借方发生额的对应账户，看有无异常的对应关系，如发现有与"应付职工薪酬"、"盈余公积"等账户对应的，一般就是将应没收的包装物押金（如销售啤酒收取的包装物押金）挪作了他用。

（6）异常抵减应税销售额

①红字冲减应税销售额。检查"主营业务收入"账户有无红字冲销的情况，如有应进一步核实，看其有无将支付给购货方的回扣、推销奖、委托代销商品的代购代销手续费用等直接冲销销售收入。

②直接坐支销售额的检查。采用随机抽样等方法，抽检部分销售凭证，审查原始凭证中有无按坐支后的余额记入"主营业务收入"。抽检中，注意将原始销售凭证、销售（代理代销）合同中的合同订立价格与收入类账户中同类货物的正常销售价格进行对比，从中找出异常予以查证核实。

（7）自产应税消费品用于连续生产应税消费品以外用途的检查

①检查"自制半成品"、"库存商品"、"在建工程"（如燃料油）、"管理费用"、"销售费用"、"营业外支出"、"其他业务支出"、"应付职工薪酬"等账户，看被查对象有无将其自产应税消费品用于连续生产应税消费品以外用途的情形；如有则应审查其是否生产同类应税消费品，有无确认销售额，是否足额申报纳税。

②对有同类应税消费品销售价格的，检查是否按其当月同类消费品的售价（或当月加权平均售价）计算自产自用应税消费品的计税价格，审查中应特别注意加权平均价格的计算是否正确。

③对无同类应税消费品销售价格的，检查是否按组成计税价格计算其自产自用应税消费品的组成计税价格。尤其要审查应税消费品的成本、全国平均成本利润率的引用是否正确。

（8）关联交易的检查

①了解被查对象销售机构的设置及汇总核算情况，特别要注意审查被查对象是否单独成立销售公司；查看相关注册登记文书，判断是否存在其他关联企业。

②将同类应税消费品按销货单位对销售收入、销售数量进行统计，分销售对象计算出检查期销售平均单价并按单价排序，从中找到价格异常明显偏低的单位，结合单位成本价格，对低于成本价销售的单位进行重点检查。

③对关联企业的关联交易业务，是否按照《税收征管法》、《消费税暂行条例》以及《消费税实施细则》的规定，对其关联交易行为进行处理。

④调查取证中，应了解被查对象的生产经营范围及其生产的各类应税消费品的销售情况，了解被查对象应税消费品的定价政策和价格组成。

（9）委托加工应税消费品的检查

①检查"委托加工物资"、"原材料"、"自制半成品"、"库存商品"等账户，看被查对象有无委托加工应税消费品业务，有无代扣代缴完税凭证。

②鉴定委托加工业务的真实性。调阅委托加工合同，对照《消费税实施细则》第七条审查其是否符合委托加工条件，不符合的，一律按自产应税消费品征税。

③对属于委托加工业务的，则应进一步审查受托方是否为个体经营户，委托方收回委托加工货物时，是否按受托方同类应税消费品的销售价格或组成计税价格申报缴纳了委托加工环节的消费税。

④受托方不是个体经营户的，应审查受托方是否按当月同类消费品的平均售价或组成计税价格计算并代扣代缴消费税，核实委托方有无不代扣代缴消费税的情况。

⑤必要时可到受托方进行调查取证。

（10）成套应税消费品的检查

①实地查看成品仓库，了解被查对象是否生产销售成套应税消费品。

②了解包括包装物在内的成套应税消费品的组成项目及其各自适用的税目税率。

③对由应税消费品和非应税消费品组成的成套应税消费品，则应重点审查其是否按照应税消费品适用税率计算纳税；对于由不同税率的应税消费品组成的成套应税消费品，应重点审查其是否从高适用税率计算纳税。

（二）从量定额计税依据的检查

1. 常见涉税问题

（1）隐匿销售数量；（2）对自产的用于连续生产的石脑油未建立中间产品移送使用台账。

2. 主要检查方法

（1）对于生产销售的应税产品。查阅其生产台账、库存台账、销售台账等，核实其应税消费品的生产、销售、库存数量，与其申报销售数量核对，看有无异常情况。

（2）审核石脑油中间产品移送使用台账。检查用于连续生产非应税消费品或其他方面的，是否记录了石脑油的移送使用数量，是否按规定缴纳了消费税。

（3）对于委托加工应税产品，核实"委托加工物资"账户，核实其委托加工的收回数量、销售数量。

（4）对于进口的应税产品，应核实其报关进口数量。

（5）从量定额进行过调整的税目，是否及时调整了适用税额。

（三）复合计税计税依据的检查

1. 卷烟计税依据的检查

（1）常见涉税问题

①混淆卷烟牌号，混淆卷烟计税价格或核定价格以从低适用计税价格；②卷烟回购企业回购后再直接销售的卷烟不符合国税函〔2001〕955 号规定而未计算缴纳消费税；③委托加工卷烟、自产自用卷烟未计算缴纳或未足额计算纳税；④白包烟[①]、科研烟[②]未按规定申报纳税；⑤评析烟[③]、礼品烟、样品烟、促销烟未按规定申报纳税。

（2）主要检查方法

①混淆卷烟牌号，混淆卷烟计税价格或核定价格的检查。审核被查对象所有牌号规格卷烟，区分执行计税价格和核定价格的范围，看有无擅自改变执行计税价格或核定价格的情况。

---

① 指未进入市场流通的简易包装的卷烟。

② 指处于科研试制阶段的卷烟。

③ 指专门用于品质、包装的鉴定、评审的卷烟。

对实际销售价格与计税价格、核定价格不一致的卷烟，要重点审查其是否按规定计税。检查非标准条包装卷烟，是否折算成标准条包装卷烟的数量，依其实际销售收入计算确定其折算成标准条包装后的实际销售价格，并确定适用的比例税率。

②回购卷烟的检查。审查回购合同，看与入账情况是否相符；回购企业是否向联营企业提供卷烟牌号和已由税务机关公示的消费税计税价格；接受委托的联营企业是否按照已经公示的调拨价格代扣代缴消费税；回购企业是否申报抵扣回购卷烟的已征消费税；回购企业是否将回购卷烟与自产卷烟分开核算，若未分开核算，是否与自产卷烟一并缴纳了消费税。

③委托加工卷烟、自产自用卷烟的检查。检查从量定额的计税依据。审查委托加工卷烟、自产自用卷烟是否以海关核定的委托方收回数量、移送使用数量为计税依据计算应纳税额；检查从价定率的计税依据。审查委托加工卷烟、自产自用卷烟是否按其组成计税价格分别计算应纳税额。

④白包烟、科研烟的检查。检查"原材料"、"包装物"明细账，结合实物盘点，审查其专用物料的领用存情况，看其是否有用于白包烟生产的专用物料，实地调查卷烟生产企业的科研专用生产线，查看其白包烟、科研烟的生产经营规模，调阅白包烟、科研烟的生产、科研、销毁等相关去向记录。对用于科研以外用途的白包烟、科研烟是否缴纳了消费税。

⑤评析烟、礼品烟、样品烟、促销烟的检查。到卷烟生产企业的发货窗口（成品仓库、厂办、科研部门等）调取评析烟、礼品烟、样品烟、促销烟的发出记录。到原料（含主辅料）、产成品、半成品仓库及其生产线，调查了解生产、销售、库存的相关信息，重点调取审查扫码中心的扫码记录（多为电子台账）。审查"库存商品"、"委托加工卷烟"明细账，看有无异常的对应账户。

2. 白酒计税依据的检查

（1）常见涉税问题

①人为调节销售数量；②违反规定隐匿销售收入；③成立关联销售公司。

（2）主要检查方法

①从量定额部分的计税数量是否准确。方法见"从量定额计税依据的检查"。

②从价定率部分的销售额计算是否准确，价外费用、视同销售、包装物及其押金等的确认是否正确。方法见"从价定率计税依据的检查"。

（四）税收优惠的检查

1. 常见涉税问题

（1）生产企业将汽油、柴油混入优惠成品油品种一并享受税收优惠；（2）生产企业未从2008年度起及时取消部分成品油的减征优惠；（3）生产企业将子午线轮胎的内胎与外胎成套销售未申报纳税；（4）欧洲Ⅱ号排放标准的小汽车2003年度后享受税收优惠。

2. 主要检查方法

（1）混淆成品油减征范围的检查

①鉴于成品油是按照不同组分在一定数值范围内进行区分的，因此汽油、柴油有可能被划分到属于减征范围的其他成品油（如汽油→溶剂油，柴油→石脑油）中，并以此申报纳税。

②了解生产工艺及其技术标准，审查"库存商品"明细账，看其产能是否异常、与以前期间是否保持一贯性。

③审查"原材料"、"库存商品"明细账，看其投料、产出情况，核实投入产出是否异常。

④到质检部门调取每批产成品的质检报告，到成品仓库调取油品出（入）库记录，对比检查"库存商品"明细账，确定汽油、柴油是否混入属于减征范围的其他成品油。

（2）成品油减征的检查

①检查生产企业是否是根据石脑油、溶剂油、润滑油、燃料油的实际销售数量，按规定办理纳税申报后，再按应纳税额的30%申报纳税。

②检查生产企业是否按财税〔2008〕19号第1条的规定，从2008年1月1日起取消了减征优惠政策。

（3）子午线轮胎成套销售的检查

①检查"库存商品"、"委托加工物资"等账户，看被查对象是否有自产、外购、委托加工、进口的子午线轮胎内胎。检查"主营业务收入"贷方发生额，看是否有将前述内胎与子午线轮胎（仅指外胎）成套销售的情形。

②生产企业将子午线轮胎的内胎与外胎成套销售的，检查时应对照财税〔2006〕49号文件的规定，看是否按3%的税率申报纳税。

（4）汽车生产企业达标优惠的检查

①对已通过"产品检验及生产一致性认定"审查的汽车生产企业，检查时应看其对生产销售的达到GB18352－2001排放标准（相当于欧洲Ⅱ标准）的小汽车，在2000～2003年度内，是否按批准期限享受减征优惠。重点应关注其有无擅自扩大减征优惠期限的问题。

②对已通过"产品检验及生产一致性认定"审查的汽车生产企业，检查时应看其对生产销售达到相当于欧洲Ⅲ号排放标准的小汽车是否按照应纳税额的70%缴纳税款。

③对未经相关部门进行"产品检验及生产一致性认定"审查的汽车生产企业，应逐点关注其是否存在擅自享受减征优惠的问题。

（五）应纳税额的检查

1. 抵扣税额的检查

（1）常见涉税问题

①超范围抵扣外购或委托加工应税消费品的已纳税额；②外购或委托加工应税消费品的已纳税额已申报抵扣，但该应税消费品未用于连续生产应税消费品的，没有转出已纳税额；③取得不符合规定的抵扣凭证申报抵扣外购或委托加工应税消费品的已纳税额；④外购应税消费品取得普通发票，属于可扣除已纳税额范围的，按含增值税的买价计算扣除已纳税额；⑤工业企业从商业企业购进应税消费品一并申报抵扣。

（2）检查方法

①抵扣范围的检查。了解被查对象所涉及到的消费税税目，进而确定其允许扣除已纳消费税税款的税目，然后与被查对象的申报数据进行比对，看其对消费税抵扣政策的执行范围的界定是否准确，有无擅自超范围抵扣的问题；对已停止执行抵扣政策的消费税税目，是否及时中止了已纳消费税的抵扣；对新增税目的抵扣项目，有无将2006年4月1日前的业务一并申报抵扣的问题。

②转出已抵扣税款的检查。检查"库存材料"、"生产成本"、"自制半成品"、"库存商品"、"委托加工物资"等账户，到生产车间查询生产记录等资料，追查生产领用应税消费品的去向，审查其有无将生产领用的应税消费品改变用途，而又未转出已抵扣的已纳税额。

③抵扣凭证的检查。首先，对外购应税消费品的，检查时应看其是否凭取得的增值税专

用发票（含销货清单，从小规模纳税人处购进应税消费品为税务机关代开增值税专用发票）申报抵扣；对 2006 年 4 月 1 日前取得普通发票的被查对象，还应看其外购或委托加工应税消费品的抵扣换算是否正确。其次，对委托加工应税消费品的，检查时应看其是否凭《代扣代收税款凭证》申报抵扣。最后，对进口应税消费品的，检查时应看其是否凭《海关进口消费税专用缴款书》申报抵扣。

④工业企业外购抵扣的检查。对工业企业既自产又外购应税消费品，或不自产只外购应税消费品的，检查 2006 年 8 月份之前从商业企业购进的应税消费品是否一并申报抵扣了已纳消费税税款。

⑤对纳税人提供的消费税申报抵扣凭证上注明的货物，无法辨别销货方是否申报缴纳消费税的，应当向销货方所在地税务机关发函协查，并以销货方税务机关的回函结果为依据核准是否准予其抵扣。注意，未经核准的一律不得抵扣。

2. 销货退回的检查

（1）常见涉税问题

虚构销货退回业务。

（2）主要检查方法

①检查有无合法扣减依据。第一，在购货方尚未付款并未做账务处理的情况下，原开具的发票是否作了相应的处理。全部退货的，发票各联是否全部收回作废。第二，已付款或购货方已作账务处理的情况下，是否取得了购买方提供的《开具红字增值税专用发票通知单》，并据以开具红字发票。

②实物追踪检查。第一，审查有无入库记录，看其退回的货物是否办理了入库手续并相应冲减了本期的业务成本。第二，跟踪追查销货退回货物的去向。一般情况下，发现无合法扣减依据，随意冲减业务收入又无产成品退货入库记录的，就是虚构销货退回。必要时可到对方协查取证。

练习题

1. 消费税纳税义务人包括哪些？
2. 简述消费税纳税义务发生时间的一般规定。
3. 简述金银首饰消费税纳税环节的一般规定。
4. 简述实行复合计税计征办法的卷烟、白酒的具体规定。
5. 如何检查消费税隐匿收入的问题？
6. 如何检查价外费用未计消费税的问题？
7. 如何检查应税消费品的包装物是否缴纳了消费税？
8. 简述委托加工应税消费品的检查。
9. 如何检查白酒的计税依据？
10. 简述自产应税消费品用于连续生产应税消费品以外用途的检查方法。

第六章 营业税检查方法

通过本章的学习，需要理解并掌握以下问题：

1. 对营业税纳税人和扣缴义务人的检查：常见涉税问题及主要检查方法；
2. 对营业税征税范围和税率的检查：常见涉税问题及主要检查方法；
3. 对计税依据的检查：常见涉税问题及主要检查方法；
4. 对纳税地点与纳税义务发生时间的检查：常见涉税问题及主要检查方法。

第一节 纳税义务人和扣缴义务人的检查

一、对纳税义务人的检查

（一）对纳税人检查的政策依据

营业税的纳税人是在我国境内提供应税劳务、转让无形资产或者销售不动产①的单位和个人。

其他特殊规定还有：

1. 一项销售行为如果既涉及应税劳务又涉及货物，为混合销售行为。从事货物的生产、批发或零售的企业、企业性单位及个体经营者的混合销售行为，视为销售货物，不征收营业税；其他单位和个人的混合销售行为，视为提供应税劳务，应当征收营业税。

2. 纳税人兼营应税劳务与货物或非应税劳务的，应分别核算应税劳务的营业额和货物或者非应税劳务的销售额。不分别核算或者不能准确核算的，其应税劳务与货物或者非应税劳务一并征收增值税，不征收营业税。

3. 企业租赁或承包给他人经营的，以承租人或承包人为纳税人。

4. 中央铁路运营业务的纳税人为铁道部，合资铁路运营业务的纳税人为合资铁路公司，地方铁路运营业务的纳税人为地方铁路管理机构，基建临管运营业务的纳税人为基建临管线管理机构。从事水路运输、航空运输、管道运输或其他陆路运输业务并负有营业税纳税义务的单位，为从事运输业务并计算盈亏的单位。

---

① 具体指：（1）所提供的劳务发生在境内；（2）在境内载运旅客或货物出境；（3）在境内组织旅客出境旅游；（4）所转让的无形资产在境内使用；（5）所销售的不动产在境内；（6）境内保险机构提供的保险业务，不包括为出口货物提供的保险业务；（7）境外保险机构以在境内的物品为标的提供的保险劳务。

（二）常见涉税问题

1. 无照经营和超出营业执照核定经营范围的单位和个人未按规定申报缴纳营业税。

2. 非从事货物生产、批发或零售的单位和个人的混合销售行为未按规定履行纳税义务。

3. 从事兼营业务的纳税人未按规定申报缴纳营业税。

4. 不符合承包条件的单位和个人未按规定申报缴纳营业税。

（三）主要检查方法

1. 通过营业执照、税务登记证的登记内容，确认有关职能部门认定的经营范围，界定是否属于营业税的应税行为。对于无照经营和超出营业执照核定经营范围的纳税人，应注重实地核查，界定其经营业务的性质，确定是否是营业税纳税人。如某市居民王某未办理经营手续举办计算机培训班，2006 年收取费用 100000 元。王某向学生提供了《营业税暂行条例》列举的"文化体育业"劳务，是营业税纳税义务人。

2. 检查纳税人的账簿、合同等相关资料，核实纳税人的具体经营行为。从事货物生产、批发或零售的为增值税纳税人；其他单位和个人为营业税纳税人。对于混合销售业务，从事货物生产、批发或零售的企业、企业性单位及个体经营者以外的单位和个人为营业税纳税义务人。以从事货物的生产、批发或零售为主，并兼营营业税应税劳务的企业、企业性单位及个体经营者，年货物销售额超过 50%，营业税应税劳务营业额不到 50%的为增值税纳税人。从事运输业务的单位与个人，发生销售货物并负责运输所销售货物的混合销售行为的为增值税纳税人。

3. 对从事兼营业务的纳税人，检查时应注意应税收入是否划分清楚。如果纳税人能将兼营项目分别核算，可以就不同项目的营业额（或销售额）按营业税（或增值税）的有关规定申报纳税；如果纳税人不能将兼营项目分别核算，则一并缴纳增值税。

4. 对承包经营的行为检查合同类资料，看其中的约定是否同时符合以下三个条件：承包方以出包方名义对外经营，由出包方承担相关的法律责任；承包方的经营收支全部纳入出包方的财务会计核算；出包方与承包方的利益分配是以出包方的利润为基础。如同时符合以上条件，则不征税；否则，应按规定申报纳税。

二、对扣缴义务人的检查

（一）对扣缴义务人检查的政策依据

1. 营业税扣缴义务人包括：

（1）委托金融机构发放贷款，以受托发放贷款的金融机构为扣缴义务人。

（2）建筑安装业务实行分包或者转包的，以总承包人为扣缴义务人。

2. 其他扣缴义务人规定如下：

（1）境外单位或者个人在境内发生应税行为而在境内未设有经营机构的，其应纳税款以代理者为扣缴义务人；没有代理者的，以受让者或者购买者为扣缴义务人。

（2）单位或者个人进行演出由他人售票的，其应纳税款以售票者为扣缴义务人。

（3）演出经纪人为个人的，其办理演出业务的应纳税款以售票者为扣缴义务人。

（4）分保险业务，以初保人为扣缴义务人。

（5）个人转让除土地使用权以外的其他无形资产的，其应纳税款以受让者为扣缴义务人。

（6）非雇员从聘用的企业取得收入的，支付应税非有形商品推销、代理等服务活动的企业为该非雇员应纳税款的扣缴义务人。

（7）建筑业纳税人从事跨地区（包括省、市、县）工程提供建筑业应税劳务的，或在劳务发生地没有办理税务登记或临时税务登记的，可以建设单位和个人作为营业税的扣缴义务人。

（二）常见涉税问题

1. 扣缴义务人未按规定履行扣缴义务。

2. 境外纳税人在境内发生应税行为，支付人未按规定履行扣缴义务。

（三）主要检查方法

1. 检查经营者的经营合同类资料，看是否属于与境外的单位和个人签订而在境内发生的应税行为；检查专利权、非专利技术、商标权、著作权、商誉等无形资产转让人是否为个人，以确定受让企业是否为扣缴义务人。

2. 扣缴义务人确定以后，进一步检查其是否依法履行扣缴义务，审查扣缴义务人的账簿资料和会计凭证，核实其对扣缴情况是否有明细记载，扣缴税款的计算是否正确。如对建筑安装业务进行分包转包的，检查分包转包合同类资料，核实"预付账款"、"应交税费"等账户，确认是否履行了扣缴义务。

3. 检查"无形资产"、"生产成本"、"营业费用"、"其他业务支出"等账户，核实扣缴义务人扣缴税款是否真实、完整，应注意扣缴义务人在计算应代扣代缴的税款时，是否已将全部应税款项计算在内，有无将某些价外收费剔除后扣税的问题。

4. 与外国企业、机构发生业务关系的纳税人，应检查其签订的劳务合同类资料或财产转让合同类资料，确认劳务发生地、货物起运地、无形资产使用地、不动产所在地；属于在境内提供应税劳务、转让无形资产或者销售不动产的，应进一步检查企业代扣税款情况。

5. 检查在境内从事保险、旅游等非有形商品经营的企业人工费用支出，对照劳动合同类资料界定雇员与非雇员、确认劳务性质，核实非本企业雇员为企业提供非有形商品推销、代理服务等活动取得的佣金、奖励和劳务费等名目的收入，是否按规定代扣代缴税款。

第二节　征税范围和税率的检查

一、对征税范围和税率检查的政策依据

营业税的税目、税率，依照暂行条例所附的《营业税税目税率表》执行。营业税共九个税目，即交通运输业、建筑业、金融保险业、邮电通信业、文化体育业、娱乐业、服务业、转让无形资产、销售不动产。

二、常见涉税问题

1. 未正确区分营业税与增值税的征税范围

（1）非从事货物生产、批发或零售的单位和个人的混合销售行为未按规定申报缴纳营业税；

（2）兼具营业税和增值税应税行为，营业项目已按明细分别核算，但却将营业税应税项目申报缴纳增值税。

2. 混淆征税范围，错用税目、税率

（1）建筑安装企业租赁设备、场地设计、勘探和转让不动产等行为，错按"建筑业——其他服务"税目征税；

（2）对航空公司、飞机场、民航管理局及其他单位和个人代售机票的手续费收入，境内远洋运输企业将船舶出租给境外单位或个人使用，错按"交通运输业"税目征税；

（3）对航空联运公司从事特快传递托运业务、保安公司押运物品而取得的收入，错按"交通运输业"税目征税；

（4）广告播映错按"文化体育业"税目征税；

（5）以租赁方式为文化活动、体育比赛提供场所错按"文化体育业"税目征税。

三、主要检查方法

1. 对照政策规定，运用询问、实地查看和审阅法，结合经营合同类资料，审核纳税凭证和原始凭证，检查纳税人是否正确区分混合销售行为、兼营行为。如随汽车销售提供按揭服务或代办服务业务，应缴纳增值税，而单独提供代办按揭服务并不销售汽车的，只缴纳营业税；再如旅店中既提供住宿服务，又单独设立小卖部，并且分别单独核算收入，应分别申报缴纳营业税和增值税。

2. 将企业合同类资料、协议与纳税申报表进行对比，确认业务性质，结合"主营业务收入"、"其他业务收入"等明细账，检查企业是否正确使用税目税率。如某广告公司收取广告费 52 万元，应按"服务业"税目 5% 的税率缴纳税款，不应按"文化体育业"税目 3% 的税率申报缴纳营业税。

3. 检查纳税申报表和"主营业务收入"账户，审核适用不同税率项目的收入是否分别核算，分别计税。如某酒店歌舞厅将销售饮料款 15 万元并入餐饮收入，应按"娱乐业"20% 的税率申报缴纳营业税，不应按"服务业"税目 5%的税率申报纳税。

第三节　计税依据的检查

一、计税依据检查的政策依据

（一）一般性规定

1. 纳税人提供应税劳务、转让无形资产或者销售不动产，按照营业额和规定的税率计算应纳税额。

2. 纳税人营业额未达到财政部规定的营业税起征点的，免征营业税。

按期纳税的起征点幅度由月销售额 200～800 元提高到 1000～5000 元；将按次纳税的起征点由每次（日）营业额 50 元提高到每次（日）营业额 100 元。省、自治区、直辖市人民政府所属税务机关应在规定的幅度内，根据实际情况确定本地区适用的起征点，并报国家税务总局备案。

3. 纳税人的营业额为纳税人提供应税劳务、转让无形资产或者销售不动产向对方收取的全部价款和价外费用[①]。

4. 单位或个人自己新建（以下简称自建）建筑物后销售，其自建行为视同提供应税劳务。

5. 纳税人提供应税劳务、转让无形资产或销售不动产价格明显偏低而无正当理由的，主管税务机关有权按下列顺序核定其营业额：（1）按纳税人当月提供的同类应税劳务或者销售的同类不动产的平均价格核定。（2）按纳税人最近时期提供的同类应税劳务或者销售的同类不动产的平均价格核定。（3）按下列公式核定计税价格：

计税价格＝营业成本或工程成本×（1＋成本利润率）÷（1－营业税税率）

公式中的成本利润率，由省、自治区、直辖市人民政府所属税务机关确定。

（二）特殊规定

1. 金融保险

（1）保险企业已征收过营业税的应收未收保费，凡在财务会计制度规定的核算期限内未收回的，允许从营业额中减除。在会计核算期限以后收回的已冲减的应收未收保费，再并入当期营业额中。保险企业开展无赔偿奖励业务的，以向投保人实际收取的保费为营业额。

（2）中华人民共和国境内的保险人将其承保的以境内标的物为保险标的的保险业务向境外再保险人办理分保的，以全部保费收入减去分保保费后的余额为营业额。境外再保险人应就其分保收入承担营业税纳税义务，并由境内保险人扣缴境外保险人应缴纳的营业税税款。

（3）金融企业（包括银行和非银行金融机构）从事股票、债券买卖业务以股票、债券的卖出价减去买入价后的余额为营业额。买入价依照财务会计制度规定，以股票、债券的购入价减去股票、债券持有期间取得的股票、债券红利收入的余额确定。

（4）金融企业买卖金融商品[②]，可在同一会计年度末，将不同纳税期出现的正差和负差按同一会计年度汇总的方式计算并缴纳营业税，如果汇总计算应缴的营业税税额小于本年已缴纳的营业税税额，可以向税务机关申请办理退税，但不得将一个会计年度内汇总后仍为负差的部分结转下一会计年度。

（5）金融企业从事受托收款业务[③]，以全部收入减去支付给委托方价款后的余额为营业额。

（6）经中国人民银行、商务部和国资委批准经营融资租赁业务的单位从事融资租赁业务的，以其向承租者收取的全部价款和价外费用（包括残值）减除出租方承担的出租货物的实际成本[④]后的余额为营业额。

2. 邮政通信

（1）电信单位销售的各种有价电话卡，以按面值确认的收入减去当期财务会计上体现的销售折扣折让后的余额为营业额。

（2）邮政电信单位与其他单位合作，共同为用户提供邮政电信业务及其他服务并由邮政电信单位统一收取价款的，以全部收入减去支付给合作方价款后的余额为营业额。

---

① 价外费用，包括向对方收取的手续费、基金、集资费、代收款项、代垫款项及其他各种性质的价外收费。
② 包括股票、债券、外汇及其他金融商品。
③ 如代收电话费、水电煤气费、信息费、学杂费、寻呼费、社保统筹费、交通违章罚款、税款等。
④ 包括由出租方承担的货物的购入价、关税、增值税、消费税、运杂费、安装费、保险费和贷款的利息。

（3）中移动通过手机短信公益特服号"8858"为中国儿童少年基金会接受捐款业务，以全部收入减去支付给基金会的价款后的余额为营业额。

3. 销售不动产

（1）单位和个人销售或转让其购置的不动产或受让的土地使用权，以全部收入减去不动产或土地使用权的购置或受让原价后的余额为营业额。

（2）单位和个人销售或转让抵债所得的不动产、土地使用权的，以全部收入减去抵债时该项不动产或土地使用权作价后的余额为营业额。

4. 其他行业

（1）经地方税务机关批准使用运输企业发票，按"交通运输业"税目征收营业税的单位将承担的运输业务分给其他运输企业并由其统一收取价款的，以其取得的全部收入减去支付给其他运输企业的运费后的余额为营业额。

（2）劳务公司接受用工单位的委托，为其安排劳动力，凡用工单位将其应支付给劳动力的工资和为劳动力上交的社会保险以及住房公积金统一交给劳务公司代为发放或办理的，以劳务公司从用工单位收取的全部价款减去代收转付给劳动力的工资和为劳动力办理社会保险及住房公积金后的余额为营业额。

（3）通信线路工程和输送管道工程所使用的电缆、光缆和构成管道工程主体的防腐管段、管件、清管器、收发球筒、机泵、加热炉、金属容器等物品均属于设备，其价值不包括在工程的计税营业额中。其他建筑安装工程的计税营业额也不应包括设备价值，具体名单可由省级地方税务机关根据各自实际情况列举。

（4）旅游企业组织旅游团在中国境内旅游的，以收取的全部旅游费减去替旅游者支付给其他单位的房费、餐费、交通、门票或支付给其他接团旅游企业的旅游费后的余额为营业额。

（5）从事广告代理业务的，以其全部收入减去支付给其他广告公司或广告发布者的广告发布费后的余额为营业额。

（6）从事物业管理的单位，以与物业管理有关的全部收入减去代业主支付的水、电、燃气以及代承租者支付的水、电、燃气、房屋租金的价款后的余额为营业额。

（7）纳税人采用清包工形式提供的装饰劳务，按照其向客户实际收取的人工费、管理费和辅助材料费等收入（不含客户自行采购的材料和设备价款）确认计税营业额。

二、常见涉税问题

1. 未申报或申报不实：

（1）单位将不动产无偿赠与他人，未按规定申报纳税。

（2）对销售自建建筑物只按"销售不动产"税目申报营业税，未申报"建筑业"税目营业税。

（3）价外费用未合并纳税。

（4）应税收入长期挂往来账，隐匿当期计税收入。

（5）利息收入，包括加息、罚息、结算罚款不按规定计税；从事外汇、有价证券、期货买卖业务计税依据不正确；保险业纳税人的储金业务收入计税不正确。

（6）邮政部门发行报刊、销售邮政物品和电信物品未申报纳税。

（7）兼营免税项目未按规定单独核算，混淆征、免税收入。

2. 以支抵收，冲减销售收入。

3. 销售自建的不动产未分别缴纳建筑环节和销售环节的营业税。

三、主要检查方法

1. 运用因素分析法分析资产负债表、利润表中的财务指标，并与纳税人纳税申报表进行纵向和横向的比较，发现异常，进一步检查"应交税费"、"管理费用"、"营业外收入"等账户，核实纳税人是否存在分解、转移收入的问题。

2. 检查"应付账款"、"其他应付款"和"主营业务收入"等明细账，核实纳税人是否存在将代收的价外费用未合并计税的问题。

3. 检查"主营业务成本"、"管理费用"等明细账，核实纳税人是否存在将收入直接冲减费用的问题。

4. 检查纳税人的"应收账款"、"其他应收款"等明细账，对照有关的会计凭证，确定往来款项的性质或者用途，确认纳税人是否存在挂往来账少计收入的问题。

5. 检查纳税人的相关经营合同类资料，确定纳税人的经营内容和经营方式，对旅游、联运、广告代理、外币转贷业务、物业管理等按差额缴纳营业税的纳税人，检查"主营业务成本"等账户，核实纳税人抵扣项目和金额是否真实。

6. 企业减少不动产，应重点检查"固定资产清理"、"营业外收入"、"营业外支出"等账户，核实是否按规定计算缴纳营业税。对存在自建行为的纳税人，对照建筑安装合同类资料，检查"在建工程"等账户，无法提供合同类资料的，应结合工程的人工费、材料费等支出的核算方式，确认企业自建行为是否属实；对照纳税申报表，检查企业自建销售行为是否按规定计算缴纳营业税。

第四节　其他项目的检查

一、税收优惠的检查

营业税税收优惠的政策依据详见《税务稽查方法》第6章。

（一）常见涉税问题

1. 审批类减免税不履行报批手续，自行享受减免税优惠。

2. 减免税项目与应税项目未分别核算，多报减免税。

（二）主要检查方法

1. 检查审批类减免税项目是否有减免税批文，检查备案类的减免税项目是否按规定履行了备案手续。对取消和部分取消税收行政许可审批的项目，检查时应从税收征收管理资料入手，结合企业备查账簿，检查企业减免税项目的真实性。

2. 核对合同类资料及有关结算手续，确认收入性质；检查收入明细账，核实应税收入和免税收入是否分别核算，划分是否正确，有无将应税收入混入减免税收入的问题。如某机关幼儿园出租房屋取得收入12万元，应区分育养服务收入单独核算申报缴纳营业税。

二、纳税地点的检查

（一）政策依据

1.《营业税暂行条例》第十四条规定：

（1）纳税人提供应税劳务，应当向应税劳务发生地主管税务机关申报纳税。纳税人从事运输业务，应当向其机构所在地主管税务机关申报纳税。

（2）纳税人转让土地使用权，应当向土地所在地主管税务机关申报纳税。纳税人转让其他无形资产，应当向其机构所在地主管税务机关申报纳税。

（3）纳税人销售不动产，应当向不动产所在地主管税务机关申报纳税。

2. 纳税人承包的工程跨省、自治区、直辖市的，向其机构所在地主管税务机关申报纳税（《营业税暂行条例实施细则》第三十一条）。

3. 扣缴义务人代扣代缴的建筑业营业税税款的解缴地点为该工程建筑业应税劳务发生地。扣缴义务人代扣代缴跨省工程的，其建筑业营业税税款的解缴地点为被扣缴纳税人的机构所在地（财税[2006]177号第三条）。

4. 财税[2003]16号文件规定：

（1）单位和个人出租土地使用权、不动产的营业税纳税地点为土地、不动产所在地；单位和个人出租物品、设备等动产的营业税纳税地点为出租单位机构所在地或个人居住地。

（2）在境内的电信单位提供电信业务的营业税纳税地点为电信单位机构所在地。

（3）在境内的单位提供设计（开展设计时进行的勘探、测量等）、工程监理、调试和咨询等应税劳务的，其营业税纳税地点为单位机构所在地。

（4）在境内的单位通过网络为其他单位和个人提供培训、信息和远程调试、检测等服务的，其营业税纳税地点为单位机构所在地。

（二）常见涉税问题

1. 从事交通运输的纳税人未在机构所在地缴纳营业税。

2. 跨区域承包工程纳税地点不正确。

（三）主要检查方法

1. 对纳税地点的检查，主要通过对工商及税务登记资料、合同类资料的审核来进行，确认纳税人的纳税地点，核实纳税人是否在规定的地点缴纳营业税。如李某是A县居民，在B市以接受供车方式取得B市运输公司的大货车从事营运。因为该大货车的机构所在地为B市运输公司所在地，故李某应在B市缴纳税款。

2. 对跨区域施工的纳税人，核实自应申报之月（含当月）起6个月内有无向机构所在地主管税务机关提供其异地建筑业应税劳务收入的完税凭证。未在规定时限内提供完税凭证的，应就其异地提供建筑业应税劳务取得的收入一并计算缴纳营业税。

三、纳税义务发生时间的检查

（一）政策依据

1. 营业税的纳税义务发生时间，为纳税人收讫营业收入款项或者取得索取营业收入款项凭据的当天。

2. 纳税人转让土地使用权或者销售不动产，采用预收方式的，其纳税义务发生时间为收到预收款的当天。

（1）纳税人销售自建建筑物，其纳税义务发生时间，为收讫销货款或者取得索取销货款凭据的当天。

（2）纳税人将不动产无偿赠与他人，其纳税义务发生时间为不动产所有权转移的当天。

3. 金融机构的逾期贷款纳税义务发生时间为纳税人取得利息收入权利的当天。

4. 会员费、席位费和资格保证金纳税义务发生时间为会员组织收讫会员费、席位费、资格保证金和其他类似费用款项或者取得索取这些款项凭据的当天。

5. 财税〔2006〕177号文件的相关规定：

（1）建设方为扣缴义务人的，其扣缴义务发生时间为扣缴义务人支付工程款的当天；总承包人为扣缴义务人的，其扣缴义务发生时间为扣缴义务人代纳税人收讫营业收入款项或者取得索取营业收入款项凭据的当天。

（2）纳税人提供建筑业应税劳务，施工单位与发包单位签订书面合同类资料，如合同类资料明确规定付款（包括提供原材料、动力和其他物资，不含预收工程价款）日期的，合同类资料规定的付款日期为纳税义务发生时间；合同类资料未明确付款日期的，其纳税义务发生时间为纳税人收讫营业收入款项或者取得索取营业款项凭据的当天。对预收工程价款，其纳税义务发生时间为工程开工后，主管税务机关根据工程形象进度按月确定的纳税义务发生时间。

（3）纳税人提供建筑业应税劳务，施工单位与发包单位未签订书面合同类资料的，其纳税义务发生时间为纳税人收讫营业收入款项或者取得索取营业收入款项凭据的当天。

6. 单位和个人提供应税劳务，转让专利权、非专利技术、商标权、著作权和商誉时，向对方收取的预收性质的价款（包括预收款、预付款、预存费用、预收定金），其营业税纳税义务发生时间按照财务会计制度的规定，以该项预收性质的价款被确认为收入的时间为准。

（二）常见涉税问题

1. 房地产企业预收款未及时申报纳税。

2. 采用分期收款结算方式未按约定时间确认收入。

3. 收取的预收性质的价款符合财务会计制度确认收入的条件时故意不确认，延迟纳税义务发生时间。

（三）主要检查方法

1. 检查房地产企业"预收账款"账户贷方发生额及纳税申报表，核实预收账款是否及时申报纳税。如某房地产开发有限公司取得土地使用权后，开发房地产项目，对外公开预售取得收入记入"预收账款"科目，该公司纳税义务发生时间为收到预收款的当天。

2. 结合相关合同类资料、协议，检查"主营业务收入"账户，对纳税人采取分期收款结算方式的，要检查纳税人的发票、资金往来记录和相关的收入、成本、费用等，对照纳税人的"应交税费"明细账和纳税申报表，核实是否按合同类资料或协议约定的时间确认收入。

3. 检查"预收账款"、"其他应付款"、"其他应收款"等账户，结合原始资料，确定预收款项的时间、用途和具体的经济实质，核实纳税人有无将实际符合确认收入条件的预收款项长期挂账不确认收入，故意延迟纳税义务发生时间。

练习题

1. 营业税纳税义务人检查中常见的涉税问题有哪些？

2. 营业税征税范围检查中常见的涉税问题有哪些？

3. 营业税征税范围检查的主要检查方法有哪些？

4. 营业税计税依据检查中常见的涉税问题有哪些？

5. 营业税计税依据检查的主要检查方法有哪些？

6. 营业税纳税义务发生时间检查的主要方法有哪些？

第七章　企业所得税检查方法

通过本章的学习，需要理解并掌握以下问题：

1. 对企业所得税收入总额的检查：常见涉税问题及主要检查方法；

2. 对企业所得税扣除项目的检查：常见涉税问题及主要检查方法；

3. 对企业所得税资产税务处理的检查：常见涉税问题及主要检查方法；

4. 对税收优惠及应纳税额的检查：常见涉税问题及主要检查方法。

第一节　企业所得税的基本规定

一、纳税人的规定

1. 在中华人民共和国境内，企业和其他取得收入的组织（以下统称企业）为企业所得税的纳税人。

2. 企业分为居民企业和非居民企业。居民企业指依法在中国境内成立，或者依照外国（地区）法律成立但实际管理机构在中国境内的企业。非居民企业指依照外国（地区）法律成立且实际管理机构不在中国境内，但在中国境内设立机构、场所的，或在境内未设立机构、场所，但有来源于中国境内所得的企业。

3. 在中国境内成立的企业，包括依照中国法律、行政法规在中国境内成立的企业、事业单位、社会团体以及其他取得收入的组织。依照外国（地区）法律成立的企业，包括依照外国（地区）法律成立的企业和其他取得收入的组织。

二、扣缴义务人的规定

1. 对非居民企业取得《企业所得税法》第三条第三款规定的所得应缴纳的所得税，实行源泉扣缴，以支付人为扣缴义务人。

2.《企业所得税法》第三十七条所称支付人，是指依照有关法律规定或者合同约定对非居民企业直接负有支付相关款项义务的单位或者个人。

3. 对非居民企业在中国境内取得工程作业和劳务所得应缴纳的所得税，税务机关可以指定工程价款或者劳务费的支付人为扣缴义务人。

4.《企业所得税法》第三十八条规定的可以指定扣缴义务人的情形包括：（1）预计工程作业或者提供劳务期限不足一个纳税年度，且有证据表明不履行纳税义务的；（2）没有办理税务登记或者临时税务登记，且未委托中国境内的代理人履行纳税义务的；（3）未按照规定期限办理企业所得税申报或者预缴申报的。

三、征税对象规定

企业所得税征税对象是指企业或其他取得收入的组织的收益，包括生产经营所得和其他所得。

对居民企业，应当就其来源于中国境内、境外的所得①缴纳企业所得税。非居民企业在中国境内设立机构、场所的，应当就其所设机构、场所取得来源于中国境内的所得，以及发生在中国境外但与其所设机构、场所有实际联系的所得，缴纳企业所得税。非居民企业在中国境内未设立机构、场所的，或者虽设立机构、场所但取得的所得与其所设机构、场所没有实际联系的，应当就其来源于中国境内的所得缴纳企业所得税。

四、适用税率规定

（一）法定税率

1. 企业所得税的税率为25%。非居民企业取得《企业所得税法》第三条第三款规定所得，适用税率为20%。

2. 符合条件的小型微利企业，减按20%的税率征收企业所得税。国家需要重点扶持的高新技术企业，减按15%的税率征收企业所得税。

3. 非居民企业取得《企业所得税法》第二十七条第（五）项规定的所得，减按10%的税率征收企业所得税。

（二）过渡性优惠税率

1. 自2008年1月1日起，原享受低税率优惠政策的企业，在新税法施行后5年内逐步过渡到法定税率。其中：享受企业所得税15%税率的企业，2008年按18%税率执行，2009年按20%税率执行，2010年按22%税率执行，2011年按24%税率执行，2012年按25%税率执行；原执行24%税率的企业，2008年起按25%税率执行。

2. 对按照国发[2007]39号文件有关规定适用15%企业所得税率并享受企业所得税定期减半优惠过渡的企业，应一律按照国发[2007]39号文件第一条第二款规定的过渡税率计算的应纳税额实行减半征税，即2008年按18%税率计算的应纳税额实行减半征税，2009年按20%税率计算的应纳税额实行减半征税，2010年按22%税率计算的应纳税额实行减半征税，2011年按24%税率计算的应纳税额实行减半征税，2012年及以后年度按25%税率计算的应纳税额实行减半征税。对原适用24%或33%企业所得税率并享受国发[2007]39号文件规定企业所得税定期减半优惠过渡的企业，2008年及以后年度一律按25%税率计算的应纳税额实行减半征税。民族自治地方在新税法实施前已经按照《财政部国家税务总局海关总署关于西部大开发税收优惠政策问题的通知》第二条第二款有关减免税规定批准享受减免企业所得税（包括减免中央分享企业所得税的部分）的，自2008年1月1日起计算，对减免税期限在5年以内（含

---

① 来源于中国境内、境外的所得，按照以下原则确定：（1）销售货物所得，按照交易活动发生地确定；（2）提供劳务所得，按照劳务发生地确定；（3）转让财产所得，不动产转让所得按照不动产所在地确定，动产转让所得按照转让动产的企业或者机构、场所所在地确定，权益性投资资产转让所得按照被投资企业所在地确定；（4）股息、红利等权益性投资所得，按照分配所得的企业所在地确定；（5）利息所得、租金所得、特许权使用费所得，按照负担、支付所得的企业或者机构、场所所在地确定，或者按照负担、支付所得的个人的住所地确定；（6）其他所得，由国务院财政、税务主管部门确定。

5 年）的，继续执行至期满后停止；对减免税期限超过 5 年的，从第 6 年起按新税法第二十九条规定执行。

3. 对经济特区和上海浦东新区内在 2008 年 1 月 1 日（含）之后完成登记注册的国家需要重点扶持的高新技术企业（以下简称新设高新技术企业），在经济特区和上海浦东新区内取得的所得，自取得第一笔生产经营收入所属纳税年度起，第 1 年至第 2 年免征企业所得税，第 3 年至第 5 年按照 25%的法定税率减半征收企业所得税。

五、纳税地点规定

1. 除税收法律、行政法规另有规定外，居民企业以企业登记注册地为纳税地点；但登记注册地在境外的，以实际管理机构所在地为纳税地点。居民企业在中国境内设立不具有法人资格的营业机构的，应当汇总计算并缴纳企业所得税。

2. 实行"统一计算、分级管理、就地预缴、汇总清算、财政调库"的处理办法，总分机构统一计算的当期应纳税额的地方分享部分，25%由总机构所在地分享，50%由各分支机构所在地分享，25%按一定比例在各地间进行分配。

3. 非居民企业取得《企业所得税法》第三条第二款规定的所得，以机构、场所所在地为纳税地点。非居民企业在中国境内设立两个或者两个以上机构、场所的，经税务机关审核批准，可以选择由其主要机构、场所汇总缴纳企业所得税。非居民企业取得《企业所得税法》第三条第三款规定的所得，以扣缴义务人所在地为纳税地点。

六、纳税时限

1. 企业所得税按纳税年度计算。企业在一个纳税年度中间开业，或者终止经营活动，使该纳税年度的实际经营期不足 12 个月的，应当以其实际经营期为一个纳税年度。企业依法清算时，应当以清算期间作为一个纳税年度。

2. 依照《企业所得税法》第三十七条、第三十八条规定应当扣缴的所得税，扣缴义务人未依法扣缴或者无法履行扣缴义务的，由纳税人在所得发生地缴纳。纳税人未依法缴纳的，税务机关可以从该纳税人在中国境内其他收入项目的支付人应付的款项中，追缴该纳税人的应纳税款。

3. 企业所得税分月或者分季预缴。企业应当自月份或者季度终了之日起 15 日内，向税务机关报送预缴企业所得税纳税申报表，预缴税款。企业应当自年度终了之日起 5 个月内，向税务机关报送年度企业所得税纳税申报表，并汇算清缴，结清应缴应退税款。

4. 扣缴义务人每次代扣的税款，应当自代扣之日起 7 日内缴入国库，并向所在地的税务机关报送扣缴企业所得税报告表。

新旧企业所得税法、条例及相关规定主要变化部分对照表详见附录 1、2。

第二节　企业收入总额的检查

企业收入总额是指以货币形式和非货币形式从各种来源取得的收入，具体包括：销售货物收入，提供劳务收入，转让财产收入，股息、红利等权益性投资收益，利息收入，租金收入，特许权使用费收入，接受捐赠收入，其他收入。对企业各项收入总额的检查，主要检查收入总额确认和计量的真实性、准确性等。

一、政策依据

1. 企业应纳税所得额的计算，以权责发生制为原则，属于当期的收入和费用，不论款项是否收付，均作为当期的收入和费用；不属于当期的收入和费用，即使款项已经在当期收付，均不作为当期的收入和费用。《企业所得税法实施条例》和国务院财政、税务主管部门另有规定的除外。

2. 企业发生非货币性资产交换，以及将货物、财产、劳务用于捐赠、偿债、赞助、集资、广告、样品、职工福利或者利润分配等用途的，应当视同销售货物、转让财产或者提供劳务，但国务院财政、税务主管部门另有规定的除外。

3. 企业取得收入的货币形式，包括现金、存款、应收账款、应收票据、准备持有至到期的债券投资以及债务的豁免等。企业取得收入的非货币形式，包括固定资产、生物资产、无形资产、股权投资、存货、不准备持有至到期的债券投资、劳务以及有关权益。

4. 以非货币形式取得的收入，应当按照公允价值确定收入额。

5. 采取产品分成方式取得收入的，按照企业分得产品的日期确认收入的实现，其收入额按照产品的公允价值确定。

6. 企业所得以人民币以外的货币计算的，预缴企业所得税时，应当按照月度或者季度最后一日的人民币汇率中间价，折合成人民币计算应纳税所得额。年度终了汇算清缴时，对已经按照月度或者季度预缴税款的，不再重新折合计算，只就该纳税年度内未缴纳企业所得税的部分，按照纳税年度最后一日的人民币汇率中间价，折合成人民币计算应纳税所得额。经税务机关检查确认，企业少计或者多计所得的，应当按照检查确认补税或者退税时的上一个月最后一日的人民币汇率中间价，将少计或者多计的所得折合成人民币计算应纳税所得额，再计算应补缴或者应退的税款。

7. 企业与其关联方之间的业务往来，不符合独立交易原则而减少企业或者其关联方应纳税收入或者所得额的，税务机关有权按照合理方法调整。

8. 销售货物收入，是指企业销售商品、产品、原材料、包装物、低值易耗品以及其他存货取得的收入。

9. 以分期收款方式销售货物的，按照合同约定的收款日期确认收入的实现。

10. 提供劳务收入，是指企业从事建筑安装、修理修配、交通运输、仓储租赁、金融保险、邮电通信、咨询经纪、文化体育、科学研究、技术服务、教育培训、餐饮住宿、中介代理、卫生保健、社区服务、旅游、娱乐、加工以及其他劳务服务活动取得的收入。

11. 企业从事建筑、安装、装配工程业务或者提供其他劳务等，持续时间超过 12 个月的，按照纳税年度内完工进度或者完成的工作量确认收入的实现。

12. 股息、红利等权益性投资收益，是指企业因权益性投资从被投资方取得的收入。除国务院财政、税务主管部门另有规定外，按照被投资方作出利润分配决定的日期确认收入的实现。

13. 2008 年 1 月 1 日起，非居民企业从我国居民企业获得的股息将按照 10% 的税率征收预提所得税。

14. 利息收入，是指企业将资金提供他人使用但不构成权益性投资或者因他人占用本企业资金取得的收入，包括存款利息、贷款利息、债券利息、欠款利息等收入，按照合同约定的债务人应付利息的日期确认收入的实现。

15. 租金收入，是指企业提供固定资产、包装物或者其他有形资产的使用权取得的收入，按照合同约定的承租人应付租金的日期确认收入的实现。

16. 特许权使用费收入，是指企业提供专利权、非专利技术、商标权、著作权以及其他特许权的使用权取得的收入。特许权使用费收入，按照合同约定的特许权使用人应付特许权使用费的日期确认收入的实现。

17. 接受捐赠收入，是指企业接受的来自其他企业、组织或者个人无偿给予的货币性资产、非货币性资产。接受捐赠收入，按照实际收到捐赠资产的日期确认收入的实现。

18. 其他收入，是指企业取得的除上述八项收入以外的其他收入，包括企业资产溢余收入、逾期未退包装物押金收入、确实无法偿付的应付款项、已作坏账损失处理后又收回的应收款项、债务重组收入、补贴收入、违约金收入、汇兑收益等。

二、常见涉税问题

企业收入总额的常见涉税问题有：（1）收入计量不准；（2）隐匿实现的收入；（3）实现收入入账不及时；（4）视同销售行为未作纳税调整；（5）销售货物的税务处理不正确。

三、主要检查方法

收入总额的检查，主要检查利润表中的主营业务收入项目，通过本年与以前年度"主营业务收入增减变化率"的对比分析，如果发现主营业务收入增减变化较大，则结合现金流量表中的"经营活动现金流入"和"经营活动现金流出"项目，对应资产负债表中和收入有关的应付账款、存货等项目，分析各项目之间的逻辑关系，对比收入构成项目的增减变化，审查主营业务收入取得、退回、结转等业务的账务处理，确定主营业务收入检查的突破点。

1. 收入计量不准的检查

（1）审查购销、投资等合同类资料以及资金往来的相关记录，结合原始凭证资料，分析"主营业务收入"、"投资收益"等账户借方发生额和红字冲销额，查证收入项目、内容、单价、数量、金额等是否准确。

（2）从以下三个方面检查价外费用是否全额入账：第一，向销售部门了解销售情况和结算形式，通过产品销售市场分析确认有无加收价外费用的问题。第二，重点检查"其他应收款"和"其他应付款"账户，看是否有挂账欠款，尤其是通过"其他应付款"账户的借方发生额或"其他应收款"账户的贷方发生额，看其对应账户是否和货币资金的流入或债权"应收账款"账户的借方增加额发生往来。如果存在往来核算，则需通过审阅发票、收据等原始单据进一步查明是否属价外费用。第三，检查成本类账户的会计核算，注意红字记录，审核"生产成本"、"制造费用"、"管理费用"、"财务费用"等账户的借方发生额红字的冲销记录，是否存在价外收费直接冲抵成本、费用的问题。

（3）通过核查公司章程、协议、分红、供应商和销售商、CTAIS 网络信息等，确定与公司利益上具有关联关系的企业。使用比较分析法，将关联企业的货物（应税劳务）销售价格、销售利润率与企业同类同期产品（劳务）售价以及同期同行业的平均销售价格、销售利润率进行对比，核实销售价格和销售利润率是否明显偏低，确定企业与其关联方之间的业务往来是否符合独立交易原则。

2. 隐匿收入的检查

（1）对隐匿收入一般情况的检查

第一，将"产成品"、"库存商品"、"材料"等明细账和仓库保管账相核对，落实各种存货的仓库出库凭证、开票时间、数量、金额、去向等，结合"主营业务收入"、"其他业务收入"明细账，查实企业自制半成品、副产品、下脚料等是否有隐匿收入的情况。

第二，核实各种费用的消耗定额、单位成本各项目之间的配比系数，确认某一时期、某一项目的比例关系，对比例异常变动的项目，运用控制计算法等方法，查明是否存在成本、收入均不入账，体外循环的问题。

第三，实地查看，了解实际经营项目，核实与收入明细账中的具体项目是否一致，察看有无"厂中厂"、"店中店"的问题。

第四，突击检查方式，查实是否存在账外经营、私设账簿等隐匿收入的情况。

第五，对往来账户中长期挂账和长期投资中无收益的大额资金等进行追踪检查，必要时在履行必要手续后，可以检查主要经营管理人员存款账户及办理相关的银联金卡、银卡等，查清资金的真实去向，落实资金实际用途，核实有无账外经营问题。

（2）对劳务收入的检查

结合劳务合同、劳务结算凭据等，检查"主营业务收入"、"其他业务收入"、"主营业务成本"、"其他业务成本"等账户，重点审查应收未收的合同或协议价款是否全额结转了当期收入总额。

第一，对从事建筑、安装、装配工程业务或者提供劳务等持续时间超过12个月的，重点审查纳税年度结束时当期劳务收入总额、完工进度，运用测量的已完成工作量，确定已经提供的劳务占应提供劳务总量的比例、已经发生的成本占估计总成本的比例等，确认计入劳务收入金额的准确性。

第二，对实行差额结转劳务收入的，要重点审查扣除劳务项目的金额是否合理，抵扣的凭证是否合法有效。

第三，对已经发生的劳务成本预计能够得到补偿的，检查企业是否按劳务成本金额确认收入，并按相应金额结转劳务成本。

第四，对有大型机械设备的建造承包商，通过实地调查并结合"固定资产"明细账，核实大型机械设备有无对外提供机械作业不确认收入的情况。

（3）对租金收入的检查

第一，对照企业的房产、土地、机器设备等所有权属证明，实地查看，核查企业各种财产的实际使用情况，核实财产是否存在出租出借现象。有租赁行为的，通过对合同协议的检查，掌握企业对外租赁业务的真实情况，检查企业对外租赁业务的会计处理是否真实、完整。

第二，审查期间费用等账户有关财产租赁费用支出单据，核实企业租入资产的实际使用情况，落实有无转租情形。

第三，对出租包装物的检查，要结合销售合同和账面记载出租包装物的流向，通过实地盘存法，核对出租包装物进销存情况，确认出租包装物核算是否正确。如某公司将临街一楼

8 间房，共 326 平方米全部对外出租，"其他业务收入"账户记载租赁收入 77500 元。稽查人员通过到租赁方核实相关合同和资金支付单据，发现该公司租赁收入应为 154800 元，少计租赁收入 77300 元。

（4）对特许权使用费收入的检查

通过检查专利权、非专利技术、商标权、著作权转让合同，确定企业特许权使用费转让的金额、结算方式、结算时间等内容。检查"其他业务收入"、"其他业务成本"等账户，审核有无隐瞒、截留、挪用特许权使用费收入，以收抵支或直接冲减成本的情况。必要时到权属证书的发放部门调查取证，查实商标权等权利的许可使用情况。

（5）对接受捐赠收入的检查

第一，检查捐赠业务往来科目明细账及记账原始凭据，审查企业是否存在将接受的捐赠收入长期挂往来账户未结转损益的问题，结合资产的增减变动，重点审查企业是否存在取得捐赠不入账的情况。

第二，检查"营业外收入"、"资本公积"明细账，查验有无接受非货币性捐赠的情况，落实取得的非货币性收入的计价依据，与同类物品的公允价格进行对比，对其差价进行纳税调整。

第三，到权属证书的发放部门调查取证，查实商标权、车辆等权属变化是否有捐赠情况。

第四，检查"管理费用"、"销售费用"等账户，对比费用的前后期支出变动，核实有无支出异常情况，查实是否有接受捐赠的非货币性资产。如汽油费用突然增加，则企业有可能接受车辆捐赠。

（6）对其他收入的检查

审查"其他应付款——包装物押金"、"营业外收入"、"管理费用"、"销售费用"、"财务费用"等相关账户，特别注意非对应账户间的会计核算，审核合同协议，必要时可到经营业务相关方外调核查，取得企业发生其他收入的证据，对照其账务处理，核实企业有无少计或不计收入以及将收入挂账的问题。

第一，检查"其他应付款"明细账，对长期未支付的大额款项进行调查，确实无法偿付的要计入收入。

第二，检查"其他应付款——包装物押金"明细账中包装物押金的收取情况，对照企业合同协议有关包装物押金处理的约定，核实是否存在逾期未退押金未确认收入的情况。

第三，检查"坏账准备"和往来类账户，与坏账损失审批表相对照，核实已确认并转销的应收款项以后又收回是否进行了正确账务处理。

3. 实现收入入账不及时的检查

（1）纳税人延迟收入时限的检查

第一，检查企业往来类、资本类等账户，对长期挂账不作处理的账项进行重点核实，检查是否存在收入记入往来账，不及时确认收入的情况。

第二，对季末、年末收入发生骤减的企业，采取盘存法核实企业存货进销存的实际情况，结合货币资金增减的时间，确认有无延迟收入入账时间的问题。

第三，结合成本类账户，通过收入与成本配比性的检查，对长期挂往来科目预收性质的收入逐项核实，并通过审阅合同或协议，按照结算方式查实有无未及时确认收入的问题。

（2）劳务收入的检查

通过纳税人提供的劳务经济合同，核实劳务的内容、形式、时间、金额，结合"主营业务收入"、"其他业务收入"、"预收账款"等账户贷方发生额，与企业所得税纳税申报表进行核对，核实是否存在合同中约定的各明细项目未确认收入的情况。结合"工程施工"、"劳务成本"等账户，通过劳务收入与劳务成本配比性的检查，对长期挂往来科目预收性质的劳务收入逐项核实，并通过审阅劳务合同或协议，按照结算方式审查劳务收入，看是否存在应确认未确认的劳务收入。对餐饮、娱乐、建筑等现金收支比较大的企业，检查时要组织稽查人员同时控制住各个收银台、财务室、仓库等经营处、管理场所。查找销售日报表、营业额记录簿、"水单"、"账单"、签单簿、押金结算簿、已使用票据、各类合同等，核实企业入账不及时的问题。

（3）股息、利息收入检查

检查"交易性金融资产"、"持有到期投资"、"可供出售金融资产"、"长期股权投资"等借方发生额及上年借方余额，如未体现投资收益的应检查"其他应付款"、"应付账款"等往来账户，核实纳税人是否将投资收益挂往来账，必要时到对方单位调查取证。

通过"长期股权投资"账户查实纳税人在境外投资情况，结合"投资收益"核实利润分配情况。发现疑点的可通过国际税务部门的情报交换，查实企业是否存在因合理的经营需要而对利润不作分配或者减少分配的情况，对上述利润中应归属于该居民企业的部分，应当计入该居民企业的当期收入。

4. 视同销售行为的检查

实地观察或询问纳税人货物、财产、劳务的用途，结合纳税人的合同类资料和收入、成本类账簿，核实有无视同销售的行为。

（1）检查"产成品"、"库存商品"的发出，对应"在建工程"、"应付职工薪酬"等账户，核实有无将企业的产品、商品用于基本建设、专项工程、职工福利等未作视同销售处理。

（2）检查"产成品"、"库存商品"、"生产成本"，对应"管理费用"、"应付职工薪酬"、"其他应付款"等账户，核实企业有无将自产产品用于管理部门、非生产机构、集资、广告、赞助、样品、职工奖励等未作视同销售处理。

（3）检查"产成品"、"库存商品"、"原材料"、"固定资产"、"无形资产"、"生产成本"等账户金额的减少，对应"短期投资"、"长期股权投资"、"其他应付款"、"营业外支出"等账户，核实企业有无用非货币性资产对外投资、偿债或对外捐赠等未作视同销售处理。

（4）对房地产开发企业除应将开发产品用于对外投资、职工福利、偿债或对外捐赠业务按规定视同销售外，还要重点检查开发产品结转去向，确定有无将开发产品转作固定资产或分配给股东或投资人，或换取其他单位和个人非货币性资产的行为。如果有结转"固定资产"、"应付股利"、"原材料"等非货币性资产项目，也应按规定视同销售。

（5）检查企业有无整体资产转让、整体资产置换、合并、分立业务，判断其是否属于应税重组，是否存在应确认未确认的资产转让所得或损失。

5. 销售货物税务处理的检查

（1）检查"主营业务收入"、"其他业务收入"明细账及纳税资料，确认账面应税收入的及时性、真实性。通过核对企业当期各种货物销售发票开具情况、增值税纳税申报、货物销售合同、应付账款、预收账款等货物销售资料，查实企业销售货物结转销售收入的及时性，对已确认销售实现长期挂往来账户的收入和采用分期收款销售方式以及按合同协议应收未收的价款，应计入收入总额。

对销售收入的检查还应结合企业生产经营状况、市场营销特点、销售方式等，对企业不同时期销售收入存在的异常变动情况进行审核，查明变动原因，对审查确认未足额结转的销售收入，应调增收入总额。通过同期销售货物单位价格比对分析，审核企业销售产品销售价格，对价格明显偏低而无正当理由的，应按规定的程序和方法重新调整应税收入额。审查"主营业务收入"、"其他业务收入"明细账的借方发生额或贷方发生额的红字冲销数，如摘要栏是销货退回和销售折让、折扣等，应进一步查阅原始凭证，核实其退回或折让手续是否齐全，是否存在假退货、假折让，或者是用销货回扣冲减销售额的情况。

（2）检查"库存商品"明细账的对应账户，如为现收或银收的收款凭证，属于销售货物后直接冲减了存货，应调增应税收入额。检查"库存商品"明细账贷方摘要栏，如不是"结转销售成本"等字样，应进一步检查记账凭证，核实对应账户；如对应账户不是"主营业务成本"、"发出商品"等账户，而是"原材料"、"应付股利"及往来账或货币资金账等账户，一般为产品兑换材料、用产品分配利润、偿还账款，或将产品销售收入挂在往来账上，或将产品销售收入直接冲减"库存商品"账，而不按规定记销售账，应进一步审查原始凭证予以核实后，调增应税收入额。"库存商品"明细账贷方摘要栏，如是"结转销售成本"字样，经核实记账凭证其对应账户也是"主营业务成本"科目，应审查所附的结转销售成本的"销售汇总表"或计算成本的其他原始凭证汇总的销售数量，并检查或者抽查产品出库单，核实产品的领用部门，看有无将非销售的产品成本也作为销售产品结转了成本。同时，将两账户贷方登记的发出数量与各销售明细账贷方登记的销售数量核对，如前者明显大于后者，除应核实销售发出数量外，还应注意检查货币资金和往来账，核实有无隐瞒销售收入的问题。

（3）检查"发出商品"明细账。检查其借方发生额，审查会计凭证及销货合同或协议，核实结算方式和收款时间；同时检查该账户贷方发生额，以及"主营业务收入"相关明细账，核实在规定的收款期是否在结转产品销售成本的同时，及时、足额地确认销售收入。

（4）检查"原材料"明细账。检查其贷方对应账户，如不是"生产成本"、"制造费用"、"管理费用"、"销售费用"，而是货币资金或往来账户，一般属于销售材料未计销售收入，核实后应予调整。

第三节　企业扣除项目的检查

一、成本的检查

（一）政策依据

《企业所得税法》第八条所称成本，是指企业在生产经营活动中发生的销售成本、销货成本、业务支出以及其他耗费。企业使用或者销售存货，按照规定计算的存货成本，准予在计算应纳税所得额时扣除。企业发生的职工福利费支出，不超过工资薪金总额 14%的部分，准予扣除。

（二）常见涉税问题

1. 利用虚开发票或人工费等虚增成本。

2. 资本性支出一次计入成本。

3. 将基建、福利等部门耗用的料、工、费直接计入生产成本等，以及将对外投资发出的货物直接计入成本、费用等。

4. 擅自改变成本计价方法，调节利润。

5. 收入和成本、费用不配比。

6. 原材料计量、收入、发出和结存存在问题。

7. 周转材料不按规定的摊销方法核算摊销额，多计生产成本费用。

8. 成本分配不正确。

9. 人工费用的核算不准确。

10. 销售成本中存在的问题：（1）虚计销售数量，多转销售成本；（2）销货退回只冲减销售收入，不冲减销售成本；（3）为本企业基建、福利部门及赠送、对外投资发出的货物计入销售成本。

（三）主要检查方法

成本费用税前扣除正确与否直接关系到企业所得税计税所得额的准确性。企业成本的检查应先从利润表入手，主要分析"主营业务成本"项目，计算"主营业务成本率"、"主营业务成本增减变化率"、"同行业成本率对比率"三个指标，对企业的主要业务成本增减变化情况与同行业同一指标的平均水平进行对比，从中发现疑点。通过对会计报表的分析和相关财务指标比对，进一步审核分析现金流量表中的"购买商品、接受劳务支付的现金"与资产负债表中的"存货"、"应付账款"等项目，对没有支付现金但已列入成本的存货应向前延伸检查其购货合同协议、购货发票、装运及入库凭证来证实其真实性。实际检查过程中要紧密结合企业会计报表中异常的数据变化，把握成本费用的三个关键点：第一，成本费用包含的范围、金额是否准确，成本费用的划分原则应用是否得当；第二，分析各成本费用占主营业务收入百分比和成本费用结构是否合理，对不合理的要查明原因；第三，分析成本费用各个项目增减变动的情况，判断主营业务成本的真实合法性，排查税前扣除项目存在的疑点，确定检查主营业务成本的突破点。

1. 利用虚开发票或人工费等虚增成本的检查

检查"原材料"、"库存商品"、"包装物"、"低值易耗品"、"制造费用"等账户借方发生额，核对计入存货成本的运输费、装卸费、途中合理损耗、直接人工费等相关费用发票，利用发票各项内容之间的逻辑关系进行对比分析，确认发票的真实性、合法性。具体鉴别方法：（1）鉴别发票的有效性[①]。（2）鉴别发票的真实性。审查发票的笔迹，看发票台照、日期、品名、数量、单价、大小写金额的字迹、笔体、笔画的压痕是否一致；有无用药剂退色，用橡皮擦等涂改痕迹。查看复写的字迹颜色是否相同，字迹是否位移，发票报销联的台照、时间、数量、单价、金额是否填写齐全。对有疑点的发票，一要调查购货付款单位的发票报销联与开票单位（发货单位）的发票存根联、记账联、现金日记账、银行存款日记账、实物明细账上记载的物品名称、数量、单价、金额、劳务具体项目是否相符；二要调查发票入账后

---

① 发票在不同时期有不同的发票版式，如发现使用逾期旧版发票报销，应对照所报销发票的版次、纸质、水纹痕、时间、号码、公章等，查明是否存在使用废弃发票或假发票报销等弄虚作假的问题。

实物的去向。

2. 资本性支出一次计入成本的检查

检查"原材料"、"低值易耗品"等资产类明细账，结合发票记载的品名、数量、金额，确定有无将购入的固定资产采用分次付款、分次开票的形式记入存货类资产账，或以零部件名义把固定资产化整为零，作为低值易耗品、外购半成品、修理用备件入账，于领用时一次或分次计入生产成本、费用，造成提前税前扣除。

3. 基建、福利等部门耗用的料、工、费，直接计入成本、费用或对外投资发出的货物直接计入成本、费用的检查

审阅辅助生产明细账、材料明细账、产成品明细账等，查看各明细账户记录是否异常。有疑点的，应结合领料单和出库单及相关的发票单据，进行追踪检查，确定有无基建、福利部门和对外投资耗用货物计入生产成本的问题。

4. 擅自改变成本计价方法，调节利润的检查

检查"原材料"、"生产成本"、"产成品"、"库存商品"等明细账和有关凭证、成本计算单，对照确认各期相关的成本计算方法是否一致。核实有无随意改变成本计价方法，通过成本调节利润的问题。

5. 收入和成本、费用不配比的检查

收集企业近年来电子征管资料、企业财务决算资料等，分析比较财务报表中的收入、成本费用相关数据，通过"主营业务成本率"、"主营业务成本变化率"、"同业成本率对比率"指标，将企业主营业务成本增减变化情况，与同行业企业同一指标的平均值进行对比分析，从中查找异常，检查销售（营业）成本与销售（营业）收入是否匹配。主要检查内容：（1）纳税人是否按照会计制度的规定正确核算主营业务成本和其他业务成本；（2）纳税人主营业务成本和其他业务支出的会计处理与税法之间是否存在差异，如果存在差异，是否进行纳税调整；（3）检查"主营业务成本"和"其他业务成本"中的具体产品或劳务的名称，如有无将甲产品（劳务）成本按乙产品（劳务）成本结转的情况；（4）检查"主营业务收入"、"主营业务成本"结转时间是否一致。

6. 原材料计量、收入、发出和结存的检查

（1）原材料计量的检查

检查"原材料"原始凭证中"供应单位"、"买价"、"运杂费"等项目的数字及说明，核实凭证是否真实、合法，实物数量计算是否正确，途中损耗是否在合理范围内。

（2）原材料收入的检查

①检查"原材料"明细账的借方发生额，对于购入相同类别的材料单价差别较大的，应核对原始凭证和有关对应账户，查实有无虚增材料成本或将材料成本计入期间费用等问题。

②检查明细账中"供应单位"、"买价"、"运杂费"、"合计"等项目的数字及说明，审核记账凭证与原始凭证是否相符，核实原始凭证是否齐全、真实、合法；供应单位是外地的，应检查运杂费等采购费用的原始凭证，有无将采购费用直接计入当期成本、费用或期间费用的问题。

③检查"原材料"和"材料成本差异"账户，核实差异率的计算是否正确，是否按规定结转材料成本差异额。核实月末估价入账的材料，是否按规定办理调整，材料成本差异的计算和结转是否正确等。

④检查"原材料"明细账，有无将购入固定资产及在建工程的专项物资运杂费、包装费、购入原材料运输途中发生的超定额损耗和短缺损失，挤入材料成本。

⑤将"原材料"明细账借方发生额与"应付账款"核对，对采取估价入账的材料，应审核企业估价入账后，有无不用红字冲销原账，收到结算凭证时又重复入账，造成虚增材料成本或以高于实际成本的计划价格估计入账，收到结算凭证后不按实际成本调账的问题。

⑥检查"委托加工物资"明细账借方发生额，与委托加工合同、有关材料账户和支付加工费用结算凭证进行核对，如"委托加工物资"账户借方发生的成本费用项目不全，或其金额小于实际发生的成本费用，应核实有无将其加工费和运杂费直接计入生产成本费用或期间费用的问题。

（3）原材料发出的检查

①发出材料计价的检查

第一，按实际成本计价的检查。

➤ 对采用先进先出法核算发料成本的检查。应重点审查"原材料"明细账，其结存数量与单价是否对应。一般情况下某种材料月末结存数量等于或小于最后一批购进数量时，结存单价应与最后一批购进的单价相同。如果月末结存数量大于最后一批购进数量的，采用按结存数量往上倒推的方法进行检查，结存单价应考虑倒数第一批、第二批以及多批进料单价因素，核实是否存在多转发出材料成本的问题。

➤ 对采用加权平均法核算发料成本的检查。应重点审查"原材料"明细账各月末的结存栏单价与发出栏单价是否一致，与收入栏单价是否接近，月与月之间有无异常变化。如有明显异常情况，可按加权平均法的要求进行复算，核实有无多转发出材料成本的问题。检查时，还要注意企业采用哪种加权平均方法，复算时不能随意改变方法。

➤ 对采用个别计价法核算发料成本的检查。检查时，应根据"原材料"明细账每次发出的材料与购进该批材料的供应地点、单位、质量、规格、单价等，对号入座进行认定，如果不相符，必然错用不同批次的进价，应核实计算有无多转发出材料成本的情况。

第二，按计划成本计价的检查。

➤ 材料成本差异发生额的检查。检查"材料成本差异"账户借方发生额，如有不属于材料成本的项目，应予剔除；检查分配前的贷方发生额，逐项与其对应账户及有关凭证进行核对，如有将材料、在产品和库存商品的盘盈，收回无主账款，材料销售利润等不属于材料成本差异的内容记入该账户的，核实后调整利润。

➤ 材料成本差异率计算的检查。首先对"材料成本差异"账户各月分配前的借方、贷方发生额进行检查，剔除不属于差异额的部分，然后按照规定的计算公式计算出正确的差异率，再与企业已结转的发出材料成本差异率进行对比，查明有无提高或降低差异率而多转或少转成本差异的情况。

➤ 分配差异额的检查。在核实成本差异率的基础上，计算出多转或少转的成本差异额，然后将"材料成本差异"贷方分摊额与其对应账户和"原材料"明细账贷方发生额核对，注意有无将超支差异全部转入生产成本，将节约差异全部留在账户内的问题，有无视产品成本和利润的高低随意分配差异额的问题，有无非生产领用的材料不分配或少分配差异额的问题。

②发出材料数量的检查

第一，为了审查计入生产成本中材料耗用数量是否真实，一般的检查程序是先根据企业提供的有关成本定额和成本报表资料，采用适当的分析方法，对企业的成本报表资料进行测算，从中发现线索和疑点；再进一步核对有关账证资料，并到生产车间、仓库等实地进行调查，核实生产领用材料数量。

第二，分析生产耗用数量，可采用下列方法：

➤　单位产品耗料数量分析法。以本期单位产品实际耗料数量与定额耗用数量对比，或与上期单位实际耗用数量对比，或者与行业平均水平相对比，分析其实际耗用数量是否正常。

➤　应耗材料分析法。按产品消耗定额计算的应耗材料数量，与实际耗用数量对比，分析计入产品成本的材料数量是否正常。

➤　投入产出分析法。按产品本期实耗材料总量，依据单位产品消耗定额，测算产出产品数量，再与实际产出产品数量对比，分析是否正常。

第三，审查生产耗用材料数量的账证。对企业计入生产成本的材料数量出入很大的，应进一步审查有关账证资料，深入车间和仓库调查核实。具体做法是：首先，检查"原材料"明细账，分析主要或大宗材料（半成品），将"发出材料汇总表"与"领料单"、"退料单"进行核对，核实发料数量和金额是否相符；再与"生产耗料分配表"进行核对，核实总数量和总金额是否一致。其次，审查"领料单"的用途、请领数量和实发数量等内容，并将其汇总，与"生产耗料分配表"进行核对，核实有无将在建工程及其他非生产领料混入生产用料，有无将请领数误按实领数计入生产用料，有无涂改领料数字，加大生产耗料等问题。再次，核实有无领发料不计量或计量不准确，以及以领代耗或以购代耗、在车间存放账外材料的问题。最后，抽查盘点主要库存材料，再采用"以存挤耗"方法倒挤耗用数量，核实多计生产耗料的情况。

③发出材料用途的检查

主要检查企业基本建设、专项工程以及职工福利等非生产领用的材料，有无将不应作为生产成本、费用的材料领用计入生产成本、费用中。

④多转发出材料成本计税金额的认定

对查出的采取提高发出材料单价、多计耗用材料数量、提高发出材料的成本差异率等手段，多转生产耗用材料成本的企业，不能直接调增利润补缴所得税。检查确认多计生产成本中材料成本的，应根据企业当期实际投入产出率以及产销比例，计算对当期销售成本的影响，最终确定应调整的所得额。同时，应相应调整材料、在产品、产成品的期末余额。

（4）原材料结存的检查

①材料库存数量的检查。一般采用账盘和实盘两种检查方法，将盘点的数量与账存数量相核对，如出现账实不符，属于材料先到未估价入账或借入、借出没有进行账务处理的，应予调整；属于盘盈或盘亏的，应核实具体情况按规定处理；属于多转或不转材料成本的，应调增调减有关成本。

②账面红字余额的检查。

➤　材料明细账期末余额有时会出现红字数量或红字金额等现象，其原因是多方面的，应将材料明细账与仓库实物的账、表进行核对，或通过盘点核实原因，并分别情况进行处理。

➤　账面结存数量和金额都为红字，在检查库存数量的基础上，对凡不属于因借入材料或货到票未到而发生领用的原因等所致，而是属于多转发出材料成本造成的，计算和确认多转材料成本，并视实际情况调整成本或利润。

➤ 账面结存数量是红字，金额是蓝字，要视不同原因分别处理。若库存已无实物，则说明以往发料计价偏低而少转材料成本，应将蓝字金额调增生产成本。如果调整金额很大，应还原以前各期的生产成本、产成品成本、销售成本，直至检查期，最终确认调整的所得额。如果库存还有实物，经盘点后，按正确单价计算出实存材料金额，再与账存金额比较，小于账面余额的差额部分，如果调整金额很大，应还原以前各期的生产成本、产成品成本、销售成本，直至检查期，调增生产成本；大于账面余额的，应将其差额调减生产成本或调增利润。

➤ 账面结存数量是蓝字，金额是红字，一般是由提高发出材料的单价、多转成本造成的，计算多转材料成本，并视其情况调整成本或利润。

③材料盘盈、盘亏和毁损处理的检查。检查"待处理财产损溢——待处理流动资产损溢"账户与"材料盘点表"及"材料盈亏报告表"，看其数量和金额是否相符，有无压低盘盈价格和提高盘亏价格的问题；再进一步查对有关批准文件，看有无只将批准核销盘亏的材料作了账务处理，而将批准核销盘盈的材料长期挂在"待处理财产损溢"账户上不作处理的问题；有无未报经税务机关批准，擅自将非正常的盘亏和毁损金额计入费用或营业外支出的问题；有无将盘点结果盈亏相抵后，在上报税务机关审批的情况下，导致部分坏账和流动资产盘亏损失未经批准就在税前列支的问题；有无将保险理赔收入长期挂在"其他应付款"等账户中，未核销"待处理流动资产损溢"的问题。

7. 周转材料的检查

检查"周转材料——低值易耗品（包装物）"明细账贷方发生额，核实低值易耗品摊销和报废的处理是否正确。

➤ 对采用一次摊销法的，参照对"原材料"账户贷方发生额的检查方法进行检查。

➤ 对采用分次摊销法的，应检查"周转材料——低值易耗品（包装物）"明细账的贷方及其对应的"制造费用"、"管理费用"、"财务费用"、"销售费用"等账户，根据所领用低值易耗品的预计使用期限，核实有无提前摊销的问题。

➤ 对采用五五摊销法的企业，应将"周转材料——在库低值易耗品（包装物）"明细账贷方发生额与"周转材料——低值易耗品（包装物）摊销"明细账的贷方发生额相核对，如领用当月的摊销额与在库低值易耗品（包装物）贷方发生额相等，说明提前一次摊入到成本、费用中，如摊销总额大于在库低值易耗品（包装物）贷方发生额，应进一步查有关凭证，核实有无领用时一次全部摊销，报废时又重复摊销，造成多计成本费用的问题。

➤ 对采用计划成本核算的，应将"材料成本差异"明细账贷方发生额与"制造费用"、"管理费用"、"财务费用"、"销售费用"、"其他业务成本"等明细账借方金额和"材料成本差异分配表"进行核对，核实差异率计算是否正确，有无多摊超支差、不分摊节约差的问题。

8. 产成品的检查

（1）在产品成本计算的检查

核实期末在产品成本是否正确是检查产成品的前提条件。检查时应根据企业采用的不同核算方法分别进行检查。①将"产品成本计算单"和"产品入库单"与"库存商品"明细账的收入数进行核对，看完工产量与入库数量是否相符；②将"生产成本"明细账与仓库"库存商品保管账"收入数进行核对，看本期实际产量是否一致；③将生产车间的产量记录与产品收入凭证进行核对，看是否相符；④根据投入产出法计算应产出产品数量，并与入库、入账产品数量进行核对，看是否相符。通过以上核对分析，核实企业有无虚报产量，将半成品、废品冒充库存商品顶库，或将已完工产品用于在建工程等非销售不计产量等问题。

（2）完工产品成本计算的检查

产品成本的计算，是将期初在产品成本加上本期发生的各项生产费用相加，然后采用一定的分配方法在完工产品与期末在产品之间进行划分，以计算出完工产品的总成本和单位成本。因此，在审查核实期末在产品的基础上，还应对生产费用分配计入完工产品的正确性进行检查，主要应检查以下两方面：

①完工产品产量

首先，将"产品成本计算单"、"产品入库单"与"库存商品"明细账的收入数进行核对，看完工产量与入库数量是否相符。其次，将"生产成本"明细账与仓库"库存商品保管账"收入数进行核对，看本期实际产量是否一致。再次，将生产车间的产量记录与产品收入凭证进行核对，看是否相符。最后，根据投入产出法计算应产出产品数量，并与入库、入账产品数量进行核对，看是否相符。通过以上核对分析，核实企业是否存在已经完工的产品但未销售部分不计算产量，本厂基建、专项工程、福利部门领用的产品不计产量，发出检验品、展览品、样品以及赠送品等不计产量等问题。

②完工产品成本分配方法

完工产品的成本的分配，由于在产品成本的核算方法不同而有差异，检查时的侧重点也各不相同。

第一，对不计算在产品成本，本期发生的生产成本全部由完工产品负担的检查。检查各月份之间在产品数量是否均衡，有无突升突降的变化，或在产品实际结存量过大，而不按成本核算的要求，合理保持在产品成本，导致抬高完工产品成本，影响销售利润的问题。

第二，完工产品与在产品按相同比例分配生产费用的检查。按相同比例分配生产费用的方法，只适用于各月月末在产品已接近完工，或产品已生产完工，但尚未验收入库的情况。对此，应深入车间审查在产品的加工程度，对不属于接近完工，尚须下月继续加工，而企业按完工产品分配费用的在产品，因其会造成库存商品及在产品成本不实，影响销售利润，应予调整。

第三，扣除在产品定额成本，确定完工产品成本的检查。扣除在产品定额成本的方法，只适用于制定在产品各项消耗定额比较准确的企业。对此，应搜集企业的有关定额资料，审查企业制定的在产品各项定额是否正确、合理，看有无过高或过低的问题；有无在月份之间故意调整在产品定额，从而加大或减少完工产品成本的情况。

第四，按产品产量和在产品约当量分配费用的检查。按产量和约当量分配费用的方法，适用于在产品数量较多，各月在产品结存量变化较大，且各项目费用在成本中占有较大比重的情况。对此，应检查成本计算资料，重点审查完工产品和在产品数量是否真实，材料投入方式的确定是否正确；确定各工序在产品的完工率是否符合实际等。

第五，对按计划成本确定完工产品成本的检查。按计划成本确定完工产品成本的方法，只适用于"分批成本计算法"中产品跨月完工先出厂销售部分，按计划成本计算销售成本的情况。对此，应检查"生产成本"及"库存商品"账户，审查结转出厂的库存商品成本是否过高，而造成账面留存的在产品成本很低，甚至出现红字的问题；审查有无对出厂部分用计划成本计算，于产品全部完工后不合并计算库存商品成本的问题；审查有无对不属于"分批成本计算法"的产品，采用计划成本确定完工产品成本，造成产品成本不实等问题。

（3）成本计算方法的检查

企业根据生产特点和成本管理要求，选用品种法、分步法、分批法、定额法等不同的成本计算方法核算成本。对成本计算方法，要检查以下两个方面：①企业在一个年度内有无随意变动成本计算方法的情况，改变成本计算方法的，是否报税务机关备案；②企业制定和执行的各种定额是否正确，有无多年不变而脱离实际费用的问题。

（4）多转完工产品成本纳税调整金额的确认

对查出的多转完工产品成本，不能直接调增当期利润和应纳税所得额，与多转发出材料成本一样，亦应视其对利润的影响程度而定。如确知该批产品已全部销售，且多转完工产品成本对以后各期完工产品成本和销售成本影响不大，可全额调增应纳税所得额；如确知该批产品未销售，不影响当期利润，只调整生产成本与库存商品余额；如前两种情况都不易确定，应按以下方法调整利润及库存商品金额：

分摊率＝多转完工产品成本÷（库存商品期末余额＋本期销售产品成本）×100%

应调增应纳税所得额＝本期已销产品成本×分摊率

9. 人工费用的检查

对税前扣除的人工费，主要检查"应付职工薪酬"明细账户及其对应账户，审核记账凭证和原始凭证，可按以下步骤进行：

（1）核实从业职工人数，结合企业生产经营情况及生产规模，通过审核企业人力资源部门的劳动用工合同、员工名册、养老保险等社会保险的缴纳凭据资料，确认企业职工实际从业人数，核实有无虚列从业人员、虚列工资支出的问题。

（2）通过"制造费用"、"银行存款"等科目，审查企业支付的补充养老保险费、补充医疗保险费、特殊工种人身安全保险费以及住房公积金是否符合规定的范围、标准和缴存渠道，是否在成本、费用中列支为职工办理的国务院财政、税务主管部门规定以外的各种商业保险费用。同时核对职工基本养老保险、基本医疗保险等基本社会保险缴存比例、标准、金额，是否有扩大成本的问题。

（3）对职工福利费、工会经费、职工教育经费及应由企业负担的职工住房公积金进行检查。①检查"应付职工薪酬"科目列支的实际发生职工福利费、职工教育经费、拨缴的工会经费以及实际缴存的住房公积金，是否按规定比例计算金额，借方发生额是否符合列支范围，有无列支其他无关支出的情况。②检查在期间费用中列支福利费、工会经费、职工教育经费及应由企业负担缴存的住房公积金，核实企业是否在费用明细科目之外列支相关开支，申报表中填列归集的开支是否完整。

（4）对应"生产成本"、"管理费用"、"销售费用"、"在建工程"等明细账户，检查"应付职工薪酬"中"非货币性福利"、"辞退福利"及"股份支付"等二级账户，结合人力资源部门统计的在职和辞退人员人数，检查企业是否将发放给在职基建、福利部门人员的非货币性福利全部计入当期成本费用，或将本企业产品用于职工福利只计入期间费用而未计或少计收入。对于有股份支付业务的企业，要结合董事会决议和备查簿中的"库存股份"，审查股份支付时的时间、价格，核实有无价差，是否存在将应由所有者权益列支的差价计入成本费用的现象。

10. 销售成本的检查

（1）销售数量的检查

将"主营业务成本"明细账销售数量明细数，与"产成品"、"库存商品"明细账结转销售成本的数量核对，并与仓库保管账收、发、存数量相核对，检查是否虚计销售数量，多转主营业务成本，必要时可到对方单位外调取证。

（2）销售成本金额的检查

检查"主营业务成本"明细账借方发生额及其对应账户"库存商品"明细账贷方结转的销售成本，核实有无计价不正确或有意改变计价方法，造成多转销售成本的问题。

（3）销货退回营业成本的检查

检查"主营业务收入"、"库存商品"等明细账，对用红字冲减销售收入的销货退回业务，应与"主营业务成本"明细账核对，结合原始凭证，核实销售退回业务有无冲减收入不冲减销售成本的问题。对发生销货退回的，要核实退回实物数量，并将"库存商品"等明细账贷方结转成本金额与"主营业务成本"明细账核对，以核实企业在作销货退回账务处理时，是否错误冲减了销售成本。

（4）在建工程领用产品结转成本的检查

检查"库存商品"、"产成品"等明细账贷方发生额，与其对应账户核对，并通过审查出库单，核实有无将在建工程等非销售领用产品所应负担的成本计入"主营业务成本"，从而减少销售利润的问题。

例 1

某稽查局对某企业进行检查，发现该企业明细账"材料成本差异"账户所列各类材料年末全是贷方余额，且总额较大。这一不合常规的现象引起了稽查人员的注意。因为"材料成本差异"账户是实行计划价格核算的企业"原材料"账户的备抵调整账户，起着将"原材料"计划成本调整为实际成本的重要作用，通常情况下，不可能全是贷方余额。稽查人员认真核对了明细账和总账，发现总账"材料成本差异"账户年初借方余额为 857431.31 元，年末贷方余额达 5241523.23 元，而"原材料"账户年末借方余额为 24112 元。相差如此悬殊，是否存在不分配"材料成本差异"节约差异、虚列成本、隐瞒利润、少缴企业所得税的行为？根据上述疑点，稽查人员将原材料、材料成本差异、材料成本差异率及分摊额逐笔核对。计算出材料成本综合差异率为-6.83%，该单位当年共耗用原材料 228187450.11 元，所以应分摊材料成本节约差异 15585202.84 元，而该单位实际分摊节约差异 10500256.68 元，少分摊节约差异 5084946.16 元。少分摊的节约差异还应在生产成本、产成品及已销产品成本中分摊。经核实，已销产品成本为 244873591.05 元，应分摊节约差异 3428230.27 元。

二、费用的检查

（一）政策依据

1.《企业所得税法》第八条所称费用，是指企业在生产经营活动中发生的销售费用、管理费用和财务费用，已经计入成本的有关费用除外。

2. 拨缴的工会经费，不超过工资薪金总额2%的部分，准予扣除。

3. 除国务院财政、税务主管部门另有规定外，企业发生的职工教育经费支出，不超过工资薪金总额 2.5%的部分，准予扣除；超过部分，准予在以后纳税年度结转扣除。

4. 发生的与生产经营活动有关的业务招待费支出，按照发生额的 60%扣除，但最高不得超过当年销售（营业）收入的 5‰。

5. 发生的符合条件的广告费和业务宣传费支出，除国务院财政、税务主管部门另有规定外，不超过当年销售（营业）收入 15%的部分，准予扣除；超过部分，准予在以后纳税年度结转扣除。

6. 企业依照法律、行政法规有关规定提取的用于环境保护、生态恢复等方面的专项资金，准予扣除。上述专项资金提取后改变用途的，不得扣除。

7. 根据生产经营活动的需要租入固定资产支付的租赁费，以经营租赁方式租入固定资产发生的租赁费支出，按照租赁期限均匀扣除。

8. 企业之间支付的管理费、企业内营业机构之间支付的租金和特许权使用费，以及非银行企业内营业机构之间支付的利息，不得扣除。

9. 非居民企业在中国境内设立的机构、场所，就其中国境外总机构发生的与该机构、场所生产经营有关的费用，能够提供总机构出具的费用汇集范围、定额、分配依据和方法等证明文件，并合理分摊的，准予扣除。

10. 企业在生产经营活动中发生的合理的不需要资本化的借款费用，准予扣除。

11. 在生产经营活动中发生的下列利息支出，准予扣除：（1）非金融企业向金融企业借款的利息支出、金融企业的各项存款利息支出和同业拆借利息支出、企业经批准发行债券的利息支出；（2）非金融企业向非金融企业借款的利息支出，不超过按照金融企业同期同类贷款利率计算的数额的部分。

12. 企业从其关联方接受的债权性投资与权益性投资的比例超过规定标准而发生的利息支出，不得在计算应纳税所得额时扣除。

（二）常见涉税问题

1. 费用界限划分不清

（1）资本性支出与费用性支出的界限划分不清。

（2）一项支出在成本和费用中重复列支。

（3）有扣除标准和无扣除标准费用的界限划分不清。

2. 管理费用的问题

（1）招待费未按税法规定进行纳税调增。

（2）擅自扩大技术开发费用的列支范围，享受税收优惠。

（3）专项基金未按规定提取和使用。

（4）企业之间支付的管理费、企业内营业机构之间支付的租金和特许权使用费进行税前扣除。

3. 销售费用的问题

（1）超列广告费和业务宣传费。

（2）专设销售机构的经费税务处理不正确。

（3）发生的运输及装卸费不真实。

4. 财务费用的问题

（1）贷款使用企业和利息负担企业不一致。

（2）从非金融机构借款利息支出超过按照金融机构同期同类贷款利率计算的数额，未进行纳税调整。

（3）企业从其关联方接受的债权性投资与权益性投资的比例超过规定标准而发生的利息支出，未进行纳税调整。

（4）汇兑损益的税务处理不正确。

（5）非银行企业内营业机构之间支付的利息税前扣除。

（三）主要检查方法

1. 费用界限划分不清的检查

（1）资本性支出与费用性支出的界限划分不清的检查

①重点审查人工费、材料费相关账簿和"无形资产"、"固定资产"、"管理费用"等明细账，审验原始发票、出库、入库单据等，实地检查原材料的使用对象，审查记入费用科目的核算是否正确。检查有无将购入固定资产及在建工程的专项物资的运杂费、包装费计入费用；核实有无将购入的固定资产采用分次付款、分次开票记入材料账户，或以零部件名义把固定资产化整为零，作为低值易耗品、外购半成品、修理用备件入账，于领用时一次或分次计入期间费用。

②检查"财务费用"明细账借方发生额及会计凭证，并将"长期借款"账户贷方发生额与"在建工程"账户借方发生额及相关贷款合同相互核对，核实有无将固定资产竣工决算前或建造期在 12 个月以上，才能达到预定可销售状态的存货发生的利息计入财务费用，检查列入财务费用的资本利息支出是否真实、合理。

（2）一项支出在成本和费用中重复列支的检查

审阅纳税人相关的会计凭证、账簿，成本、费用账户中有无相同和相近金额的支出；检查记账原始凭证，重点是总、分支机构的费用扣除问题，审核原始凭证有无将发票复印件入账等，确认是否存在重复列支费用的问题。

（3）有扣除标准和无扣除标准费用的界限划分不清的检查

结合运用抽查法、全查法，检查大额费用的原始凭证，对不符合营业常规的费用支出，到相关单位调查取证，确定业务发生的真实性，核实是否存在虚列费用，或者有扣除标准和无扣除标准费用混淆列支的问题。

2. 管理费用的检查

（1）招待费用的检查

①对支出的业务招待费用，审核"管理费用——业务招待费"明细账和列入其他费用账户中的招待费发生额，查实招待费核算的明细账户，落实纳税申报时归集是否完整、正确，是否存在少归集招待费的问题。

②对支出的大额会议费、差旅费，核查相应原始凭证，对开票为酒店、餐馆、旅行社等单位的应作为检查重点，可到开票单位检查收入日报表、POS 消费记录及现金日记账等资料，核实企业是否存在以其他支出名义列支招待费用的问题。

③审查"主营业务收入"账户和纳税申报表，核实全年销售收入，依据规定的比例计算业务招待费限额，然后按规定比例计算招待费扣除额，与查实的招待费金额相对比，计算纳税调整额。

（2）技术开发费用的检查

审查技术开发项目开发计划（立项书）和开发费预算，核实技术研发专门机构编制批文和专业人员名单；到生产部门和工艺部门核定是否存在开发新产品、新工艺行为；着重检查研发费用、财务核算的账证是否健全，研究开发费用支出范围是否符合有关政策规定，有无虚计或多计加计扣除金额的问题。

（3）专项基金的检查

对提取专项基金的企业，调查询问企业有关人员，掌握企业的生产特点，查阅提取专项基金的批准文件，核实企业是否存在超比例、超范围计提和列支问题；跟踪检查提取的专项基金使用情况，查清是否存在擅自改变用途等问题。对于改变用途的专项基金，不得扣除。

（4）企业之间支付管理费、企业内营业机构之间支付的租金和特许权使用费业务的检查

检查"管理费用" 等明细账，询问业务人员，落实是否存在企业之间支付的管理费、企业内营业机构之间支付租金和特许权使用费的业务，核实是否进行纳税调整。对在境内设立机构场所的非居民企业还应该检查是否存在擅自扩大计提比例，有无人为调整营业机构之间利润的问题。

3. 销售费用的检查

（1）广告宣传费的检查

审查发生的广告费和业务宣传费的原始凭据，确认支出的真实性和有效性，检查有无将不允许税前列支的费用，借用广告费和业务宣传费的名义税前扣除。审查广告合同载明的金额与期限，掌握企业广告费用的计量情况，检查企业是否将预支的以后年度广告费和业务宣传费支出提前申报扣除。

（2）专设销售机构的检查

检查"销售费用——专设销售机构经费"明细账及其有关记账凭证和原始凭证，运用外调法审核专设销售机构的人员、经费及经营情况的真实性，记载经营业务原始凭证的合法性和有效性，核实有无将应计入生产成本等不属于专设销售部门人员的工资、福利费、办公费、差旅费等计入销售费用开支的问题；有无虚列销售人员提成工资的问题；有无不按规定计提折旧费和低值易耗品摊销，多列支销售费用的问题；有无虚报冒领加大差旅费、办公费和修理费开支，多计入销售费用的问题。

（3）运输费、装卸费等销售费用的检查

检查"销售费用"明细账，对发生的大额运费，要调取销售合同以及销售价格、货款结算等方面资料进行核对，并询问销售、仓库管理等人员，确定真实的销售过程和结算情况，审查是否存在舍近求远、加大运输费用等问题。结合其他运输企业的运费、装卸费收取情况，审查运费、装卸费支出的原始凭证和运费、装卸费支出的价格确定方式，核实是否利用虚假业务增加费用。

4. 财务费用的检查

（1）运用核查法检查"短期借款"、"长期借款"账户，结合每笔贷款的金额、利率、用途、贷款期限和利息支付方式，查清每笔借款资金的流向，核实有无转给其他单位使用并为其负担利息的情况。

（2）检查"财务费用"明细账记录与有关凭证，并与所得税申报资料核对，核实有无将高于金融机构同类、同期利率以上的利息支出计入财务费用的情况，对超过规定列支的利息

支出，是否在纳税申报表中作了调整。

（3）对关联方企业间利息支出的检查。首先，审查企业成立章程等，核实企业资金来源、购销渠道，确定企业间是否在资金、经营、购销等方面存在直接或者间接的控制关系；是否直接或者间接地同为第三者控制；是否在利益上具有相关联的其他关系，以此确认双方企业是否构成关联关系。其次，检查签订的借款合同，明确关联企业投资的性质。最后，检查企业从其关联方接受的债权性投资与权益性投资的比例是否超过规定标准，不超过标准的借款利率是否超过金融机构同类、同期利率。

（4）检查"财务费用"账户，核实企业核算汇兑损益的方法前后期是否一致，汇率使用是否正确，折合成人民币计算的应纳税所得额是否准确。结合对资产税务处理的检查，核查汇兑损益是否计入资本性资产价值。

（5）检查非银行企业内部营业机构的"财务费用"账户，对大额支出的资金流向追踪核实，落实是否属于非银行企业内营业机构之间支付利息。

三、税金的检查

（一）政策规定

《企业所得税法》第八条所称税金，是指企业发生的除企业所得税和允许抵扣的增值税以外的各项税金及其附加。

（二）常见涉税问题

1. 应资本化的税金税前扣除。

2. 将补提补缴的以前年度税金直接税前扣除。

3. 将企业所得税额和应由个人负担的个人所得税额进行了税前扣除。

（三）主要检查方法

1. 检查"固定资产"、"无形资产"明细账，核实新增资产的项目，了解新增过程中发生的相关税金，如车辆购置过程中需要缴纳的车辆购置税，取得土地使用权和购置房地产过程中需要缴纳的耕地占用税、契税，进口的大型设备需缴纳的关税等，结合原始凭证，核实是否计入了该资产的价值。如果资产价值构成中未包含以上税金，则应进一步审核其会计处理，从中落实其是否交纳或直接进行了税前扣除。

2. 运用详查法，对"主营业务税金及附加"、"管理费用"、"其他业务成本"及"以前年度损益调整"所涉及的税金，结合税务处理决定书，审核相关完税凭证，核实企业有无将补提补缴的以前年度税款在本年度进行税前扣除。

3. 检查企业所得税的账务处理，核实计提的所得税金是否直接进行了税前扣除；对企业代扣代缴的个人所得税情况进行全面排查，核实有无将应由个人负担的个人所得税进行税前扣除。

四、损失的检查

（一）政策依据

《企业所得税法》第八条所称损失，是指企业在生产经营活动中发生的固定资产和存货的盘亏、毁损、报废损失，转让财产损失，呆账损失，坏账损失，自然灾害等不可抗力因素造成的损失以及其他损失。

企业发生的损失，减除责任人赔偿和保险赔款后的余额，依照国务院财政、税务主管部门的规定扣除。企业已经作为损失处理的资产，在以后纳税年度又全部收回或者部分收回时，应当计入当期收入。

（二）常见涉税问题

1. 虚列财产损失。

2. 已作损失处理的资产，又部分或全部收回的，未作纳税调整。

（三）主要检查方法

1. 检查财产损失的类型、程度、数量、金额、税前扣除理由和扣除期限是否符合政策规定，有关部门鉴定确认的财产损失证明资料与实际损失是否相符，有无存在虚报财产损失的情况。

2. 对损失的财产账面价值，由于原值、折旧等因素的影响，造成账面净值与按税法规定确认的净值不同所形成的财产损失不一致，从而多扣除的财产损失金额，检查是否作纳税调整。

3. 检查"坏账准备"、"待处理财产损溢"等账户，核实有无已作损失处理，又部分或全部收回的资产，是否只挂账未计入损益。

4. 将"待处理财产损溢——待处理流动资产损溢"账户与"材料盘点表"及"材料盈亏报告表"进行核对，看其数量和金额是否相符，有无压低盘盈材料价格和提高盘亏材料价格的问题；查对有关批准文件，看有无只将批准核销盘亏的材料作了账务处理，而将批准核销盘盈的材料长期挂在"待处理财产损溢"账户。

五、其他支出的检查

（一）政策依据

《企业所得税法》第八条所称其他支出，是指除成本、费用、税金、损失外，企业在生产经营活动中发生的与生产经营活动有关的合理的支出。

公益性捐赠支出在年度利润总额 12% 以内的部分，准予在计算应纳税所得额时扣除。在计算应纳税所得额时，下列支出不得扣除：（1）向投资者支付的股息、红利等权益性投资收益款项；（2）企业所得税税款；（3）税收滞纳金；（4）罚金、罚款和被没收财物的损失；（5）《企业所得税法》第九条规定以外的捐赠支出；（6）赞助支出；（7）未经核定的准备金支出；（8）与取得收入无关的其他支出。

（二）其他业务成本的检查

1. 常见涉税问题

（1）销售材料的成本结转不正确。

（2）出租财产的成本结转不正确。

（3）计提的不符合税法规定的各项准备金未作纳税调整。

2. 主要检查方法

（1）检查"其他业务成本——材料销售"明细账借方发生额，与"原材料"账户贷方发生额及有关凭证进行核对，核实采用的计价方法前后各期是否一致，是否不按规定结转成本，或不按规定分摊材料成本差异。

（2）检查企业计提各项准备金账户准备金计提情况，如果已计提准备金，应进一步核实计提准备金的计提依据、计提比例、批准文件等，核实计提的各项资产减值准备、风险准备等准备金是否符合国务院财政、税务主管部门的规定。

（三）营业外支出的检查

1. 常见涉税问题

（1）不符合条件或超过标准的公益救济性捐赠未作纳税调整。

（2）违法经营的罚款、被没收财物的损失、各项税收的滞纳金、罚金和罚款及各种赞助支出、与收入无关的支出，未作纳税调整。

（3）非正常损失未扣除个人负担或保险公司的赔款。

2. 主要检查方法

（1）全面审核"营业外支出"中的捐赠支出，并与纳税申报表核对，核实各种公益救济性捐赠总额，计算是否超过年度利润总额12%的标准，对超过规定标准的部分是否作了纳税调整；同时核实是否有向受赠人的直接捐赠支出未作纳税调整情况。

（2）审查"营业外支出"明细账各支出项目内容，有无违反财会制度规定，擅自扩大营业外支出范围等情况；与纳税申报表核对，对税法规定不允许税前扣除或超过税收规定范围列支的各项支出，是否在纳税申报表中作了调整。

（3）检查"营业外支出——非流动资产处置损失"明细账，与其对应的"固定资产清理"账户核对，核实有无将出售、报废和毁损固定资产在清理过程中收回的出售价款、变价收入和保险公司或过失人的赔偿，不作抵减支出而转入其他账户的情况；有无只将固定资产清理后的净损失转入营业外支出，而将固定资产清理后的净收益留在账内不及时结转的情况。检查经批准在税前列支的流动资产净损失，在取得保险公司赔偿后，有无冲减营业外支出或转作营业外收入处理，有无长期挂在"其他应付款"中的情况。

第四节 资产税务处理的检查

一、资产税务处理的一般政策规定

除国务院财政、税务主管部门另有规定外，企业在重组过程中，应当在交易发生时确认有关资产的转让所得或者损失，相关资产应当按照交易价格重新确定计税基础。

企业资产包括固定资产、生物资产、无形资产、长期待摊费用、投资资产、存货等，以历史成本为计税基础。企业持有各项资产期间资产增值或者减值，除国务院财政、税务主管部门规定可以确认损益外，不得调整该资产的计税基础。

二、固定资产税务处理的检查

（一）固定资产计税基础的检查

1. 政策依据

固定资产按照以下方法确定计税基础：（1）外购的固定资产，以购买价款和支付的相关税费以及直接归属于使该资产达到预定用途发生的其他支出为计税基础；（2）自行建造的固定资产，以竣工结算前发生的支出为计税基础；（3）融资租入的固定资产，以租赁合同约定的付款总额和承租人在签订租赁合同过程中发生的相关费用为计税基础，租赁合同未约定付款总额的，以该资产的公允价值和承租人在签订租赁合同过程中发生的相关费用为计税基础；（4）盘盈的固定资产，以同类固定资产的重置完全价值为计税基础；（5）通过捐赠、投资、非货币性资产交换、债务重组等方式取得的固定资产，以该资产的公允价值和支付的相关税费为计税基础。

从事开采石油、天然气等矿产资源的企业，在开始商业性生产前发生的费用和有关固定资产的折耗、折旧方法，由国务院财政、税务主管部门另行规定。

2. 常见涉税问题

（1）虚增固定资产计税价值。

（2）属于固定资产计税价值组成范围的支出未予资本化。

3. 主要检查方法

（1）虚增固定资产计税价值的检查

结合固定资产登记簿，对有固定资产增加的要进行详细全面的检查，重点审核固定资产增加的项目组成、合同决算、入账发票、评估或审计报告、资金结算情况等原始资料，必要时到设计、施工建造、监理部门进行调查，确认入账金额的真实性。

（2）属于固定资产计税价值组成范围的支出未予资本化的检查

①结合生产成本、制造费用、期间费用等账户，对一次性列支金额较大的支出应核对发票内容、日期、开票单位与相关合同，落实企业是否将购入、接受捐赠、融资租赁的固定资产的包装费、保险费、运输费、安装费、修理费等计入固定资产计税基础项目；对企业生产成本、制造费用、期间费用等账户的借方明细进行检查，查看大额支出形成的标的物是否达到固定资产标准而未列入固定资产核算，在当期扣除；核对固定资产盘点表，查看盘盈固定资产是否已通过费用科目列支。

②对纳税人自行建造的固定资产，要结合建造合同、工程决算、工程监理报告和工程审计报告书等有关资料，检查"材料"、"费用"、"在建工程"、"营业外支出"和"固定资产"等账户，落实纳税人有无将建造过程中直接发生的材料、人工费等挤入生产成本，落实有无将在建工程发生报废或损毁的净损失直接记入"营业外支出"等账户。

（二）固定资产折旧及处置的检查

1. 政策依据

（1）固定资产按照直线法计算的折旧，准予扣除。企业应当自固定资产投入使用月份的次月起计算折旧；停止使用的固定资产，应当自停止使用月份的次月起停止计算折旧。企业应当根据固定资产的性质和使用情况，合理确定固定资产的预计净残值。固定资产的预计净残值一经确定，不得变更。

（2）在计算应纳税所得额时，企业按照规定计算的固定资产折旧，准予扣除。下列固定资产不得计算折旧扣除：①房屋、建筑物以外未投入使用的固定资产；②以经营租赁方式租入的固定资产；③以融资租赁方式租出的固定资产；④已足额提取折旧仍继续使用的固定资产；⑤与经营活动无关的固定资产；⑥单独估价作为固定资产入账的土地；⑦其他不得计算折旧扣除的固定资产。

（3）除国务院财政、税务主管部门另有规定外，固定资产计算折旧的最低年限如下：①房屋、建筑物，为20年；②飞机、火车、轮船、机器、机械和其他生产设备，为10年；③与生产经营活动有关的器具、工具、家具等，为 5 年；④飞机、火车、轮船以外的运输工具，为 4 年；⑤电子设备，为 3 年。

（4）企业的固定资产由于技术进步等原因，确需加速折旧的，可以缩短折旧年限或者采取加速折旧的方法。

（5）《企业所得税法》第三十二条所称可以采取缩短折旧年限或者采取加速折旧的方法的固定资产，包括：①由于技术进步，产品更新换代较快的固定资产；②常年处于强震动、高腐蚀状态的固定资产。采取缩短折旧年限方法的，最低折旧年限不得低于《企业所得税法实施条例》第六十条规定折旧年限的 60%；采取加速折旧方法的，可以采取双倍余额递减法或者年数总和法。

（6）企业转让资产，该项资产的净值准予在计算应纳税所得额时扣除。

（7）《企业所得税法》第十六条所称资产的净值和第十九条所称财产净值是指有关资产、财产的计税基础减除已经按照规定扣除的折旧、折耗、摊销、准备金等后的余额。

2. 常见涉税问题

（1）计提折旧范围不准确。

（2）折旧计算方法及分配不准确。

（3）固定资产处置所得未并入应纳税所得额。

3. 主要检查方法

（1）折旧范围的检查

①运用核对法和实地察看法，结合"固定资产"明细账的记录与"折旧计算表"，对房屋、建筑物以外未使用的、不使用的、封存的和与生产经营无关的、以经营租赁方式租入的固定资产进行全面审核，落实是否存在将税法不允许计提折旧的固定资产计算折旧未作纳税调整。

②对年度中间增加或减少的固定资产，对照相关合同发票，结合固定资产入账的时间和"折旧计算表"，核对当月增加的固定资产有无列入计提折旧的基数，当月减少的固定资产有无从当月计提折旧基数中扣除的情况。

③检查"固定资产清理"、"营业外支出"、"累计折旧"等账户和固定资产卡片等资料，采用核对法和实地察看法，看有无将提前报废的固定资产、已提足折旧仍继续使用的固定资产、破产关停的固定资产等列入折旧的计提基数。

（2）折旧计算方法及分配的检查

①检查"累计折旧"账户贷方，审查"折旧计算表"中实际采用的折旧计算方法是否符合规定，有无将不属于加速折旧的固定资产采用加速折旧法计提折旧，有无在一个年度内随意变更折旧计算方法，造成多提或少提折旧的情况。同时，结合"固定资产"账户的检查，核实折旧率的计算有无问题，特别注意核实折旧率明显偏高的折旧项目。

②对照企业"折旧计算表"，检查折旧额的计算有无问题；检查"固定资产"明细账，结合对固定资产实物的检查，核实固定资产的用途或使用部门，并据以检查"累计折旧"账户贷方对应账户，核实有无将车间的折旧费用计入期间费用而推迟实现利润的情况。

③对采用双倍余额递减法的，应以固定资产在每一会计期间的期初净值作为计提基数，注意有无按其原值计算折旧的情况；对采用年数总和法的，注意有无将原值不扣除预计净残值作为计提基数的情况；对缩短折旧年限的，注意计提折旧的年限是否低于税法规定最低折

旧年限的 60%。

（3）对固定资产处置的检查

应重点检查"固定资产清理"、"累计折旧"、"固定资产减值准备"、"营业外支出"、"营业外收入"、"其他应付款"等账户，检查固定资产处置收入及残值是否按规定结转损益，是否冲抵了相应的累计折旧，是否按税收规定进行了调整。

三、无形资产税务处理的检查

（一）政策依据

1.《企业所得税法》第十二条所称无形资产是指企业为生产产品、提供劳务、出租或者经营管理而持有的、没有实物形态的非货币性长期资产，包括专利权、商标权、著作权、土地使用权、非专利技术、商誉等。

2. 无形资产按以下方法确定计税基础：（1）外购的无形资产，以购买价款和支付的相关税费以及直接归属于使该资产达到预定用途发生的其他支出为计税基础；（2）自行开发的无形资产，以开发过程中该资产符合资本化条件后至达到预定用途前发生的支出为计税基础；（3）通过捐赠、投资、非货币性资产交换、债务重组等方式取得的无形资产，以该资产的公允价值和支付的相关税费为计税基础。

3. 无形资产按照直线法计算的摊销费用，准予扣除；无形资产的摊销年限不得低于 10 年。作为投资或者受让的无形资产，有关法律规定或者合同约定了使用年限的，可以按照规定或者约定的使用年限分期摊销。

4. 在计算应纳税所得额时，企业按照规定计算的无形资产摊销费用，准予扣除。下列无形资产不得计算摊销费用扣除：自行开发的支出已在计算应纳税所得额时扣除的无形资产；自创商誉；与经营活动无关的无形资产；其他不得计算摊销费用扣除的无形资产。外购商誉的支出，在企业整体转让或者清算时，准予扣除。

（二）常见涉税问题

1. 无形资产计量、摊销不准确。

2. 自行扩大加计扣除无形资产成本的范围。

3. 无形资产处置所得未并入应纳税所得额。

（三）主要检查方法

1. 无形资产计量、摊销的检查

（1）外部取得无形资产的检查。核对有关无形资产的证明文件和受让合同、契约。如专利项目众多，应向企业索取专利权明细表，逐一查对分析，以确定无形资产是否真实，落实其计价是否准确，有无将其他费用挤入专利权价值中，或虚增无形资产价值。对企业自行开发的无形资产，要严格审核该开发项目有关部门的批文，可行性报告，技术、财务等各种资源的计量标准，核实是否达到确认无形资产的条件；检查"研发支出"明细账和相关原始凭证，核实支出的归集是否符合规定。对属于无形资产计税价值范围内的支出未予以资本化的，应进行合理的调整。

（2）无形资产摊销范围的检查。对"无形资产"、"累计摊销"和相关的"管理费用"、"其他业务成本"账户中的无形资产具体项目进行核对，检查摊销范围。审核自行开发的支出已在计算应纳税所得额时扣除的无形资产、自创商誉、与经营活动无关的无形资产等，是否计入无形资产摊销范围。

（3）无形资产摊销额的检查。首先，对法律和合同或者企业申请书没有规定使用年限的，或者自行开发的无形资产，检查摊销期限是否达到 10 年。其次，摊销土地使用权时要查看土地使用证及土地转让协议等资料，检查土地使用权的计价与摊销，查实是否虚计土地使用权成本，扩大摊销额。

2. 对自行扩大加计扣除无形资产成本的检查

（1）检查研发项目立项书、计划书等，审核研发项目是否符合"新产品、新技术、新工艺"的规定，是否符合加计扣除无形资产的范围。

（2）检查"无形资产""研发支出"、"管理费用——研发费"等账户有无对已计入"管理费用——研发费"的支出重复计入无形资产并加计扣除。

（3）检查形成无形资产成本项目的原始凭证，审核企业是否将与形成无形资产无关的支出计入加计扣除的无形资产。

3. 对无形资产处置的检查

应重点审核"累计摊销"和"无形资产减值准备"账户，检查在处置无形资产时是否冲抵了相应累计摊销。

四、生产性生物资产税务处理的检查

（一）政策依据

1. 生产性生物资产[①]按照以下方法确定计税基础：（1）外购的生产性生物资产，以购买价款和支付的相关税费为计税基础；（2）通过捐赠、投资、非货币性资产交换、债务重组等方式取得的生产性生物资产，以该资产的公允价值和支付的相关税费为计税基础。

2. 生产性生物资产按照直线法计算的折旧，准予扣除。企业应当自生产性生物资产投入使用月份的次月起计算折旧；停止使用的生产性生物资产，应当自停止使用月份的次月起停止计算折旧。企业应当根据生产性生物资产的性质和使用情况，合理确定生产性生物资产的预计净残值。生产性生物资产的预计净残值一经确定，不得变更。

3. 生产性生物资产计算折旧的最低年限如下：（1）林木类生产性生物资产，为 10 年；（2）畜类生产性生物资产，为 3 年。

（二）常见涉税问题

1. 生产性生物资产计量不准确。

2. 生产性生物资产折旧的时间、残值、年限不准确。

3. 生产性生物资产处置所得未申报纳税。

（三）主要检查方法

1. 检查"生产性生物资产"明细账借方发生额，对新增的生物资产要查阅相关合同、协议和原始凭证，实地察看确定资产的构成项目、金额，核实生物资产的计价是否准确。

2. 检查"生产性生物资产"、"生产性生物资产累计折旧"明细账，核实计提折旧的时间，查看是否存在当月新增资产计提折旧的情况；掌握计提折旧的年限，核实是否超过税法规定的最低年限标准；核实前后期残值是否一致。

---

① 指企业为生产农产品、提供劳务或者出租等而持有的生物资产，包括经济林、薪炭林、产畜和役畜等。

3. 检查"生产性生物资产"、"生产性生物资产累计折旧"明细账，结合有关处置合同、协议，检查处置结转是否正确，相应的累计折旧是否结转，残值收入是否入账，处置收入是否转入"营业外收入——处置非流动资产利得"账户。

五、长期待摊费用税务处理的检查

（一）政策依据

1. 在计算应纳税所得额时，企业发生的下列支出作为长期待摊费用，按照规定摊销的，准予扣除：已足额提取折旧的固定资产的改建支出[①]；租入固定资产的改建支出；固定资产的大修理支出；其他应当作为长期待摊费用的支出。

2. 固定资产的大修理支出，是指同时符合下列条件的支出：（1）修理支出达到取得固定资产时的计税基础 50% 以上；（2）修理后固定资产的使用年限延长 2 年以上。该项支出，按照固定资产尚可使用年限分期摊销。

3. 其他应当作为长期待摊费用的支出，自支出发生月份的次月起分期摊销，摊销年限不得低于 3 年。

（二）常见涉税问题

1. 长期待摊费用的计量不准确。

2. 缩短摊销期限，增加当期费用。

（三）主要检查方法

1. 长期待摊费用计量的检查。查阅租入固定资产的租赁合同以及改建工程的建筑安装合同，确定改良支出费用的承担人，对应由租入方承担改良费用的，查阅改良支出的料、工、费的原始凭证，核实其计量是否准确。检查"长期待摊费用"明细账，核实有无将其他固定资产的维修等支出列入改建支出，或将其他不允许税前列支的支出计入改建支出的问题。

2. 长期待摊费用摊销的检查。检查长期待摊费用摊销计算表，审查表中摊销年限，审核对租入固定资产的改良支出是否在剩余租赁期内平均摊销；对已提足折旧固定资产的改良支出是否按照预计尚可使用年限分期摊销；对改建的固定资产延长使用年限的，是否适当延长了折旧年限；对其他应当作为长期待摊费用的支出，是否自支出发生月份的次月起分期摊销，摊销年限是否低于 3 年。

例 2

　　某公司 2007 年营业收入 8349121.56 元，账面利润 334892.49 元。该市地税局稽查局对其纳税情况进行了检查，发现该公司的利润与上年相比大幅度减少。通过对有关账项进行比较分析，发现其管理费用极高。于是稽查人员重点对其"管理费用"账户进行了详细审查，该公司 7 月有一笔业务引起了稽查人员的注意，其会计分录如下：

　　借：管理费用　　　120 万元

　　　　贷：银行存款　　　120 万元

---

　　① 指改变房屋或者建筑物结构、延长使用年限等发生的支出。已足额提取折旧的固定资产的改建支出，按照固定资产预计尚可使用年限分期摊销；租入固定资产的改建支出，按照合同约定的剩余租赁期限分期摊销。改建的固定资产延长使用年限的，除上述两项规定外，应当适当延长折旧年限。

后附建筑安装业发票一张，实为房屋装修支出。经进一步询问有关人员及核实相关合同得知，该公司于 1 月与某开发公司签订房屋租赁合同，租期 10 年。与某装修公司签订房屋装修合同，合同金额 120 万元。企业房屋装修支出应该在"长期待摊费用"科目核算，在租赁期间内分期摊销，而不应该计入管理费用一次摊销。

第五节　税收优惠的检查

一、常见涉税问题

关于税收优惠检查的政策依据参见附录 2，常见涉税问题如下：

1. 不符合税收优惠条件享受税收优惠。

2. 不符合税收法定范围享受税收优惠。

3. 超期限享受税收优惠。

4. 减免金额计算不准确。

二、主要检查方法

1. 企业享受税收优惠条件的检查。应对照有关文件规定的条件进行检查。如国家需要重点扶持的高新技术企业，减按 15%的税率征收企业所得税，《企业所得税法》中规定高新技术企业应同时具备"五个条件"。检查时可采用审阅法对照分析。

2. 企业享受税收优惠范围的检查。对照税收优惠的各项规定，核实企业享受优惠的项目是否在法定范围之内，如国债利息收入中是否混入国债转让收益，有无将应补税的投资收益作为免税的投资收益申报等。

3. 企业享受优惠期限的检查。通过检查企业工商登记证照、企业成立章程等有关资料，逐项审核享受税收优惠过渡期的企业的资格是否符合税法规定，如新设高新技术企业是否是在 2008 年 1 月 1 日后设立的企业。

4. 企业享受优惠金额的检查。企业同时从事减免项目与非减免项目的，应分别核算，独立计算减免项目的计税依据以及减免税额度。不能分别核算的，不能享受减免税。同一项目，定额享受减税、免税的，超额部分要准确计算所得税额。如技术转让所得不超过 500 万元的部分，免征企业所得税；超过 500 万元的部分，减半征收企业所得税。

第六节　应纳税所得额及应纳税额的检查

一、应纳税所得额的检查

（一）政策依据

企业每一纳税年度的收入总额，减除不征税收入、免税收入、各项扣除以及允许弥补的以前年度亏损后的余额，为应纳税所得额。收入总额中的下列收入为不征税收入：（1）财政拨款；（2）依法收取并纳入财政管理的行政事业性收费、政府性基金；（3）国务院规定的其他不征税收入。

在计算应纳税所得额时，企业财务、会计处理办法与税收法律、行政法规的规定不一致的，应当依照税收法律、行政法规的规定计算。

（二）常见涉税问题

1. 不征税收入用于支出所形成的费用或者财产的折旧或摊销额税前扣除。

2. "以前年度损益调整"事项未按规定进行纳税处理。

（三）主要检查方法

1. 企业存在不征税收入的检查。（1）检查"营业外收入"明细账和相关原始凭证，确定不征税收入的来源、金额。（2）审查和收入有关的审批文件和手续，确定收入是否符合税法规定的条件。（3）结合企业所得税其他项目的检查，查实企业的不征税收入用于支出所形成的费用或者财产，核实费用的摊销和财产的折旧是否税前扣除，未作纳税调整。

2. 账务调整是否正确。结合纳税申报表，检查"以前年度损益调整"账户，核实以前年度的损益事项是否进行了纳税调整。

二、亏损弥补的检查

（一）政策依据

《企业所得税法》第五条所称亏损，是指企业依照《企业所得税法》和《企业所得税法实施条例》的规定将每一纳税年度的收入总额减除不征税收入、免税收入和各项扣除项目后小于零的数额。企业在汇总计算缴纳企业所得税时，其境外营业机构的亏损不得抵减境内营业机构的盈利。企业纳税年度发生的亏损，准予向以后年度结转，用以后年度的所得弥补，但结转年限最长不得超过5年。

（二）常见涉税问题

1. 未按税法规定的弥补亏损年限弥补亏损。

2. 企业自行扩大弥补亏损数额。

3. 将查增所得额用于弥补以前年度亏损。

4. 用境内所得弥补境外营业机构的亏损。

（三）主要检查方法

1. 审查企业申报金额是否正确。审核纳税申报表、会计报表和《弥补亏损企业年度台账》，对未建立分户账的，要对照以前年度的企业所得税申报表和会计报表，核实是否是按税法规定调整后的亏损金额。

2. 审查弥补亏损年限是否正确。看其是否连续计算 5 年，有无上报的年限超过 5 年或间断计算的问题。

3. 审查企业查补金额的账务调整是否正确。核实企业是否将税务检查查增的应纳税所得额用于弥补以前年度的亏损。

4. 境内所得弥补境外营业机构亏损的检查。检查会计报表和纳税申报表等资料，掌握境外营业机构的基本信息和经营状况，核实是否存在用境外营业机构的亏损抵减境内营业机构盈利的问题。

三、应纳税额的检查

（一）政策依据

1.《企业所得税法》规定的应纳税额的计算公式为：

应纳税额＝应纳税所得额×适用税率－减免税额－抵免税额

减免税额和抵免税额，是指依照《企业所得税法》和国务院的税收优惠规定减征、免征和抵免的应纳税额。

2. 企业取得的下列所得已在境外缴纳的所得税税额，可以从其当期应纳税额中抵免，抵免限额为该项所得依照《企业所得税法》规定计算的应纳税额，超过抵免限额的部分，可以在以后 5 个年度内，用每年度抵免限额抵免当年应抵免额后的余额进行抵补：（1）居民企业来源于中国境外的应税所得；（2）非居民企业在中国境内设立机构、场所，取得发生在中国境外但与该机构、场所有实际联系的应税所得。

抵免限额，是指企业来源于中国境外的所得，依照《企业所得税法》和《企业所得税法实施条例》的规定计算的应纳税额。除国务院财政、税务主管部门另有规定外，该抵免限额应当分国（地区）不分项计算，计算公式如下：

抵免限额＝中国境内、境外所得依照《企业所得税法》和《企业所得税法实施条例》的规定计算的应纳税总额×来源于某国（地区）的应纳税所得额÷中国境内、境外应纳税所得总额

3. 居民企业从其直接或者间接控制[①]的外国企业分得的来源于中国境外的股息、红利等权益性投资收益，外国企业在境外实际缴纳的所得税税额中属于该项所得负担的部分，可以作为该居民企业的可抵免境外所得税税额，在《企业所得税法》第二十三条规定的抵免限额内抵免。抵免企业所得税税额时，应当提供中国境外税务机关出具的税款所属年度的有关纳税凭证。

（二）常见涉税问题

1. 应纳税额未按适用税率计算。

2. 申报的减免所得税额不符合政策要求。

3. 抵免税额的范围及抵免方法不符合税法规定。

4. 投资收益未按税法规定进行税务处理。

---

① 直接控制，是指居民企业直接持有外国企业 20%以上股份。间接控制，是指居民企业以间接持股方式持有外国企业 20%以上股份，具体认定办法由国务院财政、税务主管部门另行制定。

5. 税额计算不准确。

（三）主要检查方法

检查企业的应纳税额时，除核实应纳税所得额外，还要注意计算应纳税额所适用的税率、减免税、税收抵免和所得税款的缴纳情况。首先，先根据"应交税费——应交所得税"账户贷方记录，剔除虚列或错计入的税款、滞纳金或罚款等因素，确定应缴所得税额，再审查该账户借方实际缴库税款，核实原账面欠缴或多缴的税款数；其次，将根据检查确定的应缴纳所得税额与账面和申报的应缴税额核对，核实应补缴或申请退还的税款是否正确。具体检查方法：

1. 审查企业申报的适用税率是否符合规定，特别是对小型微利企业，要通过资产负债表核对资产总额，通过劳务合同核对从业人数，核实其适用低税率的条件，核实适用税率和应纳税额的计算是否正确。

2. 调阅核实企业享受减免税的有关文件或证明材料，审核材料的真实性，审查企业申报的减免所得税额是否符合政策。

3. 检查"长期股权投资"明细账户，结合投资协议、合同和章程，核实被投资企业的经营地、性质、经营范围等基本资料，划分境内和境外、居民企业投资和非居民企业投资，掌握相关信息。结合"投资收益"明细账，核实投资收益是否按税法规定进行了税务处理。

4. 对来源于境外的所得已在境外缴纳的所得税税额，在计算抵免税额时，检查其抵免税种的范围及抵免方法是否符合税法规定；对来源于实际税负明显低于我国法定税率水平国家（地区）的企业，检查其所得税额是否已补缴所得税。

5. 根据所得税额的计算公式，核实计算是否正确。

例 3

某酒厂主要生产中档粮食白酒。税务部门在对该厂上年度纳税情况进行检查时，通过审查"营业费用"明细账借方发生额，发现共支付展览费计 42000 元，费用支出较大，引起怀疑。经过核对原凭证并询问有关人员，查清了该厂曾召开一次产品展销会。在展销会期间，向与会人员每人赠送粮食白酒 1 箱，每箱 6 斤，共 50 箱，成本价 10000 元；又借展销会之机送给主管部门和关系单位同样的白酒 100 箱，成本价 20000 元。两项相加总成本价 30000 元，作借记"销售费用"、贷记"库存商品"的账务处理。经核实，在展销会期间用于赠送的酒未缴纳增值税和消费税，该批酒的同类产品不含税销售价每箱 350 元。

该厂将自产酒在展销会期间馈赠他人并将其成本计入销售费用，既违反了企业会计制度关于捐赠支出不得列入成本、费用，应列入营业外支出中，通过"营业外支出"科目核算的规定；也违反了《企业所得税暂行条例》第七条关于非公益性捐赠在计算应纳税所得额时不得扣除的规定；还违反了《增值税暂行条例实施细则》第四条关于将自产的货物无偿赠送他人应纳税的规定、《消费税暂行条例》第四条关于纳税人生产的应税消费品用于"其他方面"的应纳税的规定，以及城市维护建设税和教育费附加的规定，少缴纳了企业所得税、增值税、消费税、城市维护建设税和教育费附加。

练习题

1. 关于企业所得税的收入总额，有哪些主要涉税问题？有哪些主要检查方法？

2. 关于企业所得税扣除项目的检查，有哪些主要涉税问题？有哪些主要检查方法？

3. 关于企业所得税资产税务处理的检查，有哪些主要涉税问题？有哪些主要检查方法？

4. 关于企业所得税应纳税额的检查，有哪些主要涉税问题？有哪些主要检查方法？

第八章　个人所得税检查方法

通过本章的学习，需要理解并掌握以下问题：

1. 对纳税人和扣缴义务人的检查：常见涉税问题及主要检查方法；
2. 对征税范围的检查：常见涉税问题及主要检查方法；
3. 对计税依据和适用税率的检查：常见涉税问题及主要检查方法；
4. 对税收优惠和特殊业务的检查：常见涉税问题及主要检查方法。

第一节　纳税义务人的检查

一、对纳税义务人检查的政策依据

个人所得税纳税义务人依据住所和居住时间两个标准，可区分为居民纳税义务人和非居民纳税义务人。

1. 居民纳税义务人

（1）在中国境内有住所，或者无住所而在境内居住满 1 年的个人，从中国境内和境外取得的所得，依照《个人所得税法》规定缴纳个人所得税。

（2）在中国境内有住所是指纳税人因户籍、家庭、经济利益关系而在中国境内习惯性居住。

（3）在中国境内居住满 1 年，是指在一个纳税年度中，在中国境内居住满 365 日。在计算居住天数时，对在一个纳税年度中一次不超过 30 日或者多次累计不超过 90 日的离境视为临时离境，不扣减其在华居住天数。

（4）在中国境内无住所，但是居住 1 年以上 5 年以下的个人，其来源于中国境外的所得，经主管税务机关批准，可以只就由中国境内公司、企业以及其他经济组织或者个人支付的部分缴纳个人所得税；居住超过 5 年的个人，从第 6 年起，应当就其来源于中国境外的全部所得缴纳个人所得税。

（5）年所得 12 万元以上的纳税义务人，在年度终了后 3 个月内到主管税务机关办理纳税申报。

2. 非居民纳税义务人

（1）在中国境内无住所又不居住或者无住所而在境内居住不满 1 年的个人，从中国境内取得的所得，依照《个人所得税法》规定缴纳个人所得税。

（2）在中国境内无住所，但是在一个纳税年度中在中国境内连续或者累计居住不超过 90 日的个人，其来源于中国境内的所得，由境外雇主支付并且不由该雇主在中国境内的机构、场所负担的部分，免予缴纳个人所得税。

（3）根据国税发〔1994〕148 号文件，对在中国境内无住所的个人取得工资薪金所得的个人所得税有关规定，详见《税务稽查方法》第 8 章。

二、常见涉税问题

1. 居民纳税人和非居民纳税人划分不清。
2. 居民纳税人和非居民纳税人义务划分不清。
3. 年收入超过 12 万元的纳税人未办理纳税申报。

三、主要检查方法

1. 对在中国境内任职的外籍人员，检查其与任职单位签署的合同、薪酬发放资料，对照个人护照记录，到进出境机关核实了解进出境时间，并根据相关税收协定的规定，判断其属居民纳税人还是非居民纳税人。

2. 检查居民纳税人在境内、外取得的所得是否履行纳税义务时，需要通过与国际税收管理部门进行情报交换，调查其在境外取得所得的情况，核对其境内、外取得所得的申报资料，并将相关疑点呈交国际税收管理部门，由其负责查询个人所得税境外缴纳情况，确定是否存在居民纳税人按非居民纳税人履行纳税义务的情况。

3. 检查企业"应付职工薪酬"、"应付利息"、"财务费用"等账户，通过相关部门查询纳税人买卖股票、证券、基金及福利彩票等所得，特别是对于在两处以上兼职取得收入的个人要采取函证、协查或实地核查等方式，检查确认其在一个纳税年度取得的各项所得汇总是否达到 12 万元以上，是否按规定进行了申报。

例 1

美籍个人张某，韩籍个人刘某，同时于 2006 年 7 月 31 日至 2007 年 12 月 1 日来华讲学，实际居住 16 个月。在华讲学期间，每月可获中方支付的工资、薪金收入 7 万元，同时美籍人员在本国还有固定收入每月折合人民币 11 万元，韩籍人员在本国还有固定收入每月折合人民币 10 万元。经检查发现，该二人在中国境内实际居住天数超过 365 日，但在一个纳税年度中在中国境内居住未满 365 日。

根据我国与美国的税收协定，有关停留期间的规定是以公历年计算的。由此可确认美籍个人张某为非居民纳税人，应仅就其在中国境内取得的所得申报缴纳个人所得税。

根据我国与韩国签订的税收协定，有关停留期间的规定是以任何连续 12 个月计算的，该韩籍个人居住天数已超过 365 日，由此可确认韩籍个人刘某为居民纳税人，应就其在中国境内和境外的全部所得缴纳个人所得税。

第二节　扣缴义务人的检查

一、政策依据

个人所得税以支付所得的单位或者个人为扣缴义务人。扣缴义务人应当按照国家规定办理全员全额扣缴申报。扣缴义务人在向个人支付应税款项时，应当依照税法规定代扣税款，按时缴库，并专项记载备查。所说的支付，包括现金支付、汇拨支付、转账支付和有价证券、实物以及其他形式的支付。

二、常见涉税问题

1. 扣缴义务人未按规定代扣税款。
2. 代扣的税款未按规定期限解缴入库。

三、主要检查方法

1. 检查"应付职工薪酬"、"应交税费——应交个人所得税"等明细账，审查职工薪酬发放单，核实职工的月工资、薪金收入，对达到征税标准的，检查扣缴义务人是否按规定履行代扣税款义务。

2. 检查"生产成本"、"管理费用"、"产品销售费用"等明细账，核查企业是否有支付给临时外聘的技术人员的业务指导费、鉴定费，是否有列支的邀请教授、专家的授课培训费、评审费等，是否按规定履行代扣税款义务。

3. 检查"利润分配——应付股利"、"财务费用"等账户，核实对支付给个人的股息、红利、利息是否全额计算扣缴税款。在对金融机构检查时，检查支付给个人的储蓄存款利息是否按规定履行代扣代缴税款义务，是否及时解缴代扣税款。

4. 检查直接在各成本、费用账户中列支或通过其他渠道间接支付给员工的各种现金、实物和有价证券等薪酬，是否按规定全部合并到工资、薪金中一并计算应扣缴的税款。

5. 检查企业"应交税费——应交个人所得税"明细账户、员工薪酬收入明细表和《个人所得税扣缴情况报告表》及完税证或缴款书，查看账表数额是否相符，代扣税款是否正确、完整，是否按规定期限解缴税款。

第三节　征税范围的检查

一、政策依据

下列各项个人所得，应纳个人所得税：（1）工资、薪金所得；（2）个体工商户的生产、经营所得；（3）企事业单位的承包经营、承租经营所得；（4）劳务报酬所得；（5）稿酬所得；（6）特许权使用费所得；（7）利息、股息、红利所得；（8）财产租赁所得；（9）财产转让所得；（10）偶然所得；（11）经国务院财政部门确定征税的其他所得。各项个人所得的征税范围，详见《税务稽查方法》第8章。

自2000年1月1日起，对个人独资企业和合伙企业停止征收企业所得税，其投资者的生产经营所得比照个体工商户的生产、经营所得征收个人所得税。

二、常见涉税问题

1. 劳务报酬所得和工资、薪金所得相混淆。
2. 个体工商户生产、经营所得和承包、承租所得相混淆。
3. 承包、承租人对企业经营成果不拥有所有权，错按承包、承租所得缴纳个人所得税。
4. 将提供著作权所得错按稿酬所得申报缴纳个人所得税。
5. 其他所得和偶然所得相混淆。
6. 利息、股息、红利性质的所得和工资、薪金所得相混淆。

三、主要检查方法

1. 劳务报酬所得和工资、薪金所得征税范围的检查

检查员工薪酬发放花名册、签订的劳动用工合同和在社保机构缴纳养老保险金的人员名册等相关资料，核实个人与接受劳务的单位是否存在雇佣与被雇佣关系，确定其取得的所得是属于工资、薪金所得还是劳务报酬所得。如存在雇佣与被雇佣的关系，其所得应按工资、薪金所得的范围征税；如果是独立个人提供有偿劳务，不存在雇佣与被雇佣的关系，其所得应属于劳务报酬所得的征税范围。

2. 个体工商户的生产、经营所得征税范围的检查

查看经营者工商营业执照的性质是否为个体工商户，实地调查，确定其是否为个人自负盈亏经营。检查个体经营者的生产经营情况，查阅会计账簿，核实收入、成本、利润、税金是否真实，是否有隐瞒收入、加大成本、虚假申报的问题；核实是否有与生产经营无关的其他应税项目所得混同个体工商户生产、经营所得计税，如从联营企业分回的利润按照"个体工商户生产、经营所得"申报，而未按"利息、股息、红利所得"申报。

3. 企事业单位的承包经营、承租经营所得征税范围的检查

根据承包（承租）合同内容、经营者的实际承包（承租）方式、性质和收益归属、工商登记情况确定是否属于企事业单位的承包经营、承租经营所得项目的征税范围。具体检查方法：（1）根据被承包、承租企业的工商登记执照的性质，确认该企业发包或出租前后的变更情况。如工商登记仍为企业的，则应进一步审查其是否首先按规定申报企业所得税，然后按照承包、承租经营合同（协议）规定取得的所得申报个人所得税；如果工商登记已改变为个体工商户的，则应审查是否按个体工商户生产、经营所得项目申报个人所得税。（2）审查承包（租）人与发包（出租）方签订的承包（租）合同，如果承包（租）人对企业经营成果不拥有所有权，仅是按合同（协议）规定取得一定所得的，则确定承包（租）人取得的所得属于工资、薪金所得的征税范围；如果承包（租）人按合同（协议）的规定只向发包、出租方交纳一定费用后，企业经营成果即归其所有的，则承包（租）人取得的所得属于对企事业单

位承包经营、承租经营所得的征税范围。

4. 稿酬所得和特许权使用费所得征税范围的检查

检查出版单位账簿明细，结合相关的合同、协议，查看原始的支付凭证，按照经济行为的实质，分析、核实支付给个人的报酬是属于特许权使用费所得征税范围还是属于稿酬所得征税范围。若作者将其作品的使用权因出版、发表而提供给他人使用，则此项所得属稿酬所得的征税范围。作者将自己的文字作品手稿原件或复印件公开竞价拍卖而取得的所得，属于转让个人著作的使用权，则此项所得属于特许权使用费所得的征税范围。

5. 其他所得和偶然所得征税范围的检查

检查企业"销售费用"、"营业费用"、"营业外支出"等账户，针对支付给个人的支出，正确区分是否属于其他所得和偶然所得征税项目，其他所得由国务院财政部门单独确定，偶然所得则强调其偶然性和不可预见性。如对企业在产品发布会、总结会议、业务往来等活动中向有关人员发放的赠品、纪念品等应按照其他所得代扣个人所得税。对于中奖、中彩或在企业举办的有奖销售等活动中中奖的个人则按照偶然所得代扣税款。

6. 利息、股息、红利所得征税范围的检查

检查"应付股利"、"应付利息"、"财务费用"等账户，对照《扣缴个人所得税税款报告表》、《支付个人收入明细表》等，核实企业有无把支付的利息、股息、红利性质的所得按照工资、薪金所得，少代扣代缴个人所得税；是否把不属于减税或免税范围的利息、股息、红利所得作为减税或免税处理，少代扣或未代扣代缴个人所得税。

第四节　计税依据的检查

一、工资、薪金所得计税依据的检查

个人所得税的计税依据是纳税人取得的应纳税所得额，是个人取得的各项收入所得减去税法规定的扣除项目或扣除金额之后的余额。

（一）政策依据

工资、薪金所得，以每月收入额减除费用 3500 元后的余额，为应纳税所得额。对在中国境内无住所而在中国境内取得工资、薪金所得的纳税义务人和在中国境内有住所而在中国境外取得工资、薪金所得的纳税义务人，可以根据其平均收入水平、生活水平以及汇率变化情况确定附加减除费用。

附加减除费用适用的范围为：（1）在中国境内的外商投资企业和外国企业中工作的外籍人员；（2）应聘在中国境内的企业、事业单位、社会团体、国家机关中工作的外籍专家；（3）在中国境内有住所而在中国境外任职或者受雇取得工资、薪金所得的个人；（4）国务院财政、税务主管部门确定的其他人员。此外，按照国家规定，单位为个人缴付和个人缴付的基本养老保险费、基本医疗保险费、失业保险费、住房公积金，从纳税义务人的应纳税所得额中扣除。

（二）常见涉税问题

1. 少报、瞒报职工薪酬或虚增人数分解薪酬。

2. 自行扩大工资、薪金所得的税前扣除项目。

3. 从两处或两处以上取得收入未合并纳税。

（三）主要检查方法

1. 调查人力资源信息资料、签署的劳动合同及社会保险机构的劳动保险信息，结合考勤花名册、岗位生产记录、人员交接班记录等，核实单位的用工人数、用工类别、人员构成结构及分布，要特别注意检查高管人员、外籍人员等高收入者的有关信息；然后审查财务部门"工资结算单"中发放工资人数、姓名与企业的实际人数、姓名是否相符，审查企业有无为降低高收入者的工资、薪金收入，故意虚增职工人数、分解降低薪酬，或者编造假的工资结算表，人为调剂薪酬发放月份，以达到少扣缴税款或不扣缴税款的目的。

2. 检查"生产成本"、"制造费用"、"管理费用"、"销售费用"、"在建工程"、"应付职工薪酬"等账户，核实有无通过以上账户发放奖金、补助等情况；应注意职工食堂、工会组织等发放的现金伙食补贴、实物福利、节假日福利费等，是否合并计入工资、薪金收入总额中计算扣税。

3. 检查《个人所得税扣缴情况报告表》中的工资、薪金总额与"工资结算单"工资总额，审查企业有无按扣除水电费、住房租金、托儿费、补充养老保险、企业年金等费用后的实发工资扣缴税款的情况。

4. 检查劳动保险部门保险缴纳清单和工资明细表，核实企业是否有扩大劳动保险交纳的基数、比率，降低计税依据的问题。如提高住房公积金的缴纳比例，降低计税依据。对效益较好的经营单位，要查看是否为员工建立企业年金计划，是否将为员工缴纳的补充商业险等合并计入工资、薪金所得计税。

5. 对单位外派分支机构人员，要通过人力资源部门获取详细的薪酬发放信息，通过函证、协查方式检查员工同时从两处或两处以上取得的工资、薪金所得，是否仅就一处所得申报或在两处分别申报，重复扣除税前扣除项目，而未进行合并申报。

二、个体工商户的生产、经营所得计税依据的检查

（一）政策依据

1. 个体工商户的生产、经营所得，以每一纳税年度的收入总额，减除成本、费用以及损失后的余额，为应纳税所得额（《个人所得税法》第六条第二款）。

其中，成本、费用指纳税义务人从事生产、经营所发生的各项直接支出和分配计入成本的间接费用以及销售费用、管理费用、财务费用。损失指纳税义务人在生产、经营过程中发生的各项营业外支出。从事生产、经营的纳税义务人未提供完整、准确的纳税资料，不能正确计算应纳税所得额的，由主管税务机关核定其应纳税所得额（《个人所得税法实施条例》第十七条）。

2. 财税[2000]91号文件规定：

（1）个人独资企业的投资者以全部生产经营所得为应纳税所得额；合伙企业的投资者按照合伙企业的全部生产经营所得和合伙协议约定的分配比例确定应纳税所得额，合伙协议没有分配比例的，以全部生产经营所得和合伙人数量平均计算每个投资者的应纳税所得额。

投资者应纳税所得额计算公式为：

① 投资者兴办一个企业，其应纳税额的计算：

应纳税所得额＝（收入总额－成本、费用及损失）×分配比例

应纳税额＝应纳税所得额×税率－速算扣除数

② 投资者兴办两个或两个以上企业，其应纳税额的计算：

应纳税所得额＝投资者从各个企业分得的经营所得之和

应纳税额＝应纳税所得额×税率－速算扣除数

投资者在本企业的应纳税额＝应纳税额×（投资者在本企业经营所得÷投资者从各个企业分得的经营所得之和）

投资者在本企业应补缴的税额＝投资者在本企业的应纳税额－投资者在本企业预缴的税额

（2）个人独资企业和合伙企业的生产经营所得凡实行查账征税办法的，生产经营所得比照《个体工商户个人所得税计税办法（试行）》的规定确定。但下列项目的扣除依照本办法的规定执行：①投资者的费用扣除标准，由各省、自治区、直辖市地方税务局参照个人所得税法"工资、薪金所得"项目的费用扣除标准确定。投资者的工资不得在税前扣除。②企业从业人员的工资支出按标准在税前扣除，具体标准由各省、自治区、直辖市地方税务局参照企业所得税计税工资标准确定。③投资者及其家庭发生的生活费用不允许在税前扣除。投资者及其家庭发生的生活费用与企业生产经营费用混合在一起，并且难以划分的，全部视为投资者个人及其家庭发生的生活费用，不允许在税前扣除。④企业生产经营和投资者及其家庭生活共用的固定资产，难以划分的，由主管税务机关根据企业的生产经营类型、规模等具体情况，核定准予在税前扣除的折旧费用的数额或比例。⑤企业实际发生的工会经费、职工福利费、职工教育经费分别在其计税工资总额的 2%、14%、1.5%的标准内据实扣除。⑥企业每一纳税年度发生的广告和业务宣传费用不超过当年销售（营业）收入 2%的部分，可据实扣除；超过部分可无限期向以后纳税年度结转。⑦企业每一纳税年度发生的与其生产经营业务直接相关的业务招待费，在以下规定比例范围内，可据实扣除：全年销售（营业）收入净额在 1500 万元及其以下的，不超过销售（营业）收入净额的 5‰；全年销售（营业）收入净额超过 1500 万元的，不超过该部分的 3‰。⑧企业计提的各种准备金不得扣除。

凡不具备查账征收条件的，应采取核定征收方式。核定征收方式包括定额征收、核定应税所得率征收和其他合理的方式征收。实行核定应税所得率征收方式的，其应纳税所得额计算公式为：

应纳税所得额＝收入总额×应税所得率

或：应纳税所得额＝成本费用支出额÷（1－应税所得率）×应税所得率

应税所得率，见表 8-1。

表 8-1 个人所得税应税所得率表

行 业	应税所得率（%）
工业、交通运输业、商业	5～20
建筑业、房地产开发业	7～20
饮食服务业	7～25
娱乐业	20～40
其他行业	10～30

（二）常见涉税问题

1. 收入构成核算不实。

2. 虚列成本，成本费用的发生额超标准部分未作调整。

3. 家庭费用支出与企业费用支出混淆，多计、多转成本。

4. 个体工商户业主将本人的工资在税前扣除。

5. 投资两个或两个以上企业，应纳税所得额计算不正确。

（三）主要检查方法

1. 对生产、经营收入的检查。个体工商户的生产、经营收入具有现金结算较多、收入不稳定等特点，容易出现收入不入账或者少入账，转移、隐瞒、分解经营收入的情况。检查中，要通过实地查看、询问等方法了解掌握个体工商户生产、经营范围、规模等情况，结合对其成本费用、收入账的检查，采取纵向和横向比较分析的办法找出疑点，核实其是否存在账外经营、隐匿收入等行为。

2. 对生产、经营成本和费用的检查。将纳税人的"原材料"、"生产成本"、"制造费用"、"管理费用"等成本、费用明细账与有关会计凭证、原始凭证进行仔细核对，认真分析投入产出比率，参考相关技术数据，核实其各项成本损耗比例是否恰当。对费用列支要审核原始资料及支出用途，看纳税人税前列支的费用是否合理，比例是否正确，是否属于与企业生产、经营有关的费用，有无超标准列支或故意混淆费用问题。

3. 检查成本、费用账簿及原始单据，核实支出费用的详细去向和类别，检查有无将家庭购置的资产或发生的费用计入其中。如某私营企业主为其在外地上学的儿子购置汽车一部，价值 120000 元，计入企业固定资产并计提折旧。按照规定，该折旧不能税前扣除。

4. 对照《个人所得税扣缴情况报告表》，检查"应付职工薪酬"账户、员工薪酬发放表等，核实个体工商户业主的工资发放情况，确认发放的业主工资是否按规定做了纳税调整。

5. 对投资两个或两个以上个人独资企业或合伙企业的企业投资者，首先要检查各被投资企业的章程协议，确定投资者的资本构成；其次要检查各被投资企业的会计报表及纳税申报表，确定被投资企业的经营效益及利润分配，最终核实投资者从各被投资企业分得的利润计算是否准确、是否按规定合并纳税。

三、企事业单位的承包经营、承租经营所得计税依据的检查

（一）政策依据

1. 对企事业单位的承包经营、承租经营所得，以每一纳税年度的收入总额，减除必要费

用后的余额，为应纳税所得额。

2. 每一纳税年度的收入总额，指纳税义务人按照承包经营、承租经营合同规定分得的经营利润和工资、薪金性质的所得；减除必要费用，是指按月减除 2000 元。

3. 在一个纳税年度内，承包、承租经营不足 12 个月的，以其实际承包、承租经营的月份数为一个纳税年度计算纳税。有关计算公式如下：

应纳税所得额＝该年度承包、承租经营收入额－2000×该年度实际承包、承租经营月份数

应纳税额＝应纳税所得额×适用税率－速算扣除数

（二）常见涉税问题

1. 承包人、承租人采取转移、挂账、分解收入等手段减少应纳税所得额。

2. 承包人、承租人通过虚报费用、借款等方式从承包、承租企业套取经营所得，长期挂账，不作个人收入。

3. 对承包、承租期不足一年取得承包、承租经营所得按 12 个月减除必要费用，降低适用税率。

（三）主要检查方法

1. 审查承包、承租经营合同（协议），调查掌握承包、承租企业的经营期限以及承包人、承租人对企业经营成果的分配比例、分配方式、分配时间等。

2. 审查"应付职工薪酬"、"管理费用"、"应付利润"等账户及"工资结算表"，掌握承包人、承租人获取的承包、承租利润和按月领取的工资、薪金性质的收入以及以劳务费、管理费等名义取得的收入，核实是否按规定全部计入收入总额。

3. 审查"其他应收款"或"其他应付款"等往来账户，检查是否存在承包人、承租人以借款名义从企业借款长期不还，实质为分配的承包、承租利润的问题，要进一步追查借款的用途和实质，核实是否存在将承包、承租利润长期挂账的行为。

4. 向发包人（出租人）调查了解承包人（承租人）上缴承包费、租赁费、水电费、管理费等情况，和承包人、承租人的账簿记录相核对，核实账簿纪录的真实性，对照承包、承租合同或协议准确推算计税收入。

5. 对承包、承租期不足一年的纳税人检查时，要结合承包、承租合同或协议约定的执行日期，检查承包、承租人有无不以其实际承包、承租经营的月份数为一个纳税年度，故意多扣费用，减少应纳税所得。

四、劳务报酬所得计税依据的检查

（一）政策依据

1. 劳务报酬所得，每次收入不超过 4000 元的，减除费用 800 元；4000 元以上的，减除 20% 费用，其余额为应纳税所得额。

2. 劳务报酬应纳税所得额超过 2 万元至 5 万元的部分，依照税法规定计算应纳税额后再按照应纳税额加征五成；超过 5 万元的部分，加征十成。

3. 劳务报酬所得，属于一次性收入的，以取得该项收入为一次；属于同一项目连续性收入的，以一个月内取得的收入为一次。

4. 两个或者两个以上的个人共同取得同一项目收入的，应当对每个人取得的收入分别按

照税法规定减除费用后计算纳税。

（二）常见涉税问题

1. 少报、瞒报劳务报酬组成项目。

2. 预付或分次支付属于"同一次"取得的劳务报酬，分解收入扩大费用扣除额，降低适用税率。

3. 将本属于一个人单独取得的收入，虚报为两个以上的个人共同取得的收入。

4. 符合劳务报酬加成征收条件的，未按规定加成申报。

（三）主要检查方法

1. 通过调查劳务报酬的支付方，了解具体支付情况，审查劳务报酬所得的真实性；核实劳务项目的组成及其支付方式、支付时间，与支付单位的会计记录、《个人所得税扣缴税款报告表》相对照，从中发现是否存在故意隐瞒劳务报酬数额的问题。

2. 通过审核劳务报酬协议、合同等，核查其对"每次收入"政策界定的执行情况，有无将"一次收入"人为分解减少应纳税所得。

3. 通过检查劳务报酬协议，核实纳税人有无将本属于一个人单独取得的收入，虚报为两个或两个以上的个人共同取得收入，进而导致纳税人利用分别减除费用的规定，多扣减费用少缴税款。

4. 检查纳税人与接受方签署的合同、协议，根据合同、协议约定的劳务报酬支付时间、支付方式、支付金额等资料，与《个人所得税扣缴税款报告表》对照，核实取得的劳务报酬金额是否符合加成征收条件，是否按规定计算申报。

五、其他所得计税依据的检查

（一）政策依据

1. 稿酬所得、特许权使用费所得、财产租赁所得，每次收入不超过 4000 元的，减除费用 800 元；4000 元以上的，减除 20% 的费用，其余额为应纳税所得额。

财产转让所得，以转让财产的收入额减除财产原值和合理费用后的余额，为应纳税所得额。利息、股息、红利所得，偶然所得和其他所得，以每次收入额为应纳税所得额。

2. 稿酬所得，以每次出版、发表取得的收入为一次。特许权使用费所得，以一项特许权的一次许可使用所取得的收入为一次。财产租赁所得，以一个月内取得的收入为一次。利息、股息、红利所得，以支付利息、股息、红利时取得的收入为一次。偶然所得，以每次取得该项收入为一次。

（二）常见涉税问题

1. 预付或分次支付属于"同一次"取得的稿酬收入，没有合并为一次申报纳税，造成重复扣除费用；

2. 不报或少报财产租赁应税收入，虚增维修费用，多次抵扣；

3. 隐瞒不报或少报财产转让收入，扩大财产原值或转让财产费用；

4. 扣缴单位在支付应税利息、股息、红利所得或偶然所得时，少扣缴或未扣缴税款；

5. 企业改制过程中，以量化资产取得股息及盈余公积转增股本时，未代扣代缴税款。

（三）主要检查方法

1. 通过调查出版、发行部门与作者签订的出版协议和稿酬支付情况，掌握纳税人作品的出版发行及稿费的支付方式和时间，审查稿酬所得额的计算、申报是否真实、准确。

2. 结合租赁合同，检查支付租赁费用的单位或个人的支付凭证，掌握纳税人财产租赁的详细信息；审查纳税人提供的按规定支付的有关税费的原始凭证和修缮费用等支出凭证，核实是否与财产租赁有关，修缮费用是否按规定限额按月抵扣，应税数额计算是否正确。

3. 财产转让所得的检查：（1）通过财产所在地房管部门、车辆管理部门等单位了解个人转让建筑物、机器设备、车辆等财产的转让情况；（2）检查纳税人的有关账簿、凭证或检查支付单位或个人的支付凭证，掌握其转让财产取得的所得额；（3）审查纳税人提供的财产原值凭证是否合法、有效，对资产评估增值的，应审查有无合法的资产评估报告；（4）审查纳税人财产转让时的完税凭证和费用支出凭证，核对这些支出是否与财产转让有关，数额是否合理；（5）检查转让债券的原值和相关费用，核对转让债券所得的应纳税所得额计算是否正确。

4. 通过了解发行股票、债券的公司或企业向个人分派股息、配股以及支付利息的情况，检查个人取得的应税利息、股息及红利所得是否按规定进行了纳税申报。对偶然所得的应纳税所得额进行检查时，要到举办有奖销售、发放彩票的单位进行查证，掌握获奖者的名单和获奖金额，以及申报纳税情况。

5. 检查"利润分配"、"盈余公积"及其对应科目，确定分配股利和转增股本的情况，对照《个人所得税扣缴税款报告表》，核实是否按规定代扣代缴个人所得税。

第五节　税收优惠的检查

一、政策依据

1. 下列各项个人所得，免纳个人所得税：（1）省级人民政府、国务院部委和中国人民解放军军以上单位，以及外国组织、国际组织颁发的科学、教育、技术、文化、卫生、体育、环境保护等方面的奖金；（2）国债和国家发行的金融债券利息；（3）按照国家统一规定发给的补贴、津贴；（4）福利费、抚恤金、救济金；（5）保险赔款；（6）军人的转业费、复员费；（7）按照国家统一规定发给干部、职工的安家费、退职费、退休工资、离休工资、离休生活补助费；（8）依照我国有关法律规定应予免税的各国驻华使馆、领事馆的外交代表、领事官员和其他人员的所得；（9）中国政府参加的国际公约、签订的协议中规定免税的所得；（10）经国务院财政部门批准免税的所得。

2. 有下列情形之一的，经批准可以减征个人所得税：（1）残疾、孤老人员和烈属的所得；（2）因严重自然灾害造成重大损失的；（3）其他经国务院财政部门批准减税的。减征个人所得税，其减征的幅度和期限由省、自治区、直辖市人民政府规定。

3. 下列所得，暂免征收个人所得税：（1）外籍个人以非现金形式或实报实销形式取得的住房补贴、伙食补贴、搬迁费、洗衣费；（2）外籍个人按合理标准取得的境内、外出差补贴；（3）外籍个人取得的探亲费、语言训练费、子女教育费等，经当地税务机关审核批准为合理的部分；（4）个人举报、协查各种违法、犯罪行为而获得的奖金；（5）个人办理代扣代缴款手续，按规定取得的扣缴手续费；（6）个人转让自用达五年以上并且是唯一的家庭生活用房取得的所得；（7）对按《国务院关于高级专家离休退休若干问题的暂行规定》和《国务院办公厅关于杰出高级专家暂缓离退休审批问题的通知》精神，达到离休、退休年龄，但确因工作需要，适当延长离休退休年龄的高级专家，其在延长离休退休期间的工资、薪金所得，视同退休工资、离休工资免征个人所得税；（8）外籍个人从外商投资企业取得的股息、红利所得；（9）符合条件①的外籍专家取得的工资、薪金所得可免征个人所得税。

二、常见涉税问题

1. 企业管理层个人因经营业绩突出获得的政府一次性奖励，混同免税所得未申报个人所得税。

2. 企业工会组织用工会经费为员工发放人人有份的实物福利或以"困难补助"名义发放福利，混同免税所得未代扣个人所得税。

3. 故意扩大免税基数，少代扣个人所得税。

三、主要检查方法

1. 通过核实政府的有关文件，依据政府奖励的人员名单及奖金发放的有关情况，对企业"其他应付款"、"其他应收款"、"银行存款"、"现金"等账户进行检查，对照《个人所得税扣缴税款报告表》，审查有无将该项奖励混同免税所得未扣缴个人所得税。

2. 检查企业"应付职工薪酬——职工福利"、"应付职工薪酬——工会经费"等账户，有无对员工采取实物方式发放福利的行为；对企业以"生活补助"名义发放的项目，要逐项审查原始资料，核对受助人员是否符合条件，有无名为补助、实为变相福利，混同免税所得未扣缴个人所得税的情况。

3. 检查员工薪酬发放明细表，对允许税前扣除的基本养老保险、医疗保险、住房公积金、失业保险等项目是否按规定比例计算扣除，核实有无提高计算比例增加扣除额或变相为员工增加薪酬的问题。

第六节　特殊计税方法的检查

一、工资薪金所得特殊计税方法的检查

（一）纳税人取得的全年一次性奖金的检查

1. 政策依据

全年一次性奖金指行政机关、企事业单位等扣缴义务人根据其全年经济效益和对雇员全

---

① (1) 根据世界银行专项贷款协议由世界银行直接派往我国工作的外国专家；(2) 联合国组织直接派往我国工作的专家；(3) 为联合国援助项目来华工作的专家；(4) 援助国派往我国专为该国无偿援助项目工作的专家；(5) 根据两国政府签订文化交流项目来华工作两年以内的文教专家，其工资、薪金所得由该国负担的；(6) 根据我国大专院校国际交流项目来华工作两年以内的文教专家，其工资、薪金所得由该国负担的；(7) 通过民间科研协定来华工作的专家，其工资、薪金所得由该国政府机构负担的。

年工作业绩的综合考核情况，向雇员发放的一次性奖金。一次性奖金也包括年终加薪、实行年薪制和绩效工资办法的单位根据考核情况兑现的年薪和绩效工资。

①纳税人取得全年一次性奖金，单独作为一个月工资、薪金所得计算纳税，并按以下计税办法，由扣缴义务人发放时代扣代缴：

一是先将雇员当月内取得的全年一次性奖金，除以12个月，按其商数确定适用税率和速算扣除数。如果在发放年终一次性奖金的当月，雇员当月工资薪金所得低于税法规定的费用扣除额，应将全年一次性奖金减除"雇员当月工资薪金所得与费用扣除额的差额"后的余额，按上述办法确定全年一次性奖金的适用税率和速算扣除数。

二是将雇员个人当月内取得的全年一次性奖金，按上述确定的适用税率和速算扣除数计算征税。如果雇员当月工资薪金所得高于（或等于）税法规定的费用扣除额的，适用公式为：

应纳税额＝雇员当月取得全年一次性奖金×适用税率－速算扣除数

如果雇员当月工资薪金所得低于税法规定的费用扣除额的，适用公式为：

应纳税额＝（雇员当月取得全年一次性奖金－雇员当月工资薪金所得与费用扣除额的差额）×适用税率－速算扣除数

②在一个纳税年度内，对每一个纳税人，该计税办法只允许采用一次。

③实行年薪制和绩效工资的单位，个人取得年终兑现的年薪和绩效工资按①、②执行。

④雇员取得除全年一次性奖金以外的其他各种名目奖金，如半年奖、季度奖、加班奖、先进奖、考勤奖等，一律与当月工资、薪金收入合并，按税法规定缴纳个人所得税。

⑤对无住所个人取得④所述的各种名目奖金，如果该个人当月在我国境内没有纳税义务，或者该个人由于出入境原因导致当月在我国工作时间不满一个月的，可单独作为一个月的工资、薪金所得计算纳税。

2. 常见涉税问题

（1）一个年度内，多次使用全年一次性奖金计税方法。

（2）确定适用税率后，重复扣除"速算扣除数"，少缴个人所得税。

3. 主要检查方法

核查单位的个人所得税计算明细表，核实是否按税法规定正确计算扣缴税款，是否多次使用全年一次性奖金的计税办法少计税款；是否存在将全年一次性奖金按所属月份分摊、重复减除费用、降低适用税率的现象。如某单位3月份发放孙某工资4200元，已按规定扣缴了个人所得税。当月发放年度奖金60000元，单位代扣个人所得税＝[（60000÷12－3500）×15%－125]×12＝1200元。根据规定，该单位代扣个人所得税的正确计算方法为：60000÷12＝5000元，适用税率为15%、速算扣除数为125，应缴个人所得税＝60000×15%－125＝8875元，应补扣＝8875－1200＝7675元。

（二）在外商投资企业、外国企业及外国驻华机构工作的中方人员取得的工资、薪金的检查

1. 政策依据

在外商投资企业、外国企业及外国驻华机构工作的中方人员分别从雇佣单位和派遣单位取得工资、薪金所得的，由雇佣单位在支付工资、薪金时，按税法规定减除费用，计算扣缴个人所得税；派遣单位支付的工资、薪金不再减除费用，以支付全额直接确定适用税率，计算扣缴个人所得税。

2．常见涉税问题

从雇佣单位和派遣单位分别取得的工资、薪金所得未合并纳税。

3．主要检查方法

对于在外商投资企业、外国企业和外国驻华机构工作的中方人员取得的工资、薪金所得，凡是由雇佣单位和派遣单位分别支付，而且工资、薪金所得的一部分按照规定需上交派遣单位（介绍单位）的，应审查纳税义务人提供的两处支付单位的工资、薪金发放单据和完税凭证原件，以及有效的合同或有关证明材料，审核纳税人是否按税法规定将两处取得的工资、薪金收入合并申报个人所得税。

（三）从特定行业取得的工资、薪金的检查

1．政策依据

特定行业的工资、薪金所得应纳的税款，可以采用按年计算、分月预缴的方式计征，具体办法由国务院规定。

特定行业是指采掘业、远洋运输业、远洋捕捞业以及财政部确定的其他行业。所说的按年计算、分月预缴的计征方式，是指《个人所得税法实施条例》第四十条所列的特定行业职工的工资、薪金所得应纳的税款，按月预缴，自年度终了之日起 30 日内，合计其全年工资、薪金所得，再按 12 个月平均并计算实际应纳的税款，多退少补。

2．常见涉税问题

擅自扩大特殊行业个人所得税计算适用范围。

3．主要检查方法

检查中应重点检查采掘业、远洋运输业、远洋捕捞业以及财政部确定的其他行业以外的单位有无在计算个人所得税时，将特定行业个人所得税计算方法和适用的费用扣除标准擅自应用，少纳税款的现象。如某从事内河运输的单位错按远洋运输业的计算方法代扣本单位职工个人所得税。

（四）对个人取得的经济补偿金的检查

1．政策依据

（1）个人因与用人单位解除劳动关系而取得的一次性补偿收入（包括用人单位发放的经济补偿金、生活补助费和其他补助费用），在当地上年职工平均工资 3 倍数额以内的部分，免征个人所得税；超过的部分按照《国家税务总局关于个人因解除劳动合同取得经济补偿金征收个人所得税问题的通知》的有关规定，计算征收个人所得税。按照国家和地方政府规定的比例实际缴纳的住房公积金、医疗保险费、基本养老保险费、失业保险费，可以在计征个人一次性补偿收入的个人所得税时予以扣除。

（2）对于个人因解除劳动合同而取得的一次性经济补偿收入，应按"工资、薪金所得"项目计征个人所得税。考虑到个人取得的一次性经济补偿收入数额较大，而且被解聘的人员可能在一段时间内没有固定收入，因此，对于个人取得的一次性经济补偿收入，可视为一次取得数月的工资、薪金收入，允许在一定期限内进行平均。具体平均办法为：以个人取得的一次性经济补偿收入除以个人在本企业的工作年限数，以其商数作为个人的月工资、薪金收入，按照税法规定计算缴纳个人所得税。个人在本企业的工作年限数按实际工作年限数计算，超过 12 年的按 12 年计算。按照上述方法计算的个人一次性经济补偿收入应纳的个人所得税税款，由支付单位在支付时一次性代扣，并于次月 7 日内缴入国库。个人按国家和地方政府规定比例实际缴纳的住房公积金、医疗保险金、基本养老保险金、失业保险基金在计税时予以扣除。个人在解除劳动合同后又再次任职、受雇的，对个人已缴纳个人所得税的一次性经济补偿收入，不再与再次任职、受雇的工资、薪金所得合并计算补缴个人所得税。

2. 常见涉税问题

虚增工作年限，提高当地上年平均工资标准，少缴个人所得税。

3. 主要检查方法

通过审核劳动合同，检查职工档案和缴纳劳动保险的时间来确认解除劳动关系的实际工作年限，确认是否虚构工作年限；到劳动部门、统计部门确认当地上年度职工平均工资、各项保险金金额，确定是否存在降低平均收入，少缴或不缴个人所得税的现象。

（五）个人因认购股票等有价证券而从雇主取得的折扣或补贴收入的检查

1. 政策依据

中国境内的公司、企业为吸引人才，按有关法律和本公司制度，向其雇员折价发放股票等有价证券。其税务处理办法为：在中国境内负有纳税义务的个人（包括在中国境内有住所和无住所的个人）认购股票等有价证券，因其受雇期间的表现或业绩，从其雇主以不同形式取得的折扣或补贴（指雇员实际支付的股票等有价证券的认购价格低于当期发行价格或市场价格的数额），属于该个人因受雇而取得的工资、薪金所得，在雇员实际认购股票等有价证券时计税。从雇主取得的折扣或补贴，因一次收入较多，全部计入当月工资、薪金所得纳税有困难的，自其实际认购股票等有价证券的当月起，在不超过 6 个月的期限内平均分月计入工资、薪金所得计税。

2. 常见涉税问题

计算折扣和补贴不准确，分摊时间超过 6 个月。

3. 主要检查方法

应重点查明折扣或补贴的收入计算是否正确，有无未经税务机关批准自行分摊或超过批准月数平均到各月工资、薪金中，降低税率，少申报个人所得税。

二、单位或个人为纳税人负担税款的检查

（一）政策依据

1. 单位或个人为纳税义务人负担个人所得税税款，应将纳税义务人取得的不含税收入换算为应纳税所得额，计算征收个人所得税。计算公式如下：

（1）应纳税所得额＝（不含税收入额－费用扣除标准－速算扣除数）÷（1－税率）

（2）应纳税额＝应纳税所得额×适用税率－速算扣除数

公式（1）中的税率，是指不含税所得按不含税级距对应的税率；公式（2）中的税率，是指应纳税所得额按含税级距对应的税率。

2. 雇主为雇员负担税款的计算方法：

（1）雇主为其雇员定额负担税款的，应将雇员取得的工资、薪金所得换算成应纳税所得额后，计算征收个人所得税。工资薪金收入换算成应纳税所得额的计算公式为：

应纳税所得额＝雇员取得的工资＋雇主代雇员负担的税款－费用扣除标准

（2）雇主为其雇员负担一定比例的工资应纳的税款或者负担一定比例的实际应纳税款的，其应纳税款计算公式如下：

应纳税所得额＝（未含雇主负担的税款的收入额－费用扣除标准－速算扣除数）×负担比例÷（1－税率×负担比例）

应纳税额＝应纳税所得额×适用税率－速算扣除数

3. 根据《国家税务总局关于印发〈征收个人所得税若干问题的规定〉的通知》第十四条的规定，单位或个人为纳税义务人负担个人所得税税款的，应将纳税义务人取得的不含税收入额换算为应纳税所得额，计算征收个人所得税。为了规范此类情况下应纳税款的计算方法，现将计算公式明确如下：

（1）不含税收入额为 3360 元（即含税收入额 4000 元）以下的：

应纳税所得额＝（不含税收入额－800）÷（1－税率）

（2）不含税收入额为 3360 元（即含税收入额 4000 元）以上的：

应纳税所得额＝[（不含税收入额－速算扣除数）×（1－20%）]÷[1－税率×（1－20%）]

（3）应纳税额＝应纳税所得额×适用税率－速算扣除数

公式（1）、（2）中的税率，是指不含税所得按不含税级距对应的税率；公式（3）中的税率，是指应纳税所得额按含税级距对应的税率。

（二）常见涉税问题

单位或个人为纳税人负担税款，在计算扣缴个人所得税时，不进行还原计算，而是直接计算代扣个人所得税，少扣缴税款。

（三）主要检查方法

1. 单位或个人为纳税人的劳务报酬所得负担税款的检查

检查单位或个人与纳税人是否签订了代付税款合同或协议，区分纳税人申报的所得额是含税收入额还是不含税收入额，并据此确定相应的计税方法，防止扣缴义务人混淆这两种不同内涵的所得，少代扣代缴税款。

2. 雇主为其雇员的工资、薪金所得负担税款的检查

首先检查工资发放单，确定代扣个人所得税税款是个人负担还是单位负担。在确认由单位负担后，再根据具体情况按税收政策规定的计算公式进行还原计算，确定实际应代扣代缴税款。

例 2

2008 年 4 月某市稽查局在检查某剧院"代扣代缴"明细账时发现其支付某外地歌唱演员一次性劳务报酬 7 万元。经审核其演出合同，7 万元为税后所得，剧院在进行纳税申报时，为其代扣代缴的税款为：70000×（1－20%）×40%－7000＝15400（元）。

根据国税发〔1996〕161 号文件规定，单位或个人为纳税义务人负担个人所得税的，应将纳税义务人取得的不含税收入额换算为应纳税所得额，计算征收个人所得税。故应将纳税人取得的不含税收入换算为应纳税所得额。

应纳税所得额＝[（不含税收入额－速算扣除数）×（1－20%）]÷[1－税率×（1－20%）]＝74117.65（元）

应纳税额＝74117.65×40%－7000＝22647.06（元）

该剧院应补扣税款＝22647.06－15400＝7247.06（元）

三、捐赠扣除计税的检查

（一）政策依据

1. 个人将其所得对教育事业和其他公益事业捐赠的部分，按照国务院有关规定从应纳税所得中扣除。

2. 个人将其所得对教育事业和其他公益事业的捐赠，是指个人将其所得通过中国境内的社会团体、国家机关向教育和其他社会公益事业以及遭受严重自然灾害地区、贫困地区的捐赠。捐赠额未超过纳税义务人申报的应纳税所得额 30%的部分，可以从其应纳税所得额中扣除。

（二）常见涉税问题

1. 向教育和其他公益事业的捐赠未通过规定渠道，捐赠手续不符合规定。

2. 扣除基数不正确，超标准扣除，减少应纳税所得额。

3. 扣除比例计算不正确，将允许部分比例扣除的捐赠混同全额扣除的捐赠。

（三）主要检查方法

1. 检查纳税人捐赠行为时，要重点核实纳税人是否通过国家批准成立的教育和其他公益事业组织进行捐赠，捐赠单据和公章是否相符，是否符合国家税法规定；结合纳税人的自行申报，与办理捐赠事宜的有关社会团体、国家机关取得联系，查核纳税人的捐赠行为是否真实，手续是否合法，捐赠款项是否到位，捐赠数额是否如实申报。

2. 检查纳税人所得计算的准确性，核实捐赠扣除基数，查实有无扩大基数的问题。

3. 检查通过社会团体捐赠的受赠人身份是否符合全额扣除标准的受赠人。如某人对中国光彩事业促进会进行捐赠，该受赠人不属于政策规定的全额扣除的受赠人，该捐赠应不予税前全额扣除。

四、应纳税额抵扣的检查

（一）政策依据

1. 纳税义务人从中国境外取得的所得，准予其在应纳税额中扣除已在境外缴纳的个人所得税税额。但扣除额不得超过该纳税义务人境外所得依照《个人所得税法》规定计算的应纳税额。

2. 依照税法规定计算的应纳税额，是指纳税义务人从中国境外取得的所得，区别不同国家或者地区和不同所得项目，依照税法规定的费用减除标准和适用税率计算的应纳税额；同一国家或者地区内不同所得项目的应纳税额之和，为该国家或者地区的扣除限额。纳税义务人在中国境外一个国家或者地区实际已经缴纳的个人所得税税额，低于依照前款规定计算出的该国家或者地区扣除限额的，应当在中国缴纳差额部分的税款；超过该国家或者地区扣除限额的，其超过部分不得在本纳税年度的应纳税额中扣除，但是可以在以后纳税年度的该国家或者地区扣除限额的余额中补扣，补扣期限最长不得超过 5 年。

3. 纳税义务人依照《个人所得税法》第七条的规定申请扣除已在境外缴纳的个人所得税税额时，应当提供境外税务机关填发的完税凭证原件。自行申报的纳税义务人，在申报纳税时，其在中国境内已扣缴的税款，准予按照规定从应纳税额中扣除。

（二）常见涉税问题

境外个人从境外取得收入在境内抵扣计税时提供的扣税资料不全，扣除限额的计算不正确。

（三）主要检查方法

1. 了解纳税人收入来源的国家和地区，不同应税项目应区分国家或地区分别计算抵免限额。扣除在境外已缴纳的税款时，应将纳税人在该国已缴纳的税额在按我国税法计算出的各项所得的抵扣限额总额中综合扣除。

2. 境外已纳税款的抵免（扣除）应符合下列有关条件：（1）境外已纳税款应是依照所得来源国或地区法律应计算缴纳并实际已经缴纳的税款，要注意是否存在所得来源国或地区税务机关错征或纳税人错缴税款的问题；（2）在申请扣除境外已纳税款时，必须提供境外税务机关填发的完税手续，不得以复印件申请税款抵扣，而且必须是本项、本次所得已缴纳的税款，要注意是否存在无证抵扣和混淆抵扣税额的问题。

五、股票期权所得个人所得税的检查

（一）政策依据

企业员工股票期权是指上市公司按照规定的程序授予本公司及其控股企业员工的一项权利，该权利允许被授权员工在未来时间内以某一特定价格购买本公司一定数量的股票。

员工行权时，其从企业取得股票的实际购买价（施权价）低于购买日公平市场价（指该股票当日的收盘价）的差额，是因员工在企业的表现和业绩情况而取得的与任职、受雇有关的所得，应按"工资、薪金所得"适用的规定计算缴纳个人所得税。对因特殊情况，员工在行权日之前将股票期权转让的，以股票期权的转让净收入，作为工资薪金所得征收个人所得税。

员工行权日所在期间的工资薪金所得，应按下列公式计算工资薪金应纳税所得额和应纳税额：

股票期权形式的工资薪金应纳税所得额=（行权股票的每股市场价－员工取得该股票期权支付的每股施权价）×股票数量

应纳税额=（股票期权形式的工资薪金应纳税所得额/规定月份数×适用税率－速算扣除数）×规定月份数

规定月份数，指员工取得来源于中国境内的股票期权形式工资薪金所得的境内工作期间月份数，长于 12 个月的，按 12 个月计算；上面公式中的适用税率和速算扣除数，以股票期权形式的工资薪金应纳税所得额除以规定月份数后的商数，对照《国家税务总局关于印发〈征收个人所得税若干问题〉的通知》所附税率表确定。

员工将行权后的股票再转让时获得的高于购买日公平市场价的差额，是因个人在证券二级市场上转让股票等有价证券而获得的所得，应按照"财产转让所得"适用的征免规定计算缴纳个人所得税。员工因拥有股权而参与企业税后利润分配取得的所得，应按照"利息、股息、红利所得"适用的规定计算缴纳个人所得税。

（二）常见涉税问题

1. 个人从两处或两处以上取得股票期权形式的工资薪金所得未申报缴纳个人所得税。

2. 股票期权奖励方式较为隐蔽，未代扣代缴个人所得税。

3. 计算时适用税目、税率错误，少代扣代缴个人所得税。

（三）主要检查方法

查阅企业的股票期权计划或实施方案、股票期权协议书、授权通知书等资料，结合员工花名册，核实个人接受或转让的股票期权以及认购的股票情况（包括种类、数量、施权价格、行权价格、市场价格、转让价格等），检查适用的税目、税率是否正确，有无混淆，代扣代缴的个人所得税计算是否正确等。

练习题

1. 个人所得税征税范围的检查中，常见哪些涉税问题？对应的检查方法各是什么？

2. 工资薪金计税依据的检查中，常见的涉税问题及检查的方法各是什么？

第九章　其他税种检查方法

通过本章的学习，需要理解并掌握以下问题：

1. 对资源税常见涉税问题的主要检查方法；
2. 对城市维护建设税常见涉税问题的主要检查方法；
3. 对土地增值税和城镇土地使用税常见涉税问题的主要检查方法；
4. 对车船税和房产税常见涉税问题的主要检查方法；
5. 对印花税和车辆购置税常见涉税问题的主要检查方法；
6. 对出口退税常见涉税问题的主要检查方法。

第一节　资源税检查方法

一、纳税义务人、扣缴义务人和征税范围的检查

（一）政策依据

在中华人民共和国境内开采应税矿产品或生产盐的单位和个人为资源税的纳税义务人。收购未税矿产品的单位为资源税的扣缴义务人。

资源税征税范围有矿产品和盐两大类。其中矿产品包括：原油、天然气、煤炭、其他非金属矿原矿、黑色金属矿原矿、有色金属矿原矿。盐包括：固体盐和液体盐。

（二）常见涉税问题

1. 临时开采、不定期作业、零散隐蔽的纳税人未按规定进行申报纳税。
2. 扣缴义务人未按规定全面履行代扣代缴义务。
3. 纳税人开采矿产品或生产盐的过程中伴生、伴采矿未按规定申报纳税。

（三）主要检查方法

1. 首先到矿产资源管理部门调查，摸清辖区内开采矿产品或生产盐的企业经营者名单，掌握其采矿许可证的颁发情况；其次，实地检查经营者的具体经营内容，核实是否属于资源税的应税范围，以此确认经营者是否为资源税的纳税义务人。

2. 检查经常性发生收购未税矿产品业务的单位时，从检查"原材料"、"应付账款"、"其他应付款"、"银行存款"、"应交税费"等账户入手，并结合实地查看，确定购进耗用的原材料是否为资源税应税产品，以发现是否存在收购未税矿产品行为，同时也便于及时从中发现不定期开采、临时开采或零散开采的资源税纳税人。

3. 征税范围检查，应深入车间、仓库，通过实地观察生产场所，了解生产经营流程、耗材和产品，查询与纳税人有经营往来关系的单位及个人，检查纳税人的"原材料"、"产成品"、"其他应付款"、"管理费用"、"应交税费"等账户，核对入库单、货物运输发票等原始资料，查核纳税人是否有在开采、生产、购进等环节隐匿属于某一特定应税资源范围的行为。

二、计税依据的检查

（一）政策依据

资源税的应纳税额，按照应税产品的课税数量和规定的单位税额计算。

煤炭，对于连续加工前无法正确计算原煤移送使用数量的，可按加工产品的综合回收率，将加工产品实际销量和自用量折算成原煤数量作为课税数量；金属和非金属矿产品原矿，对无法准确掌握纳税人移送使用原矿数量的，可将其精矿按选矿比折算成原矿数量作为课税数量。

（二）常见涉税问题

1. 纳税人应税产品的销售数量、自用数量及收购的未税矿产品数量不真实。

2. 自产、自用应税产品，在使用时直接出库结转成本而未作销售处理。

3. 将加工精煤、选煤的实际销售量折算成原煤耗用量作为课税数量的纳税人，故意加大损耗数量比，不按规定的加工产品综合回收率折算，少计耗用原煤数量。

4. 将精矿按选矿比折算成原矿数量作为课税数量的，不按规定的选矿比进行折算，少计耗用原矿数量。

5. 以应税产品的产量为课税数量的，少计开采或生产的应税产品数量。

（三）主要检查方法

1. 自产、自用应税产品数量的检查。企业在生产、生活过程中消耗自用产品，数量操控性强，难以核准。如煤炭企业的食堂、浴室、职工学校耗用的生活用煤，下属商店、服务公司等耗用的取暖用煤等，检查时可直接审查"库存商品"明细账的贷方发生额和"生产成本"的借方发生额，对照产品实物账及"产品出库单"或"领料单"，核实企业是否按当期应税产品的实际消耗数量作为资源税的计税数量。如果当期有产品损耗，应认真审查"待处理财产损溢"明细账及"账存实存对比表"和"盘存单"，以核实损耗的具体原因及真实数量，报经有关部门审批后，再从计税数量中予以剔除。将核实数量与企业纳税申报表上的申报数量相核对，如不相符，应按核实的数量计算应纳税款，确定应补税数额。还应审查"生产成本"总账及明细账，特别是涉及"生产成本"贷方发生额的，要根据记账凭证上的科目对应关系逐笔查对，核实纳税人是否将生产的应税产品自用后直接冲减"生产成本"，不作库存商品增加和减少的账务处理，进而少申报缴纳税款。

2. 煤矿以自产原煤连续加工洗煤、选煤或用于炼焦、发电以及生活用煤的检查。对于连续加工前无法计算耗用量，按产品综合回收率计算的，检查时需从"库存商品"明细账入手，先核实加工后的入库产品数量，再核实企业还原计算的原煤数量和资源税纳税申报表，验证企业使用的折算比是否符合规定，折算使用的加工后产品数量是否真实，折算的原煤课税数量是否准确。对于机车发电使用量没有健全使用记录的，可以采取技术测算的方法，先审查发电车间的生产记录、工作量和生产量（产电度数），再根据有关的配比消耗技术资料，按单位工作量和单位产品消耗量推算出耗用原煤的数量。

3. 按选矿比将精矿折算为原矿数量作为课税数量的检查。首先应审查"库存商品——××精矿"明细账，查看原始入库单据，并实地监测，核实车间精矿数量是否账实相符，并按规定的选矿比计算出原矿数量，再与企业申报的原矿数量相比较，核实是否少申报缴纳税款。

4. 以应税产品产量为课税数量的检查。检查时可先审查"生产成本"账户的贷方结转数量，并与产品成本计算表上的"完工产品数量"、"库存商品"账户借方当期增加数量相核对，核实当期增加数量，确定当期实际产量，再与纳税申报表上的申报数量进行核对，从中发现企业申报课税数量小于实际生产数量，或"产成品"账面数量小于实际生产数量的问题。

5. 扣缴义务人收购未税矿产品数量的检查。扣缴义务人属于商品流通企业的，应审查"库存商品"明细账的借方发生额，并结合审查"商品入库单"和购货发票等原始凭证，核实购进未税矿产品的数量。扣缴义务人属工矿企业的，应审查其"原材料"账户，结合"材料入库单"、"发货票"、"货物运输发票"等原始资料的审核，查实购进未税矿产品的数量，再与企业申报纳税的课税数量相核对，若申报数量小于核实的数量，说明扣缴义务人少扣缴了税款。

三、适用税目和适用税额的检查

（一）政策依据

资源税的税目、税额，依照《资源税暂行条例》所附的《资源税税目税额幅度表》及财政部的有关规定执行。纳税人开采或者生产不同税目应税产品的，应当分别核算不同税目应税产品的课税数量；未分别核算或者不能准确提供不同税目应税产品的课税数量的，从高适用税额。

扣缴义务人适用的税额按如下规定执行：（1）独立矿山、联合企业收购未税矿产品的单位，按照本单位应税矿产品税额标准，依据收购的数量代扣代缴资源税。（2）其他收购单位收购的未税矿产品，按税务机关核定的应税矿产品税额标准，依据收购的数量代扣代缴资源税。

（二）常见涉税问题

1. 降低或混淆应税产品的等级，按低等级的单位税额计算缴纳资源税；

2. 将稀油记入稠油、高凝油，按低等级的单位税额计算缴纳资源税；

3. 液体盐加工成固体盐进行销售，却按液体盐的单位税额申报纳税。

（三）主要检查方法

1. 降低或混淆应税产品等级的检查。先审查"生产成本"、"库存商品"等账户，核实生产入库和销售结转应税产品的等级数量确定是否正确；再审查"银行存款"、"主营业务成本"、"主营业务收入"等账户，核实结转的应税产品的销售成本和销售价格，佐证应税产品的等级数量认定是否无误；然后按核实认定的等级，确定适用的单位税额；最后根据各等级数量、适用的单位税额计算应纳税额，与企业"应交税费——应交资源税"账户的贷方发生额以及纳税申报表上的应纳税额核对，从中发现企业是否存在降低或混淆产品等级少申报缴纳税款的行为。

2. 油田的稠油、高凝油与稀油的纳税检查。首先检查"生产成本"、"库存商品"等明细账以及油田的生产记录，核实企业稠油、高凝油及稀油的产量；其次检查"银行存款"、

"主营业务成本"、"主营业务收入"等账户以及销售发票等资料，对照销售价格，掌握企业稠油、高凝油及稀油的实际销售数量，推算企业稠油、高凝油及稀油的实际产量，进而查实企业有无混记、混销稠油、高凝油与稀油的情况。其中对划分不清的，一律按原油的数量课税。

3. 液体盐加工成固体盐进行销售的纳税检查。对盐场（厂）检查时，可采取倒推计算法，即先从企业的销售环节入手，根据开具销售发票上记载的销售数量和单位价格，确定销售盐的种类和数量；再检查企业的生产加工环节，按照盐的生产加工流程，核实液体盐和固体盐的生产、加工、结转数量；将检查掌握的有关数据资料对比分析，核实数量上、分类上是否一致，同时对照税金计算表，检查企业是否存在将固体盐当作液体盐进行申报以降低适用税额、减少应税数量的问题。

四、税收优惠的检查

（一）政策依据

1. 有下列情形之一的，减征或者免征资源税。

（1）开采原油过程中用于加热、修井的原油，免税。

（2）纳税人开采或者生产应税产品过程中，因意外事故或者自然灾害等原因遭受重大损失的，由省、自治区、直辖市人民政府酌情决定减税或者免税。

2. 对地面抽采煤层气暂不征收资源税。

（二）常见涉税问题

1. 未按规定履行报批手续擅自享受减免税优惠。

2. 免税项目未按规定单独核算。

（三）主要检查方法

1. 使用原油免税情况的检查。检查与原油免税有关的会计资料，使用审批手续，出库、入库记录，核实免税原油的使用数量。询问调查有关人员，掌握原油的实际流向和用途，根据使用单位的工作计划、生产记录和有关的技术资料，验证开采过程中用于加热、修井使用原油的真实性，核查有无以加热、修井名义领取原油但实际改变用途的情况。对不能准确提供使用数量或不单独核算的，不得享受免税待遇。

2. 纳税人损失数量减免税的检查。检查中可采取账实对照的方法，即以各种资产账目为基础，核对企业的报损清单，对部分损失较大的资产或贵重资产进行实地清查，以核实企业损失的真实数量，看企业有无多报、虚报损失的情况。

第二节　城市维护建设税检查方法

一、纳税义务人和征税范围的检查

（一）政策依据

凡缴纳增值税、消费税、营业税的单位和个人，都是城市维护建设税的纳税义务人。

对外商投资企业和外国企业暂不征收城市维护建设税。海关对进口产品代征的增值税、消费税不征收城市维护建设税。

（二）常见涉税问题

符合纳税人确认条件未申报纳税。

（三）主要检查方法

1. 检查纳税申报表和完税凭证，核实被查对象是否是缴纳增值税、消费税、营业税的（除三资企业）单位和个人，以此确定是否为城市维护建设税的纳税义务人。

2. 除"三资"企业和海关进口产品代征的增值税、消费税以外，对其他的减免税的检查，主要审查其相关的审批手续是否符合规定，对不符合规定而擅自减免的税款应及时补征入库。

二、计税依据和适用税率的检查

（一）政策依据

1. 城市维护建设税，以纳税人实际缴纳的增值税、消费税、营业税税额为计税依据。

2. 城市维护建设税，暂按原税率和新颁布实施的增值税、消费税、营业税三税为依据计算征收。

3. 自 2005 年 1 月 1 日起，经国家税务局正式审核批准的当期免抵的增值税税额应纳入城市维护建设税和教育费附加的计征范围，分别按规定的税（费）率征收城市维护建设税和教育费附加。

4. 城市维护建设税按纳税人所在地的不同分别设置了不同的比例税率，共分三档，即：（1）纳税人所在地为市区的，税率为 7%；（2）纳税人所在地为县城、建制镇的，税率为 5%；（3）纳税人所在地不在市区、县城或建制镇的，税率为 1%；（4）纳税人所在地为工矿区的，应根据行政区划分别按照 7%、5%、1% 的税率缴税。

（二）常见涉税问题

1. 城市维护建设税适用税率错误。

2. 国税机关补查增值税、消费税后，纳税人未向地税机关申报相应的城市维护建设税。

（三）主要检查方法

1. 检查时将增值税、消费税、营业税"三税"纳税申报表、《生产企业出口货物免、抵、退税申报汇总表》第 25 行的"当期免抵税额"与城市维护建设税纳税申报表进行核对，查实是否相符。

2. 检查"三税"应税行为的发生地，核实城市维护建设税的适用税率是否正确。

三、纳税地点与纳税期限的检查

（一）政策依据

1. 代收代扣"三税"的单位和个人，其城市维护建设税的纳税地点在代收代扣地。具体情况如下：委托加工应税消费品，规定由受托方企业代收代缴"消费税"的单位，同时按当地适用税率代扣城市维护建设税。

2. 对流动经营等无固定纳税地点的单位和个人，应随同"三税"在经营地按适用税率缴纳城市维护建设税。

（二）检查方法

城市维护建设税纳税地点、纳税期限的检查与"三税" 纳税地点、纳税期限的检查一致。

第三节　土地增值税检查方法

一、纳税义务人的检查

（一）政策依据

转让国有土地使用权、地上的建筑物及其附着物（以下简称转让房地产）并取得收入的单位和个人，为土地增值税的纳税义务人，应当依照《土地增值税暂行条例》交纳土地增值税。

（二）常见涉税问题

转让国有土地使用权、地上建筑物及其附着物时，未按规定履行纳税义务。

（三）主要检查方法

1. 检查单位"固定资产"和"无形资产"明细账，了解其拥有的国有土地使用权、地上建筑物及其附着物发生增减变化的情况，发生减少的，要通过土地、房产等管理部门核实被查单位拥有的国有土地使用权、地上建筑物及其附着物的变化，进一步确定是否转让了其拥有的房地产和土地并取得收入，转让并取得收入的单位或个人为土地增值税纳税义务人。

2. 对不设置账簿或账簿记录不完整的单位和个人，应当深入实际进行调查，通过走访、询问土地、房产、受让方等部门和单位了解被查单位是否发生了有偿转让国有土地使用权、地上的建筑物及其附着物的行为，发生转让行为并取得收入的单位或个人为土地增值税纳税义务人。

3. 对未办理土地使用权证而转让土地的单位和个人，结合"营业外收入"、"其他业务收入"、"资本公积"和"银行存款"等账户，确定是否有未办理土地使用证而转让土地的情况。

二、征税范围的检查

（一）政策依据

土地增值税的征税范围为转让国有土地使用权、地上的建筑物及其附着物。征税范围的具体划分，详见《税务稽查方法》第9章。

（二）常见涉税问题

混淆土地增值税的征免税范围。

（三）主要检查方法

1. 征税范围确认的检查。检查"固定资产"、"无形资产"、"银行存款"等账户，核查单位有无转让国有土地使用权、地上建筑物等行为的发生。如果发生土地使用权的转移，还应进一步确定转让土地的权属是否为国家所拥有。转让国有土地使用权取得收入的行为应征收土地增值税；转让农村集体所有的土地使用权所取得的收入，不征收土地增值税。

2. 土地使用权转让与出让区分的检查。土地使用权属转移包括两种方式：转让与出让。国有土地使用权的转让是指土地使用者通过出让等形式取得土地使用权后，将土地使用权再转让的行为，包括出售、交换和赠与，属于土地增值税的征税范围。国有土地使用权出让是指国家以土地所有者的身份将土地使用权在一定年限内让与土地使用者，并由土地使用者向国家支付土地使用权出让金的行为，不属于土地增值税的征税范围。

3. 房地产开发企业与非房地产开发企业投资和联营的检查。（1）对于房地产开发企业，检查企业"长期股权投资"等账户，如发现企业有对外投资和联营行为，应进一步检查"开发产品"和"投资性房地产"账户，确定企业对外投资和联营的形式，以其建造的商品房对外投资或联营的，属于土地增值税的征税范围。（2）对于非房地产开发企业，检查企业"长期股权投资"、"固定资产"、"无形资产"等明细账，如果发现以土地（房地产）作价入股进行投资或联营的，凡所投资、联营的企业从事房地产开发的，应属于土地增值税的征税范围；凡所投资、联营的企业从事非房地产开发的，则不属于土地增值税的征税范围。

4. 被兼并企业转让国有土地使用权、地上建筑物及其附着物的检查。通过合同、协议、批文等资料和"固定资产"、"无形资产"等账户，重点查实国有土地使用权、地上建筑物及其附着物等转让行为发生的时间、形式，如果属于被兼并企业将国有土地使用权、地上建筑物及其附着物转让到兼并企业的，暂免征收土地增值税，其他行为应属于土地增值税的征税范围。

5. 搬迁企业土地、房产的检查。对于有搬迁行为的企业，要询问企业负责人、财务人员，掌握具体搬迁情况，查看当地的城市规划，查实是否因城市实施规划、国家建设需要而搬迁，对于符合免税条件的免征土地增值税。达不到以上条件的，属于土地增值税的征税范围。

三、应税收入的检查

（一）政策依据

纳税人转让房地产所取得的收入，包括货币收入、实物收入和其他收入。纳税人将开发产品用于职工福利、奖励、对外投资、分配给股东或投资人、抵偿债务、换取其他单位和个人的非货币性资产等，发生所有权转移时应视同销售房地产，其视同销售收入按下列方法和顺序审核确认：（1）按本企业在同一地区、同一年度销售的同类房地产的平均价格确认；（2）由税务机关参照当地当年、同类房地产的市场价格或评估价值确认。

（二）常见涉税问题

1. 转让收入长期挂账不及时结转，延迟纳税。

2. 少报转让价格少申报纳税。

3. 视同销售行为未申报纳税。

4. 取得非货币收入未按规定计量少申报纳税。

5. 部分房地产销售收入不入账，形成账外资金少申报纳税。

（三）主要检查方法

1. 检查"银行存款"、"其他应收款"、"应付账款"、"预收账款"等，核实实现的收入是否长期挂账不及时结转收入，未按税法规定的时间申报纳税。

2. 查阅有关转让合同、协议、评估报告，检查"主营业务收入"、"其他业务收入"、"固定资产清理"、"银行存款"等账户，查询房产、土地管理部门及购买方，核实取得的收入是否真实、准确、完整，有无少报收入的情况；在审查核实房地产转让收入时，成交价格明显低于评估价格，又无正当理由的，可以用评估价格来计算征税。

3. 视同销售行为的检查。主要检查"开发产品"、"固定资产"、"无形资产——土地使用权"等明细账，结合对合同协议的审查，核实企业是否发生了视同销售行为；对发生视同销售行为的，主要检查账务处理和收入核算是否准确，是否按规定申报纳税。

4. 非货币收入的检查。查阅销售合同、转让协议，了解取得非货币性项目的市场价格，核实非货币收入是否全额记入"主营业务收入"、"其他业务收入"等账户，入账的评估价格是否合理。

5. 房地产转让收入完整性的检查，要从"主营业务收入"、"产成品"、"固定资产清理"等明细账入手，认真核对合同协议书、评估报告等关联资料，同时对已售商品房实地查看，登记造册，逐项账实核对，分别从数量上、金额上核实商品房销售收入的准确性。

四、扣除项目的检查

（一）政策依据

计算增值额的扣除项目有：（1）取得土地使用权所支付的金额；（2）开发土地的成本、费用；（3）新建房及配套设施的成本、费用，或者旧房及建筑物的评估价格；（4）与转让房地产有关的税金；（5）财政部规定的其他扣除项目。

（二）常见涉税问题

1. 虚列开发成本，多计扣除项目金额。

2. 旧房的重置成本确定不准确，多计扣除项目金额。

3. 自行扩大加计扣除的适用范围。

（三）主要检查方法

1. 取得土地使用权支付金额的检查

（1）重点审查"开发成本"账户，查阅和土地交易有关的证明文件及原始凭证，核实土地坐落位置和开发项目是否相符。到财政、土地部门了解国家有关收费政策，正确计算开发项目的缴费金额，核实土地成本归集项目是否真实、完整。如有返还土地出让金政策的，应检查企业"银行存款"、"开发成本"等明细账户，确定是否存在不入账加大扣除金额的情况。

（2）对分期开发的房地产项目，要结合总体开发规划实地查看，准确计算总体开发面积。通过检查"产成品"、"开发成本——土地成本"、"银行存款"、"主营业务收入"、"主营业务成本"等账户，核查已销房产土地成本的分摊金额是否正确。

2. 开发土地和新建房及配套设施成本的检查

（1）结合"拆迁协议书"到拆迁户实地确定拆迁政策和面积，检查"银行存款"、"开发成本"等账户，查实有无虚假拆迁、虚报拆迁价格和面积的情况。

（2）到统计部门了解开发项目所在地的建安成本单位价格，与开发单位建安成本进行对比，成本差异较大的，要审查建筑合同，查清承建形式、面积、付款方式和时间，查实有无虚报建安成本的情况。

（3）检查房地产转让合同，确认公共配套设施的使用方式，如果建成后有偿转让的，应查看收入账户，通过计算收入核实准予扣除的成本、费用。

（4）检查"开发成本"明细账，并与有关会计凭证核对，核实有无将不属于开发产品的基础设施费、公共配套设施费和开发间接费用计入了开发费用的问题，已发生开发费用的分配与结转是否合理、准确。

3. 开发土地和新建房及配套设施费用的检查

（1）检查"开发成本"明细账和"管理费用"、"销售费用"账户，核实有无加大加计扣除基数的问题。

（2）检查财务费用中的利息支出，查阅所提供金融机构证明的可靠性，利息是否超过按商业银行同类同期贷款利率计算的金额，超过部分和罚息不能扣除。

（3）对属于多个房地产项目共同的成本费用，应核实成本费用分割方法是否正确，已售出房产项目的费用扣除是否准确。

4. 旧房及建筑物评估价格的检查

（1）重点审核评估文书是否由政府批准设立的房地产评估机构出具，审核房产评估价格是否经税务部门确认。

（2）对旧房重置成本价和成新度的确认。重点核实评估报告中是否包含了土地的评估价值，对包括在内的，应予以剔除，以取得土地使用权的实际支付价款（即历史成本）计算土地的价值。

（3）对纳税人转让旧房扣除额的检查，应确定其土地的受让价格。审核向土地管理部门补缴土地出让金金额或取得土地使用权的支付金额，对不能提供已支付地价款凭据的，不允许扣除取得土地使用权所支付的金额。

5. 与转让房地产有关税金的检查

（1）结合售房合同，检查企业"开发成本"和"管理费用"账户，检查有无将非转让房地产环节的印花税计入开发成本重复扣除的情况。

（2）检查"应交税费"和"其他业务收入"、"营业外收入"等账户，核实企业有无将转让房地产以外的营业税应税项目实现的营业税金及附加重复扣除。

6. 财政部规定的其他扣除项目的检查

（1）检查营业执照，确定企业是否为房地产开发企业，非房地产开发企业不能享受加计扣除。

（2）检查"应交税费"明细账和土地增值税申报表，审查在加计20%扣除时是否将代收费用从计算的基数中剔除。

（3）检查企业的预提费用是否加计扣除，没有特殊规定的，预提费用不能税前扣除。

五、适用税率和应纳税额的检查

（一）政策依据

土地增值税实行四级超率累进税率，见《税务稽查方法》第9章。开发项目中同时包含普通住宅和非普通住宅的，应分别计算增值额。

（二）常见涉税问题

1. 增值额和扣除项目的计算不正确，导致适用税率和速算扣除系数错误。

2. 未准确划分普通住宅和非普通住宅，导致土地增值税计算错误。

（三）主要检查方法

1. 在核实纳税人增值额与扣除项目金额的基础上，计算出增值率，并据以确定适用税率、速算扣除系数，与企业申报的增值率、适用税率和速算扣除系数进行核对，检查申报土地增值税适用税率和税额是否正确。

2. 对照财税〔2006〕141号文件中规定的普通住房标准，实地核实普通住宅和非普通住宅划分的真实性，有无把非普通住宅按照普通住宅申报纳税。

六、土地增值税的预缴及清算条件的检查

（一）政策依据

1. 纳税人在项目全部竣工结算前转让房地产取得的收入，由于涉及成本确定或其他原因而无法据以计算土地增值税的，可以预征土地增值税，待该项目全部竣工、办理结算后再进行清算，多退少补。具体办法由各省、自治区、直辖市地方税务局根据当地情况制定。

2. 土地增值税以国家有关部门审批的房地产开发项目为单位进行清算，对于分期开发的项目，以分期项目为单位清算。具体清算条件为：

（1）符合下列情形之一的，纳税人应进行土地增值税的清算：①房地产开发项目全部竣工、完成销售的；②整体转让未竣工决算房地产开发项目的；③直接转让土地使用权的。

（2）符合下列情形之一的，主管税务机关可要求纳税人进行土地增值税清算：①已竣工验收的房地产开发项目，已转让的房地产建筑面积占整个项目可售建筑面积的比例在85%以上，或该比例虽未超过85%，但剩余的可售建筑面积已经出租或自用的；②取得销售（预售）许可证满三年仍未销售完毕的；③纳税人申请注销税务登记但未办理土地增值税清算手续的；④省税务机关规定的其他情况。

（二）常见涉税问题

1. 房地产开发公司取得预售收入，不预缴土地增值税。

2. 项目竣工结算以后，未及时进行土地增值税清算。

3. 项目滚动开发，不及时清算已经完工的项目。

（三）主要检查方法

1. 对土地增值税预缴的检查

（1）检查"预收账款"、"应交税费——土地增值税"等，与当期土地增值税纳税申报表进行核对，核实取得的预售收入是否及时、全额预缴土地增值税。

（2）结合"预收账款"明细账和销售合同，核实住宅、办公和土地使用权转让取得的收入金额，审核适用不同预征率项目间的收入是否分别核算、分别预缴。

（3）检查"其他业务收入"、"营业外收入"和往来账户，查实有无把收取的各种定金、订金、合同保证金计入以上账户，不做预售收入，不计算预缴土地增值税。

2. 对土地增值税清算条件的检查

（1）检查房地产开发企业开发项目的预售许可证期限是否已满3年，满3年的开发项目是否按税务机关的要求进行土地增值税清算。

（2）检查房地产开发企业已整体转让房地产项目或转让的房地产建筑面积是否占整个项目可售建筑面积的比例在85%以上，超过85%以上是否按税务机关的要求进行土地增值税清算。

（3）检查"无形资产"、"银行存款"、"应交税费"，核查有无直接转让土地使用权行为，直接转让土地使用权行为是否按规定进行土地增值税清算。

（4）结合审批的房地产开发项目，检查"预收账款"、"开发成本"明细账，核实房地产开发项目是否分期开发，并分别核算收入成本，是否以分期项目进行土地增值税清算。

第四节　城镇土地使用税检查方法

一、纳税义务人和征税范围的检查

（一）政策依据

1. 在城市、县城、建制镇、工矿区范围内使用土地的单位和个人，为城镇土地使用税的纳税人。单位，包括国有企业、集体企业、私营企业、股份制企业、外商投资企业、外国企业以及其他企业和事业单位、社会团体、国家机关、军队以及其他单位；个人，包括个体工商户以及其他个人。

2. 下列土地免缴土地使用税：（1）国家机关、人民团体、军队自用的土地；（2）由国家财政部门拨付事业经费的单位自用的土地；（3）宗教寺庙、公园、名胜古迹自用的土地；（4）市政街道、广场、绿化地带等公共用地；（5）直接用于农、林、牧、渔业的生产用地；（6）经批准开山填海整治的土地和改造的废弃土地，从使用的月份起免缴土地使用税 5 年至 10 年；（7）由财政部另行规定免税的能源、交通、水利设施用地和其他用地。

3. 对免税单位无偿使用纳税单位的土地（如公安、海关等单位使用铁路、民航等单位的土地），免征土地使用税；对纳税单位无偿使用免税单位的土地，纳税单位应照章缴纳土地使用税。纳税单位与免税单位共同使用共有使用权土地上的多层建筑物，对纳税单位可按其占用的建筑面积占建筑总面积的比例计征城镇土地使用税。

4. 土地使用税由拥有土地使用权的单位或个人缴纳。拥有土地使用权的纳税人不在土地所在地的，由代管人或实际使用人纳税；土地使用权未确定或权属纠纷未解决的，由实际使用人纳税；土地使用权共有的，由共有各方分别纳税。

5. 在城镇土地使用税征税范围内实际使用应税集体所有建设用地但未办理土地使用权流转手续的，由实际使用集体土地的单位和个人按规定缴纳城镇土地使用税。

（二）常见涉税问题

1. 纳税单位使用免税单位的土地，未履行纳税义务。

2. 征免界限划分不清。

（三）主要检查方法

1. 纳税义务人的检查。实地检查土地的具体使用情况及用途，根据纳税义务人确认的规定，审核确定纳税人。对拥有土地使用权的单位和个人不在土地所在地的，或者土地使用权未确定以及权属纠纷未解决的纳税人，检查实际使用人或代管人是否按规定申报纳税。注意检查纳税人有无使用免税单位的土地，是否按照规定履行纳税义务。

2. 征税区域的检查。城镇土地使用税的征税范围限于城市、县城、建制镇和工矿区。在检查时，要查看纳税人的实际经营场所用地是否属于确定的城镇土地使用税征税区域。如在征税区域之内则征城镇土地使用税，否则不征城镇土地使用税。注意检查土地是否用于农业种植、养殖等，如果核实为农业生产等用地，免征土地使用税。

二、计税依据和适用税额的检查

（一）政策依据

土地使用税以纳税人实际占用的土地面积①为计税依据，依照规定税额计算征收。土地使用税每平方米年税额如下：（1）大城市 1.5 元至 30 元；（2）中等城市 1.2 元至 24 元；（3）小城市 0.9 元至 18 元；（4）县城、建制镇、工矿区 0.6 元至 12 元。

（二）常见涉税问题

1. 纳税人申报的计税土地面积不准确。

2. 同一企业处在不同地段的适用单位税额不正确。

3. 土地等级调整后，纳税申报时未作相应调整。

（三）主要检查方法

1. 将纳税人纳税申报表中的土地面积与土地使用证所记载面积相对照，调阅原征地凭证、土地管理机关的批文等文件进行核对，必要时也可实际丈量，核实纳税人申报的土地面积是否真实，有无少报、漏报现象。

2. 检查适用单位税额时，根据纳税人所处的地理位置，对照政府对本地区土地的等级划分界限及规定的单位税额，核实纳税人适用单位税额是否正确。

第五节   车船税检查方法

一、纳税义务人（扣缴义务人）和征税范围的检查

（一）政策依据

在中华人民共和国境内，车辆、船舶的所有人或者管理人②为车船税的纳税人。车船的所有人或者管理人未缴纳车船税的，使用人应当代为缴纳车船税。从事机动车交通事故责任强制保险业务的保险机构为机动车车船税的扣缴义务人，应当依法代收代缴车船税。

（二）常见涉税问题

1. 扣缴义务人未按规定代收代缴车船税。

2. 纳税人未按规定申报缴纳车船税。

（三）主要检查方法

1. 对办理交强险业务的保险公司，根据其办理的交强险情况，检查其是否完全履行代收代缴车船税义务。

---

① 实际占用的土地面积，是指由省、自治区、直辖市人民政府确定的单位组织测定的土地面积，尚未组织测量，但纳税人持有政府部门核发的土地使用证书的，以证书确认的土地面积为准；尚未核发土地使用证书的，应由纳税人据实申报土地面积。

② 车辆管理人，是指对车船具有管理使用权，不具有所有权的单位。

2. 对纳税人车船税申报进行检查时，可充分利用车船管理部门提供的资料，核实车船税实有准确性。

二、计税依据和适用税率的检查

（一）政策依据

车船的适用税额，依照《车船税税目税额表》执行。对各种不同类型的车辆和船舶分别以辆、自重吨位或净吨位作为计税依据。其中，车辆中的载货汽车、三轮汽车和低速货车以自重吨位为计税依据，其他车辆按辆数为计税依据，船舶以净吨位为计税依据。

（二）常见涉税问题

1. 纳税人未按实际辆数、自重吨位数或净吨位数申报缴纳车船税。

2. 保险机构办理交强险业务时未按实际吨位代收代缴车船税。

（三）主要检查方法

1. 检查中，应重点核实纳税人各种应税车船的计税依据是否正确，适用税率是否得当，是否分别按辆数、自重吨位数或净吨位数计算缴纳税款。检查时，应把"固定资产"明细账和实物逐一对照，注意查实纳税人的应税车船是否全部登记入账、账面数量与实存数量是否一致、规格型号是否真实、入账凭证是否合法、应纳税款计提和申报是否足额及时。

2. 检查扣缴义务人是否对纳税人所拥有的全部应税车船依法履行代收代缴义务，其代收代缴税款计算是否正确，是否及时足额缴库。

第六节　房产税检查方法

一、纳税义务人和征税范围的检查

（一）政策依据

1. 纳税义务人

房产税由产权所有人缴纳。产权属于全民所有的，由经营管理单位缴纳；产权出典的，由承典人缴纳；产权所有人、承典人不在房产所在地的，或者产权未确定及租典纠纷未解决的，由房产代管人或者使用人缴纳。纳税单位和个人无租使用房产管理部门、免税单位及纳税单位的房产，应由使用人代缴纳房产税。承租人使用房产，以支付房屋的修理费抵交房产租金，即承租人负责修复房屋，不再支付房租的，仍应由房产的产权所有人依照规定缴纳房产税。

2. 征税范围

房产税在城市、县城、建制镇和工矿区征收。

（二）常见涉税问题

1. 属于房产税征收范围的纳税人未申报纳税。

2. 产权所有人或承典人不在房产所在地，或者产权未确定以及租典纠纷未解决的房产，未申报纳税。

3. 纳税单位无租使用免税单位的房产，未申报纳税。

（三）主要检查方法

1. 纳税人的检查

（1）通过检查房产权属证明等书面资料，确定产权所有人；

（2）对于产权出典的，检查相关协议、承典合同等资料，确定承典人；

（3）对于产权所有人、承典人不在房产所在地的，或者产权未确定及租典纠纷未解决的，通过实地调查、核查相关资料，确定实际房产代管人或者使用人；

（4）检查纳税人的"固定资产"、"在建工程"等账户，与纳税人实际房产使用情况进行比对，审核其房产租用情况，无租使用免税房产的，是否缴纳房产税。

2. 征税范围的检查

检查时，首先，要查看纳税人的房产是否属于确定的房产税征税区域，同时注意区分征税范围内应税房产和免税房产的界限；其次，审查纳税人"固定资产"、"在建工程"等账户，或通过实地勘察确定是否有已建成投入使用但未入账的房产。

二、计税依据和适用税率的检查

（一）政策依据

1. 房产税计税依据的规定：

（1）从价计征。房产税依照房产原值一次减除 10% 至 30% 后的余值计算缴纳。具体减除幅度，由省、自治区、直辖市人民政府规定。没有房产原值作为依据的，由房产所在地税务机关参考同类房产核定。

（2）从租计征。房产出租的，以房产租金收入为房产税的计税依据。

2. 税率依照房产余值计算缴纳的，税率为 1.2%；依照房产租金收入计算缴纳的，税率为 12%。自 2001 年 11 月 1 日起，对个人按市场价格出租的居民住房，其应缴纳的房产税暂减按 4% 的税率征收。

3. 凡以房屋为载体，不可随意移动的附属设备和配套设施，如给排水、采暖、消防、中央空调、电气及智能化楼宇设备等，无论在会计核算中是否单独记账与核算，都应计入房产原值，计征房产税。

（二）常见涉税问题

1. 房租收入不入账，或直接冲减费用。

2. 从租计征的，按从价计税。

3. 少计房产原值。

（三）主要检查方法

1. 在核实房产用途的基础上，检查"其他业务收入"账户的贷方发生额，核实有无房产租金收入。有租金收入的，应查阅房屋租赁合同或协议，核实租金收入是否及时入账；核对纳税申报表，核实是否如实申报房产税，是否应按照房租计征错按房产计税余值计征。同时，结合检查"其他业务支出"等费用账户或往来账户，核实有无以收抵支或转移租金收入的情况。

2. 检查"固定资产——房屋"明细账的借方发生额或"固定资产卡片"，一是将其与"房产税纳税申报表"进行核对，核实申报数是否账表相符；二是与有关房产原始价值资料进行核对，核实房产价值是否全部入账；三是承建房产应与承建合同、"在建工程"账户核对，核实房产价款；四是购入房产应与购货合同及发票核对，核实是否是实际购价；五是自建房产应与"在建工程"账户核对，核实是否是实际造价。

第七节　印花税检查方法

一、纳税义务人和征税范围的检查

（一）政策依据

在中华人民共和国境内书立、领受《印花税暂行条例》所列举凭证的单位和个人，都是印花税的纳税义务人。这些单位和个人，按照书立、使用、领受应税凭证的不同，可以分别确定为立合同人、立据人、立账簿人、领受人和使用人五种。

下列凭证免纳印花税：（1）已缴纳印花税的凭证的副本或者抄本；（2）财产所有人将财产赠给政府、社会福利单位、学校所立的书据；（3）国家指定的收购部门与村民委员会、农民个人书立的农副产品收购合同；（4）无息、贴息贷款合同；（5）外国政府或者国际金融组织向我国政府及国家金融机构提供优惠贷款所书立的合同；（6）经财政部批准免税的其他凭证。

（二）立合同人的检查

1. 常见涉税问题

（1）单位和个人在订立经济合同时有意将具有合同性质的书据称为意向书、契约等，未按规定贴花。

（2）将有息贷款合同作为无息贷款合同未贴花。

（3）将农村手工业品购销合同作为农副产品收购合同未贴花。

2. 主要检查方法

（1）检查中，应以经济主体所订立的契约或意向书是否具有合同的性质，是否能起到合同的作用为标准，而不是以其订立的契约或意向书的名称为标准，判断其是否属于具有法律效力的合同或具有合同性质的凭证，进而判断其是否应该贴花纳税。

（2）检查时要注意纳税人有无故意混淆合同性质的行为，如将有息贷款合同作为无息贷款合同、将农村手工业品购销合同作为农副产品收购合同。对存在上述情况的，应深入企业单位内部供销、储运、业务等各有关部门，根据实质重于形式的原则，对企业单位所订立的各种合同、单据进行分类，区分哪些是应税合同，哪些是非应税合同以及免税合同。

（3）将应税合同的纳税贴花金额进行汇总，并与"管理费用"账户中的印化税支出数额进行核对，核实是否有应税未贴或少贴印花税的情况。

（三）立书据人的检查

1. 常见涉税问题

以合同方式签订的书据，持有书据的一方未按规定贴花。

2. 主要检查方法

（1）应分清书据的订立方式，如果书据是以合同方式签订的，则持有书据的各方都应按全额纳税贴花；如果书据是由单方订立的，则应由立据人贴花，接受书据人不必再次贴花。但应注意的是，如立书据人未贴或少贴印花，书据的持有人已接受了这张书据，应当由持有人负责对其补贴印花税票。

（2）通过审查纳税人的"固定资产"、"无形资产"和"长期股权投资"账户的变动增减情况，核对有关记账凭证和原始凭证，应注意纳税人是否混淆了应税书据与免税书据，有无将应税书据当作免税或不征税书据处理的现象，从而核实应税书据是否已按规定计税贴花。

（四）立账簿人的检查

1. 常见涉税问题

（1）应税账簿未全部贴花。

（2）采用电子计账方式的，其输出账簿未按规定贴花。

2. 主要检查方法

（1）分清企业单位的会计核算形式。对采用一级核算的，只就财会部门设置的账簿纳税贴花，对设置在其他部门、车间的明细分类账簿不贴花；对采用分级核算形式的，除财会部门的账簿应贴花外，财会部门设置在其他部门和车间的明细分类账，也应按规定贴花。

（2）分清企业单位的记账方式和营业账簿形式。在采用手工记账方式下，日常设置的营业账簿，无论是订本式账簿，还是活页式、卡片式账簿，都应按规定贴花。对日常用单页表式记载资金活动情况，即以表代账的，在未形成账簿（册）前，暂不贴花，待装订成册时，按册贴花。在采用电子计算机记账方式下，对平时输入计算机的综合、明细核算资料，在输出打印账页、装订成册后，应按照规定贴花。

（3）深入到企业单位的财会部门了解企业的财务会计核算形式和设置账簿的名称、种类与内容，在此基础上再审查各种应税账簿是否已按规定贴花。对记载资金的账簿，检查"资本公积"和"实收资本"账户金额是否增加，增加金额部分是否已贴足印花；对其他应税账簿，要审查账簿首页上角是否贴足印花税票，贴花后是否按规定画销。

（五）领受人的检查

1. 常见涉税问题

领受权利、许可证照未按规定贴花。

2. 主要检查方法

（1）分清政府部门颁发的权利、许可证照与其他企业、单位、社会中介机构出具的单据和证明的界限，注意其获得的由政府部门颁发的权利、许可证照是否已按规定计税贴花。

（2）了解权利、许可证照的来源、种类与名称，在审查应税的权利、许可证照的同时，核实其贴花情况。

（六）使用人的检查

1. 常见涉税问题

境外签订的合同在境内使用时，使用人未按规定贴花。

2. 主要检查方法

（1）通过审核合同内容确认合同签订的地点，对于在国内签订合同的，应以立合同人为纳税人，并且签订合同的各方都应各自就其所签订的合同金额计税贴花。对于合同在国外签订、在国内使用的，不论其使用人与立合同人是否一致，均应以使用人为纳税人，使用人应就其所使用的合同计税贴花。应注意合同使用人（尤其是企业）有无借口合同在国外已纳税而在国内不贴花。

（2）应把对使用人的检查和对立合同人的检查联系起来，首先了解企业在生产经营过程中与外界所签的协议、所订立的合同以及所实际履行的约定，并对其进行分类，区分应税合同与非应税合同以及免税合同，并在应税合同中找出哪些合同是在国外订立，由该企业在国内使用的。然后再检查企业应税合同的纳税情况，核实其有无少贴或不贴花的行为。

二、适用税目、税率的检查

（一）政策依据

只对税目税率表中列举的凭证和经财政部确定征税的其他凭证征税。《印花税税目税率表》中列举的印花税共有 13 个税目，包括购销合同、加工承揽合同、建设工程勘察设计合同、建筑安装工程承包合同、财产租赁合同、货物运输合同、仓储保管合同、借款合同、财产保险合同、技术合同、产权转移书据、营业账簿、权利、许可证照。

《印花税税目税率表》中列举的 13 个税目中，各类合同以及具有合同性质的凭证、产权转移书据、营业账簿中记载资金的账簿，适用比例税率；"权利、许可证照"和"营业账簿"税目中的其他账簿，适用定额税率，均为按件贴花 5 元。

（二）常见涉税问题

1. 适用比例税率计税的应税凭证，使用定额税率计算贴花。

2. 纳税人将性质相似的应税凭证错用税目、税率。

（三）主要检查方法

1. 检查纳税人书立的各种凭证是否具有合同性质，再对凭证的内容和性质进行审核，确定合同是否属于应税凭证，重点审核有无将货物运输、仓储保管、银行借款、财产保险等单据不作为合同而漏贴印花；或将应税合同错当免税合同未贴印花。

2. 对照《印花税税目税率表》，核实纳税人有无混淆税目，错用税率的情况，如房地产开发公司将应按照"产权转移书据"贴花的房屋销售合同，错按"购销合同"贴花；将"建设工程勘察设计合同"错按"建筑承包合同"贴花。

三、印花税计税依据的检查

（一）政策依据

根据应纳税凭证的性质，分别按比例税率或者按件定额计算应纳税额。印花税的计税依据有两种：（1）对合同、产权转移书据及记载资金的账簿，按凭证所载金额作为计税依据，实行从价定率计税贴花；（2）记载资金账簿以外的营业账簿，权利、许可证照，按件为计税依据，计税贴花。具体规定见《税务稽查方法》第 9 章。

（二）常见涉税问题

1. 应税合同未按规定贴花。

2. 记载资金的账簿按规定计算贴花后，"实收资本"和"资本公积"合计金额增加的，增加部分未计算补贴印花。

3. 以定额税率贴花的应税合同，隐匿件数少贴花。

（三）主要检查方法

1. 对应税合同计税依据检查时，首先要逐项审阅应税合同，确定计税金额和应纳税额。如对各类技术合同只就合同所载的报酬金额贴花，研究开发经费不作为计税依据。其次，把确定的应纳税额与粘贴的应税合同上的印花税票或缴纳印花税的缴款书核对，补贴少贴的印花。

2. 对记载资金的营业账簿计税依据检查时，审查"实收资本"和"资本公积"账户，资金总额增加的，审核企业是否按规定补贴了印花。

3. 对适用定额税率的应税凭证计税依据检查时，核实应税凭证的件数及每件应税凭证的计税贴花情况，应注意纳税人是否有疏忽遗漏或故意隐匿应税凭证的问题。

四、印花税纳税情况的检查

检查各应税凭证是否贴花。《印花税暂行条例》第七条规定：印花税应纳税凭证应当于书立或领受时贴花。检查应税凭证是否按规定履行了完税手续，应税凭证是否按规定保管，有无将已粘贴的印花税票揭下重用的现象。

例 1

2008 年 4 月，某地税稽查局检查某房地产开发有限责任公司 2007 年度纳税情况，发现该公司 2007 年 1 月与某建筑工程公司签订甲工程施工合同，金额为 6500 万元，合同签订后，印花税已缴纳。该工程于 2007 年 11 月竣工，因工程建筑图纸重大修改，原商业用房由五层改为三层，实际工程决算金额为 4800 万元，该公司 2007 年 12 月签订乙工程建筑施工合同后，以甲工程多缴印花税为由，按照冲减合同金额 1700 万元后的金额计算缴纳印花税。检查中还发现甲、乙两工程的建筑设计合同金额 200 万元，电力安装工程合同金额 400 万元，消防安装合同 300 万元，建设技术咨询合同 20 万元，均未计税贴印花税票。

根据《印花税暂行条例》第二条、第三条规定，建筑工程承包合同为合同价款总额，建筑工程承包合同包括建筑工程勘察设计合同和建筑安装工程承包合同，分别适用 0.5‰、0.3‰的印花税税率。所以，补征建筑施工合同印花税 5100 元（17000000×0.3‰），补征建筑设计合同印花税 1000 元（2000000×0.5‰），补征电力安装工程合同印花税 1200 元（4000000×0.3‰），补征消防安装工程合同印花税 900 元（3000000×0.3‰），补征建设技术咨询合同印花税 60 元（200000×0.3‰），共计补征印花税 8260 元。

第八节　车辆购置税检查方法

一、纳税义务人和征税范围的检查

（一）政策依据

1. 纳税义务人

在中华人民共和国境内购置应税车辆的单位和个人，为车辆购置税的纳税人。购置，包括购买、进口、自产、受赠、获奖或者以其他方式取得并自用应税车辆的行为。

2. 征税范围

车辆购置税的征收范围包括汽车、摩托车、电车、挂车、农用运输车（现三轮农用运输车免税）。免税、减税包括：（1）外国驻华使馆、领事馆和国际组织驻华机构及其外交人员自用的车辆；（2）中国人民解放军和中国人民武装警察部队列入军队武器装备订货计划的车辆；（3）设有固定装置的非运输车辆；（4）国务院规定予以免税或者减税的其他情形的车辆。免税、减税车辆因转让、改变用途等原因不再属于免税、减税范围的，应当在办理车辆过户手续前或者办理变更车辆登记注册手续前缴纳车辆购置税。

3. 纳税地点

纳税人应到下列地点办理车购税纳税申报：（1）需要办理车辆登记注册手续的纳税人，向车辆登记注册地的主管税务机关办理纳税申报；（2）不需要办理车辆登记注册手续的纳税人，向所在地征收车购税的主管税务机关办理纳税申报。（3）车购税实行一车一申报制度。

（二）常见涉税问题

1. 在厂区、矿区、施工工地、民航、港口、铁路等从事内部作业的车辆，不办理车辆登记注册手续，不申报缴纳车购税。

2. 乡镇和农村车主购买的农用车和摩托车，不上牌照，不申报缴纳车购税。

3. 凭伪造的完税证明办理车辆登记注册手续。

4. 免税、减税车辆转让、改变用途，未申报缴纳车购税。

（三）主要检查方法

1. 到汽车经销商处调查施工、装卸等专用车辆的购买人，到厂区、矿区、施工工地、民航、港口、铁路等对从事内部作业的车辆进行实地检查，或检查其"固定资产"账户，核实车辆的实有数量。

2. 定期与公安机关车辆管理机构进行信息比对，从中发现是否存在持伪造的完税证明办理车辆登记注册手续。

3. 加强与公安机关车辆管理机构信息的联系，按期调查已免税、减税车辆是否存在过户、转让等情形。

例 2

2008 年 2 月，某国税局在车辆购置税信息清理和比对中发现有 9 条信息比对不符，并接到市农机局举报，称有 2 份车辆购置税完税证明疑似假票。根据上述线索，市稽查局立即联合市公安税侦部门展开检查，查获某交通运输农机管理所采取伪造的车辆完税证明帮助车主偷逃车辆购置税，骗取车辆上牌合法手续并从中牟利，缴获假《车辆购置税完税证明（副本）》280 本，非法制造的车辆完税证明达 600 份，其中利用伪造的车购税完税证明办理农用运输车辆上牌成功的有 320 户，已办妥上牌手续尚未发牌的有 280 户，涉嫌偷逃车购税近 300 余万元。

二、计税依据和适用税率的检查

（一）政策依据

1. 车辆购置税税率为 10%。

2. 车购税的计税价格根据不同情况，按照下列规定确定：（1）纳税人购买自用的应税车辆计税价格，为因购买应税车辆而支付给销售者的全部价款和价外费用，不包括增值税税款。（2）纳税人进口自用的应税车辆计税价格＝关税完税价格＋关税＋消费税。（3）纳税人自产、受赠、获奖或者以其他方式取得并自用的应税车辆，由主管税务机关规定的最低计税价格核定。

3. 国家税务总局参照应税车辆市场平均交易价格，规定不同类型车辆的最低计税价格。纳税人购买自用或者进口自用应税车辆，申报的计税价格低于同类型应税车辆的最低计税价格，又无正当理由的，按照最低计税价格征收车购税。

4. 底盘发生更换的车辆，计税依据为最新核发的同类型车辆①最低计税价格的 70%。

5. 免税条件消失的车辆，自初次办理纳税申报之日起，使用年限未满 10 年的，计税依据为最新核发的同类型车辆最低计税价格按每满 1 年扣减 10%，未满 1 年的计税依据为最新核发的同类型车辆最低计税价格；使用年限 10 年（含）以上的，计税依据为 0。

（二）常见涉税问题

1. 利用发票弄虚作假，少开金额或分开开票。

2. 持伪造的《机动车销售统一发票》申报车辆购置税。

（三）主要检查方法

1. 到汽车经销商处调查同类车辆的销售价格，再与购车者所持《机动车销售统一发票》的价格进行比较，核实有无将售车款人为地分解成两部分，分别开具 2 份发票或收据，从而确定是否存在以较低价格申报交纳车购税的情况，必要时按照国家税务总局规定的最低计税价格征收。

2. 购车者为少交车辆购置税，持伪造的《机动车销售统一发票》，到税务机关申报车购税（到公安机关车辆管理机构办理车辆登记注册手续的发票可能是真实的）。抽查收到的《机动车销售统一发票》，利用 CTAIS2.0 系统与汽车经销商购买发票的记录核对是否相符，必要时到汽车经销商处核对发票的存根联。

例 3

某品牌车实际销售价格为不含税 30 万元，国家规定最低计税价格为 28 万元，稽查人员通过对比分析，检查购车者和汽车经销商的合同、配置单和资金往来，发现汽车经销商分解收入按 28 万元开票，另 2 万元以收款收据收取现金，造成购车者少缴车辆购置税 0.2 万元。

三、纳税期限的检查

（一）政策依据

纳税人购买自用应税车辆的，应当自购买之日起 60 日内申报纳税；进口自用应税车辆的，应当自进口之日起 60 日内申报纳税；自产、受赠、获奖或者以其他方式取得并自用应税车辆的，应当自取得之日起 60 日内申报纳税。

---

① 同类型车辆是指同国别、同排量、同车长、同吨位、配置近似等。

（二）常见涉税问题

故意推迟发票开具日期，不及时申报缴纳税款。

（三）主要检查方法

核对汽车经销商的车辆出库凭证，与发票开具日期核对，核实是否存在滞后开票问题。

第九节　出口货物退（免）税基本规定

出口货物退（免）税是指货物报关出口销售后，将其国内所缴纳的税收退还给货物出口企业或给予免税的一种制度。退税是指对货物在出口前实际承担的税收负担，按规定的退税率计算后予以退还；免税是指对货物在出口环节所负担的增值税、消费税予以免征。

出口货物退（免）税检查，主要是对已办理退（免）税的外贸企业、自营出口和委托代理出口的生产企业等出口商的生产经营情况、申报资料及账簿、表单、凭证等进行检查。

一、出口货物退（免）税范围的检查

退（免）税范围的检查，包括出口货物退（免）税企业范围的检查和出口货物退（免）税货物范围的检查两个方面。

（一）主要政策依据

1. 企业范围

按《中华人民共和国对外贸易法》和《对外贸易经营者备案登记办法》的规定，对外贸易经营者①应按照备案登记的身份名称开展出口业务和申请出口退（免）税；个人（包括外国个人，下同）须注册登记为个体工商户、个人独资企业或合伙企业，方可申请出口退（免）税。

其他特殊规定包括：

（1）凡自营或委托出口业务具有以下情况之一者，出口企业不得将该业务向税务机关申报办理出口货物退（免）税：①出口企业将空白的出口货物报关单、出口收汇核销单等出口退（免）税单证交由除签有委托合同的货代公司、报关行，或由国外进口方指定的货代公司（提供合同约定或者其他相关证明）以外的其他单位或个人使用的；②出口企业以自营名义出口，其出口业务实质上是由本企业及其投资的企业以外的其他经营者（或企业、个体经营者及其他个人）假借该出口企业名义操作完成的；③出口企业以自营名义出口，其出口的同一批货物既签订购货合同，又签订代理出口合同（或协议）的；④出口货物在海关验放后，出口企业自己或委托货代承运人对该笔货物的海运提单（其他运输方式的，以承运人交给发货人的运输单据为准）上的品名、规格等进行修改，造成出口货物报关单与海运提单有关内容不符的；⑤出口企业以自营名义出口，但不承担出口货物的质量、结汇或退税风险的，即出口货物发生质量问题不承担外方的索赔责任（合同中有约定质量责任承担者除外），不承担未按期结汇导致不能核销的责任（合同中有约定结汇责任承担者除外），不承担因申报出口退税的资料、单证等出现问题造成不退税责任的；⑥出口企业未实质参与出口经营活动、接受并

---

① 指依法办理工商登记或者其他执业手续，经商务部及其授权单位赋予出口经营资格的从事对外贸易经营活动的法人、其他组织或者个人。

从事由中间人介绍的其他出口业务，但仍以自营名义出口的；⑦其他违反国家有关出口退税法律法规的行为。

（2）享受国产设备退税的企业范围是指，被认定为增值税一般纳税人的外商投资企业和从事交通运输、开发普通住宅的外商投资企业以及从事海洋石油勘探开发生产的中外合作企业。外商投资企业包括中外合资企业、中外合作企业和外商独资企业。按规定应实行扩大增值税抵扣范围的外商投资企业在投资总额内采购的国产设备不实行增值税退税政策。

2. 货物范围

出口商自营或委托出口的货物，除另有规定者外，可在货物报关出口并在财务上做销售核算后，凭有关凭证报送所在地国家税务局批准退还或免征其增值税、消费税。

其他特殊规定还有：

（1）下列企业的货物特准退还或免征增值税和消费税：①对外承包工程公司运出境外用于对外承包项目的货物；②对外承接修理修配业务的企业用于对外修理修配的货物；③外轮供应公司、远洋运输供应公司销售给外轮、远洋国轮而收取外汇的货物；④利用国际金融组织或外国政府贷款采取国际招标方式或国内企业中标销售的机电产品、建筑材料；⑤企业在国内采购并运往境外作为在国外投资的货物。

（2）对进入海关特殊监管区域的货物，可凭海关签发的出口货物报关单（出口退税专用）及其他规定的凭证，按现行规定办理出口货物退（免）税。如：①对出口加工区外企业销售给出口加工区内企业并运入出口加工区供出口加工区内企业使用的国产设备、原材料、零部件、元器件、包装物料以及建造基础设施，加工企业和行政管理部门生产、办公用房所需合理数量的基建物资；②保税区外的出口企业销售给外商的出口货物；③保税物流园区外企业运入物流园区的货物；④物流中心外企业报关进入保税物流中心的货物；⑤国内货物进入出口监管仓库。

（3）凡出口企业从小规模纳税人购进的货物出口，一律凭增值税专用发票及有关凭证办理退税。小规模纳税人向出口企业销售这些产品，可到税务机关代开增值税专用发票。

（二）常见涉税问题

1. 企业范围

（1）出口货物退（免）税认定资料不全。

（2）出口企业以自营名义出口，其出口业务实质上是由其他经营者假借该出口企业名义操作完成。

2. 货物范围

（1）不予退（免）税货物混入退（免）税货物办理退（免）税。

（2）不符合特准退（免）税条件的货物办理了退（免）税。

（3）错误使用出口货物的商品代码，将低退税率货物申报为高退税率货物。

（4）购进小规模纳税人货物不符规定申报办理退税。

（三）主要检查方法

1. 企业范围的检查

（1）出口货物退（免）税认定资料不全的检查：①检查出口商是否办理了《出口货物退（免）税认定》。②检查对外贸易经营者是否持有商务部及其授权单位加盖备案登记专用章的《对外贸易经营者备案登记表》、工商营业执照、税务登记证、海关进出口企业代码等文件，核查印章是否准确，各证件记载的对外贸易经营者名称是否一致。

（2）出口企业以自营名义出口，其出口业务实质上是由其他经营者假借该出口企业名义操作完成的检查。

①检查外贸企业购货合同、生产企业收购非自产货物出口的购货合同，包括一笔购销合同下签订的补充合同等，以及出口货物明细单、出口货物装货单、出口货物运输单据（包括海运提单、航空运单、铁路运单、货物承运收据、邮政收据等承运人出具的货物收据），重点核查各类单据之间内容是否相符、数据是否符合逻辑，判断出口业务是否是由本企业及其投资的企业以外的其他经营者（或企业、个体经营者及其他个人）假借该出口企业名义操作完成的。

②检查"库存商品"、"应交税费——应交增值税"、"自营出口销售收入"、"自营出口销售成本"等会计科目，并与相关表单核对，看账、证、表是否一致，确认企业是否核算和承担出口货物的盈亏，是否实质参与出口经营活动。

③检查账簿凭证内是否存在为其他单位或个人套取利润的单据，是否存在将等额或近似退税款的金额以其他名义转付其他单位或个人的情况。

例4

Y 公司主要从事纺织品、电子产品的自营出口，其部分出口业务实质上是由 B 公司假借 Y 公司名义操作完成，从事不规范出口业务，骗取出口退税 118 万元。

稽查人员通过对 Y 公司财务账簿及涉税情况的全面检查，结合对相关人员的询问以及外调取证，发现 B 公司接到国外客商订单后，其业务人员（同时又挂靠 Y 公司）与各生产厂家确定货物的价格、质量等标准，从各供货单位组织货物后，让供货企业将增值税发票开给 Y 公司。Y 公司再将空白的出口单证交给 B 公司，让 B 公司以 Y 公司名义报关出口，B 公司负责安排货运代理公司进行货物运输并支付运输、保险费及报关费用。B 公司以 Y 公司名义报关出口后，将报关单等有关出口单证交 Y 公司，由 Y 公司办理收汇核销并向主管税务机关办理出口退税申报。Y 公司收到外商货款后，按事先约定支付货款给 B 公司，B 公司再向供货企业支付货款；Y 公司收到退税款后，再按事先约定支付 B 公司所谓"利润"等款项。

---

2. 货物范围的检查

（1）不予退（免）税货物混入退（免）税货物办理退（免）税的检查

①核对出口企业申报的退税凭证中是否有增值税专用发票或出口商品专用发票、出口货物报关单、出口收汇核销单。

②检查仓库实物账、"库存商品"明细账及相关凭证，核实发出的出口货物名称和数量与出口货物报关单上的是否一致；同时对照出口货物海关商品代码，核查已申报退（免）税的货物是否属于退（免）税范围，是否存在不予退（免）税货物套用退税货物扩展码办理退税的情况。

（2）不符合特准退（免）税规定的货物办理了退（免）税的检查

①对外轮供应公司、远洋运输供应公司销售给外轮、远洋国轮的货物，应重点核查《出口货物退（免）税申报表》、购进货物的增值税专用发票、消费税专用缴款书、销售货物发票、外汇收入凭证等是否真实有效，外销发票是否列明销售货物名称、数量、销售金额并经外轮、

远洋国轮船长签名。

②对外承包工程公司运出境外用于对外承包工程项目的设备、原材料、施工机械等货物，重点核查《出口货物退（免）税申报表》、购进货物的增值税专用发票、出口货物报关单（出口退税联）、对外承包工程合同等资料是否真实有效。

③对利用国际金融组织或国外政府贷款采取国际招标方式或由国内企业中标销售的机电产品，检查时应注意以下几点：首先，核查是否有《中标证明通知书》，其《中标证明通知书》是否由税务机关签署意见后直接寄送给中标企业所在地税务机关；其次，检查中标产品的范围是否属于国家税务总局规定的机电产品目录范围，中标产品货款是否用国际货币基金组织、世界银行（包括国际复兴开发银行，国际开发协会）、联合国农业发展基金、亚洲开发银行和外国政府提供的贷款支付；再次，检查《出口货物退（免）税申报表》、由中国招标公司或其他国内招标组织签发的中标证明（正本）、中标人与中国招标公司或其他招标组织签订的供货合同（协议）、中标货物的购进增值税专用发票、中标人按照标书规定及供货合同向用户发货所提供的发货单、分包企业与中标人签署的分包合同（协议）等退税凭证、资料是否齐全有效；最后，中标货物已征消费税的，还须核查消费税专用缴款书。

④对外商投资项目采购的国产设备，重点检查内容：首先，检查企业是否持有省级以上发改委办理的《符合国家产业政策的外商投资项目确认书》和《项目采购国产设备清单》；查阅《外商投资产业指导目录》和《中西部地区外商投资优势产业目录》，核实申报退税的国产设备是否属于鼓励类外商投资项目。其次，检查国产设备在5年监管期内是否发生转让、赠送等设备所有权转移行为或者出租、再投资等行为，如发生，是否按规定向主管退税机关补缴已退税款。再次，检查"固定资产"明细账、已退税设备辅助台账及其相关记账凭证，核查国产设备已退税款的账务处理是否正确，是否按税务机关审批单上批准的退税额及时冲减相应的固定资产原值，计提折旧是否正确。发现外商投资企业对国产设备的已退税款未进行账务处理，或账务处理不准确的，应进行账务调整，涉及以前年度的，还需对"以前年度损益调整"的金额计算补征企业所得税。

⑤对出口免税卷烟，检查可从以下几方面入手：首先，检查申请出口免税卷烟的企业，是否属于列名企业；检查委托卷烟出口企业的出口卷烟牌号、卷烟生产企业、出口国别（地区）、外商单位等与国家税务总局下达的免税出口卷烟计划是否相符。其次，检查卷烟出口企业、卷烟生产企业是否在规定期限办理免税核销申报手续；检查免税企业申报免税核销时提供的出口卷烟免税核销申报表、出口货物报关单（出口退税专用）复印件、出口收汇核销单（出口退税专用）复印件、出口发票、出口合同（卷烟出口企业还需提供出口卷烟已免税证明）等资料是否齐全，内容是否一致。再次，检查免税出口卷烟是否从指定出口口岸报关出口，有无从非指定口岸报关出口或转关出口。最后，检查"应交税费——应交增值税（进项税额）"明细账，核实免税出口卷烟所耗用的进项税额是否转出。

（3）错误使用出口货物的商品代码，将低退税率货物申报为高退税率货物的检查

可采用核对法检查出口货物退税率是否正确，检查时应注意三个方面：

①检查"出口货物销售"明细账、《增值税纳税申报表》、《生产企业出口货物免税明细申报表》，看企业是否将不同税率的货物分开核算和申报。检查出口报关单上商品代码所适用的退税率与申报退税率是否一致，有无将退税率低的货物混入退税率高的货物申报退税。

②出口货物的退税率调整后，企业申报的退税率是否随之调整；企业出口同一货物是否

存在使用不同商品代码（两种商品代码下的退税率不一致）申报退税的情况。

③对海关商品代码可以加扩展码，在不同扩展码下退税率不同的情况下，出口企业是否准确加扩展码，是否存在故意使用高退税率的扩展码多退税的情况。

例5

某建材有限公司，主要生产人造厨具台板，主要成分为甲基丙烯酸甲酯和天然矿石粉（氢氧化铝）。2006年9月至2007年6月出口人造厨具台板折合人民币11785010.26元，商品编码6810999000（商品名称：水泥，混凝土或人造石制品），退税率13%，已申报并通过"免抵退"税额1532051.33元。由于2006年9月至2007年6月化工产品的退税率发生较大的变化，但该企业申报的退税率未有改变，税务机关将该单位列入检查对象。

鉴于该公司生产的产品含有甲基丙烯酸甲酯成分，按海关规定，甲基丙烯酸甲酯含量超30%以上的产品应列入塑料制品（商品编码3920510000，商品名称聚甲基丙烯酸甲酯板片），退税率应为11%。检查人员将重点放在测算产成品的原材料比重方面。经对2006年9月至2007年6月的投料记录检查，甲基丙烯酸甲酯投料达35%，因此确定该产品应按塑料制品申报退税，由此追缴多退增值税235700.21元 [11785010.26×（13%－11%）]。

（4）购进小规模纳税人货物不符规定申报办理退税的检查

①检查外贸企业从小规模纳税人购进的货物是否存在没有到税务机关窗口代开增值税专用发票，而使用普通发票申报办理退（免）税的情况。

②检查税务机关窗口代开的增值税专用发票上注明的征收率是否属于6%或4%，是否存在将属于增值税小规模纳税人的商贸公司购进的货物出口，不按增值税专用发票上注明的征收率计算办理退税的情况。

③抽查申报表、增值税专用发票、出口货物报关单、出口收汇核销单、库存商品实物账等内容是否一致。

二、生产企业"免、抵、退"税的检查

（一）政策依据

实行免、抵、退税办法的"免"税，是指对生产企业出口的自产货物，免征本企业生产销售环节增值税；"抵"税，是指生产企业出口自产货物所耗用的原材料、零部件、燃料、动力等所含应予退还的进项税额抵顶内销货物的应纳税额；"退"税，是指生产企业出口的自产货物在当月内应抵顶的进项税额大于应纳税额时，对未抵顶完的部分予以退税。生产企业自营或委托外贸企业代理出口自产货物，除另有规定外，增值税一律实行免、抵、退税管理办法。

生产企业出口货物"免、抵、退"税额应根据出口货物离岸价、出口货物退税率计算。具体计算方法如下：

1. 当期应纳税额的计算

当期应纳税额＝当期内销货物的销项税额－（当期进项税额－当期免抵退税不得免征和抵扣税额）－上期未抵扣完的进项税额

2. "免、抵、退" 税额的计算

免抵退税额＝出口货物离岸价×外汇人民币牌价×出口货物退税率－免抵退税额抵减额

免抵退税额抵减额＝免税购进原材料价格×出口货物退税率

免税购进原材料包括国内购进免税原材料和进料加工免税进口料件，其中进料加工免税进口料件的价格为组成计税价格。

进料加工免税进口料件的组成计税价格＝货物到岸价格＋海关实征关税＋海关实征消费税

3. 当期应退税额和当期免抵税额的计算

（1）当期期末留抵税额≤当期免抵退税额时，

当期应退税额＝当期期末留抵税额

当期免抵税额＝当期免抵退税额－当期应退税额

（2）当期期末留抵税额＞当期免抵退税额时，

当期应退税额＝当期免抵退税额

当期免抵税额＝0

"当期期末留抵税额" 根据当期《增值税纳税申报表》中 "期末留抵税额" 确定。

4. 免抵退税不得免征和抵扣税额的计算

免抵退税不得免征和抵扣税额＝当期出口货物离岸价×外汇人民币牌价×（出口货物征税率－出口货物退税率）－免抵退税不得免征和抵扣税额抵减额

免抵退税不得免征和抵扣税额抵减额＝免税购进原材料价格×（出口货物征税率－出口货物退税率）

（二）常见涉税问题

1. "免、抵、退" 税出口的货物不符合规定。

2. 出口货物 "免、抵、退" 税申报不规范。

3. 外销收入不实。

4. 进项税额转出不符合规定。

5. 办理 "免、抵、退" 税后不及时进行会计处理。

6. 以农产品或废旧物资为主要原材料生产加工出口货物的企业，通过虚开农产品或废旧物资收购发票骗取出口退税。

7. 虚抬货物价值，骗取出口退税。

8. 采取 "混关" 手段套取出口货物报关单、与境外非法客商互相勾结骗取外汇核销单，达到骗取国家出口退税的目的。

（三）主要检查方法

出口货物 "免、抵、退" 税的检查，根据不同时期检查的类型、重点和要求以及检查中涉及的内容采用不同的检查方法。常用的检查方法包括指标分析法、审阅法、审核法、核对法、核查法，以及项目化检查和计算机辅助检查等。

1. "免、抵、退" 税出口货物不符合规定的检查

（1）对属于国家规定不予退税的货物进行的检查。检查非特准退（免）税的出口货物是否是属于增值税、消费税征税范围的货物，是否是报关离境出口的货物，是否是财务上已作销售处理的货物，是否是收汇已核销的货物。

（2）检查生产企业出口的货物中，是否存在 4 类视同自产产品以外的其他外购货物。生产企业自营或委托出口的部分产品①，可视同自产产品给予退（免）税。检查可采用项目化检查法、审阅法，分析"出口货物销售"明细账、"库存商品"等存货类账户、"生产成本"账户，注意"记账凭证"摘要栏记载的有关内容、"出口销售发票"开具的货物名称，检查是否有不符合规定的货物申报了"免、抵、退"税。

2. 出口货物"免、抵、退"税申报不规范的检查

（1）出口货物"免、抵、退"税未申报的检查。由于企业遗失报关单、核销单后未办理补单，或报关行、企业报关员、企业财务衔接存在问题，办税员滞后收到报关单等原因，货物出口后未进行"免、抵、退"税申报。检查时，可通过出口货物退（免）税审核系统，在海关提供给税务机关的报关单电子信息中，查询该企业有无未申报的出口报关单，就未申报的报关单信息进行比对分析，对应申报而未申报的出口货物要作补征税处理。

（2）出口货物逾期申报的检查。对超过规定期限申报"免、抵、退"税的，应检查是否按规定进行补税。

（3）退税凭证不符合规定的检查。对退（免）税凭证的检查，可采用审阅法审查出口企业退（免）税的原始凭证是否真实、合法、有效和准确。

（4）混淆贸易方式申报的检查。主要可采用核对法检查企业申报的贸易方式与出口报关单上注明的贸易方式是否一致，审查企业出口货物是否把"免税"的来料加工混入"免、抵、退"税的进料加工中申报退税。

3. 外销收入不实的检查

（1）"免、抵、退"税计税依据的检查

生产企业出口货物"免、抵、退"税的计税依据为离岸价（FOB 价），采用核查法检查时要注意，若企业出口货物报关或成交价采用到岸价（CIF 价）或成本加运费（C&F 价）入账，并按实际入账金额申报"免抵退"税的，其当期支付的国外运费、保险费、佣金是否冲减了外销收入，并相应冲减了免抵退税额；同时可采用项目化检查法，检查企业"主营业务收入"、"应交税费——应交增值税（进项税额转出）"、"销售费用"、"应收外汇账款"等科目。重点核查"销售费用"科目中是否存在国外"运保佣"费用未冲减外销收入问题。

如有些企业的出口货物采用到岸价（CIF）成交并记账，在支付国外"运保佣"费用时未冲减外销收入，而是增加销售费用，导致虚增外销收入，虚增"免抵退"税额；又如某生产企业，产品以内销为主，外销收入占总收入的比例较少（15%）。企业会计认为按"免抵退"办法计算，企业只有"免抵"，没有退税，因此对出口货物既不记外销收入，也不进行"免抵退"税申报。

（2）出口货物计账汇率的检查

生产企业出口货物可以采用当月 1 日或计账日当日国家公布的外汇牌价计算入账，但在一个年度内不得调整。检查时应注意企业是否存在随意变换汇率的情况。

（3）退关退运货物的检查

检查企业是否按扣减退关退运货物的数量和金额进行退（免）税申报。可采用核对法检查出口企业是否向其主管税务机关申请办理《出口商品退运已补税证明》，已退税款扣回或缴

---

① 外购的与本企业所生产的产品名称、性能相同，且使用本企业注册商标的产品；外购的与本企业所生产的产品配套出口的产品；收购经主管出口退税的税务机关认可的集团公司（或总厂）成员企业（或分厂）产品；委托加工收回的产品。

纳是否与证明单的金额相同，核查企业"主营业务收入"、"主营业务成本"账户，对已发生的少运、错发、短少及退货的商品，是否已按会计制度的规定冲减主营业务收入和主营业务成本。

4. 进项税额转出不符合规定的检查

（1）出口货物征税率和退税率不一致时，采用审阅法检查企业"主营业务收入"、"主营业务成本"、"应交税费——应交增值税（进项税额转出）"账户，核查按征退税率之差计算的"不得免征和抵扣税额"是否从进项税额中转出，或滞后转出。

（2）对出口免税货物，如来料加工贸易方式的出口货物，国家规定出口免税不退税的货物，如软件等，采用审阅法检查企业"主营业务收入"、"主营业务成本"、"应交税费——应交增值税（进项税额转出）"账户，核查企业当期出口免税货物所耗用的"不得抵扣的进项税额"是否从进项税额中转出，或滞后转出。

例 6

W 市某钢材厂，专业从事镀锌薄板的来料加工。2006 年申报全部销售收入 2500 万元，其中，国外来料加工加工费 2300 万元，国内产品加工费收入 200 万元，取得增值税进项税额 190 万元，期末留抵税额 156 万元，期初无留抵税额，期内增值税申报均反映有留抵税额。

稽查人员采用核对法、综合分析法对该企业检查时发现，该企业申报的内、外销收入和进项税额计算无误，申报免税的资料齐全，但对国外来料加工部分所耗用的进项税额，未按规定作相应的进项税额转出。因加工的为同一产品，进项税额无法在内、外销之间分别核算，所以按征、免税收入的比例进行分配。检查后追缴增值税 18.8 万元，责令企业调减增值税留抵税额 156 万元。

不得抵扣的增值税进项税额＝2300÷2500×190＝174.8（万元）。

应调减增值税留抵税额 156 万元。

应追缴增值税＝174.8－156＝18.8（万元）。

---

5. 办理"免、抵、退"税后不及时进行会计处理的检查

生产企业的"免抵退"税通过审核，取得国税机关的《生产企业出口货物免抵退税审批通知单》后，企业对批准的"应退税额"应及时作贷记"应交税费——应交增值税（出口退税）"科目处理，否则将减少当期的应纳税额、虚增当期期末留抵税额。

采用核对法，对应收出口退税明细账和《增值税纳税申报表》进行核查，核对应收出口退税明细账借方发生额，以及《增值税纳税申报表》第 15 栏"免抵退货物应退税额"，是否与国税机关出具的《生产企业出口货物免抵退税审批通知单》中的"应退税额"一致，如不一致，要查明原因。

6. 以农产品或废旧物资为主要原材料生产、加工出口货物的企业，通过虚开农产品或废旧物资收购发票骗取出口退税的检查①

（1）对收购发票真实性的检查可采用审阅法，检查是否存在擅自扩大开具范围、擅自扩大收购对象、擅自扩大收购价格与数量的情况；有无利用某一个农业生产者的个人身份证反

---

① 农产品收购的普遍做法是农产品加工企业按收购数量和金额自行填开发票，依收购发票填开的金额和 13%的扣除率计算抵扣进项税额。这种做法虽然简便，但收购发票的填开不够规范，收购货物的真实性也较难确定。

复使用填开收购发票的情况；有无假借个人身份证虚开收购发票的情况。

（2）对收购货物真实性的检查可采用比较分析法、控制计算法，一是通过企业农产品进项税额的分析，检查农产品收购价格与市场合理价格是否相符；通过农产品的物耗率测算企业当期耗用的农产品数量，据以判断企业当期农产品收购价格和数量是否属实，是否存在虚增收购数量、虚报进项税额的问题。二是通过企业销售收入的分析以及产成品的投入产出率来测算企业当期产品的产量，据以判断企业当期的产成品销售数量是否属实，是否存在虚报出口销售收入、骗取出口退税的问题。

7. 虚抬货物价值，骗取出口退税的检查

在有真实货物出口的情况下，对货物以少充多、虚抬价格以骗取出口退税。由于其形式貌似合法，手段更加隐蔽，更具有欺骗性，检查时可采用比较分析法，根据国内、国际市场同类商品的价格，与生产企业的报价进行对比，从而发现是否存在异常情况。

例 7

某市稽查局根据省局转来的骗税案件线索，采用核对法和外调法，同时结合询问法查实 A 公司于 2003 年至 2007 年出口劳保手套 6000 万双，报关金额 6402 万美元，与国外客户的实际成交价为 2473 万美元，高报出口 3929 万美元，指使 35 户生产厂家虚开增值税专用发票 1700 份，涉及金额 15210 万元、税款 2585 万元，价税合计 17796 万元。该公司在有货物出口的情况下，采取"低值高报"手段骗取出口退税总额 5469 万元。A 公司的骗税手段主要有：

（1）通过该公司的香港分公司与外贸公司签订购销合同；

（2）与国内数十家生产企业签订"内购合同"，生产厂家把货物送到 A 公司设在深圳的仓库；

（3）取得外贸公司已盖好公章的空白报关资料和外汇核销单、装箱单，以高于实际成交价近三倍的金额（略低于海关手套出口指导价）自行委托报关行高报出口，同时指使其他生产企业以略低于报关价的金额虚开增值税专用发票，其虚开形式包括数量不变抬高单价、抬高单价降低数量、无货虚开等；

（4）将已盖好章的海关报关单、外汇核销单、虚开的专用发票，提供给外贸公司向税务机关申报出口退税；

（5）收到外汇汇款后按生产厂家虚开的增值税专用发票金额（含退税款）将款项付给厂家，厂家在扣除了真实成交价和开票费用后，将余额再以其他名义汇给 A 公司指定的家人户头及其特定的个人。

---

8. 采取"混关"手段①取得出口货物报关单、外汇核销单等以骗取国家出口退税的检查

检查时注意是否存在以下情况：新发生的出口业务且销售额较大；在案件多发口岸报关且出口增长率较大；出口增长率高于平均增长水平且出口销售额较大；换汇成本过高或过低；出口货物单价异常；企业的生产规模、加工能力与出口量不配比。

检查时可采用项目化检查法，主要检查 "主营业务收入——外销收入"、"应收外汇账款"、"应交税费——应交增值税"、"库存商品"及成本费用类账户和有关凭证、报表，分析疑点，发现问题。

---

① 实行出口退税电子化管理后，不法分子通过伪造报关单骗取出口退税的情况逐渐减少，骗税分子往往采取空车、空箱报关出口，或者以少报多、以次充好的手段骗取出口报关单，钻海关抽验中的空子，蒙混过关；采取与国外非法客商相勾结，将款项汇入国内，事先或事后再汇出，骗取外汇核销单；骗取国家出口退税。

企业生产能力存在异常的，可采用现场观察法、控制计算法进行检查。主要根据企业设备、人员、成本费用等要素，测算企业的真实生产能力。被查企业使用财务软件记账的，检查时还可采用计算机辅助检查法以及指标分析法，通过对企业"出口增长率"指标进行测算，对企业实际经营状况进行分析和比较，从而发现企业在出口退税方面可能存在的问题。

出口增长率＝（海关 001 电子信息中检查期美元离岸价－海关 001 电子信息中比较期美元离岸价）÷（海关 001 电子信息中比较期美元离岸价）×100%

通过分析企业的出口增长情况，对增长较高的企业进行核查，确定企业的出口增长是否正常，是否有与出口量相应的生产能力。如出口增长率超过预警指标值，则可能存在虚假出口、套汇、买单经营等问题。

三、外贸企业和特定企业退（免）税的检查

（一）政策依据

1. 外贸企业

出口货物应退增值税税额，依进项税额计算：

应退税额＝增值税专用发票不含税金额×出口货物退税率

对库存商品成本和销售成本采用加权平均进价核算的企业，也可按适用不同税率的货物分别依下列公式确定：

应退税额＝出口货物数量×加权平均进价×出口货物退税率

从小规模纳税人购进持有税务机关代开的增值税专用发票的出口货物退税依据按下列公式确定：

应退税额＝增值税专用发票不含税金额×出口货物退税率

从属于增值税小规模纳税人的商贸公司购进的货物出口，按增值税专用发票上注明的征收率计算办理退税。

委托外贸企业代理出口的货物，一律在委托方退（免）税。外贸企业委托加工出口产品，应按原料的退税率和加工费的退税率分别计算应退税款，加工费的退税率按出口产品的退税率确定。严禁出口企业从事"四自三不见"①等不规范的出口业务，严格出口货物退（免）税管理，防范和打击骗取出口退税的违法犯罪活动。

出口货物办理退免税后，如发生退关、国外退货或转为内销，企业必须向所在地主管出口退税的税务机关办理申报手续，补交已退（免）的税款。出口企业自营或委托出口属于退（免）增值税或消费税的货物，最迟应在申报出口货物退（免）税后 15 天内，将购货合同、出口货物明细单、出口货物装货单、出口货物运输单据等出口货物单证按要求进行装订、存放和保管备案。

2. 特定企业

（1）出口企业以"来料加工"贸易方式免税进口原材料、零部件后，凭海关核签的来料加工进口货物报关单和来料加工登记手册向主管其出口退税的税务机关办理《来料加工免税证明》，持此证明向主管其征税的税务机关申报办理免征其加工或委托加工货物及其工缴费的增值税、消费税。货物出口后，出口企业应凭来料加工出口货物报关单和海关已核销的来料

① "客商"或中间人自带客户、自带货源、自带汇票、自行报关和出口企业不见出口产品、不见供货货主、不见外商。

加工登记手册、收汇凭证向主管出口退税的税务机关办理核销手续。逾期未核销的，主管出口退税的税务机关将会同海关和主管征税的税务机关及时予以补税和处罚。

（2）外贸企业采取作价加工方式从事进料加工复出口业务，未按规定办理《进料加工免税证明》的复出口产品，外贸企业不得申请办理退（免）税。

（3）对一般物资援助项目出口货物，仍实行出口不退税政策。

（二）常见涉税问题

1. 外贸企业

（1）出口货物内、外销合同异常。

（2）购进出口货物取得虚开的增值税专用发票。

（3）委托加工出口产品原材料混用出口产品退税率。

（4）将已在内销货物中抵扣的增值税专用发票混入出口货物退税。

（5）出口货物异常，包括：①出口货物低值高报；②虚增出口货物数量；③出口货物流向异常；④结汇资金异常。

（6）从事"四自三不见"的出口业务。

（7）进口料件作价加工开具的增值税专用发票与《进料加工免税证明》数据不一致。

（8）退关退货未补交税款。

2. 特定企业

（1）来料加工免税未按规定核销。

（2）将援外出口货物混为对外承包工程的货物办理退税。

（3）将非境外投资货物的增值税专用发票混入对境外投资申报退税。

（三）主要检查方法

1. 外贸企业

（1）出口货物内、外销合同异常的检查

①检查内、外销合同签订的时间，看是否存在内销合同签订的时间在前，外销合同签订的时间在后，内、外销合同签订的时间没有或只有年月，没有具体日期，以及合同未签订具体交货日期等异常情况。②分析是否存在内、外销合同签订的时间虽符合逻辑，但其相距时间与供货企业生产该批出口货物的生产时间交货时间不相适应的情况（销售库存货物除外）。③检查内、外销合同内容，看合同是不是与个人签订的；是否存在货源的组织、报关、国内运输均由对方负责，外贸企业按出口额或对方开具的发票金额的一定比例向对方支付款项等异常情况。必要时，应向海关、供货方税务机关发函调查核实出口货物的真实性。

（2）购进出口货物取得虚开增值税专用发票的检查

①检查取得的增值税专用发票票面内容，看是否存在某一时期内大量取得同一单位开具或来自同一地区企业开具的连号发票，并且每份增值税专用发票上的价款相同，金额又接近最高限额；对来自虚开案件多发地区的增值税专用发票要重点核查。

②检查某一时期存货余额是否大幅超过当年或往年可比余额，某一时期大宗货物采购是否超过合理水平或者存在不符合逻辑关系的剧增。

③核查票面记载的货物单价，看是否存在明显虚高的情况。

④检查企业库存商品明细账及其记账凭证，并逐笔核查外购货物有无验收入库记录、货物运输记录，取得的增值税专用发票记录的货物数量、名称、单价等与进销存月报表以及仓

库实物账是否一致，并到仓库、货物堆放地进行实地盘点和勘查。

⑤检查增值税专用发票涉及的资金流动情况。包括：核查增值税专用发票价税合计总额与货款支付总额是否一致；核对增值税专用发票上注明的供货单位与收款单位是否一致；核对货款支付情况。对于通过银行结算的，检查支票等单据内容和发票内容是否一致；对于通过现金结算货款，尤其是大额现金支付的，重点检查现金日记账记载内容的真实性，可以将现金日记账的账面余额与总账账面数、会计报表填列数进行对比，将提取现金情况与银行对账单进行比对，从中寻找疑点，找到突破口。

⑥结合对纳税人的有关财务凭证、购销合同、货物运输方式、仓库验收记录、货物存放保管及发出等的检查情况进行综合分析，就可疑的增值税专用发票向开票方所在地国税机关发函协查，核实供货企业生产能力，销售货物的数量、单价、金额以及申报纳税等情况，进一步证实取得的增值税专用发票是否为虚开。

（3）委托加工出口产品原材料混用出口产品退税率的检查

首先通过出口退免税审核系统查询备注栏中有无"WT"业务（即委托加工业务）；然后检查外贸企业外购委托加工出口产品原材料使用的退税率是否正确，是否存在混用出口产品退税率办理退税的情况。

（4）将已在内销货物中抵扣的增值税专用发票混入出口货物退税的检查

首先统计《出口货物退税进货凭证申报明细表》中用于出口退免税货物的进项税额合计数，再与"应交税费——应交增值税（进项税额）"明细账中用于出口退免税货物的进项税额累计数进行比较，如申报的进项税额大于账面数额的，进一步逐笔核查进项税额，看是否存在已办理过内销进项抵扣的进项税用于出口货物退免税的情况。

（5）出口货物异常的检查

①出口货物低值高报的检查。检查《出口货物报关单》上的出口货物销售金额与企业申报数是否一致；结合对出口货物货源的检查，对货物的购进价格和出口价格进行对比分析，核对出口货物进货价、出口货物库存结转与出口货物离岸价的单位成本是否一致，出口货物换汇成本是否合理，看有无报关价格与价值明显背离的现象。

②虚增出口货物数量的检查。检查《出口货物报关单》上出口货物的计量单位与企业申报出口货物计量单位是否一致，核查出口数量的换算是否正确，有无通过改变计量单位增加出口数量的问题。还需检查企业仓库实物账，将仓库实际发货记录与《出口货物报关单》进行核对，核实出口货物出库数量与报关出口数量是否相符。

③出口货物流向异常的检查。对出口货物流向异常的，应发函协查。属于从骗税案件多发口岸报关出口的，出口金额大，换汇成本不合理的出口货物报关单，发函给报关口岸，请海关核实其所签发报关单真伪情况。属于从骗税案件多发地区购进的货物以及购进敏感的出口货物，查找相对应的进货发票，根据增值税专用发票上注明的供货方纳税人登记号码，进行发函，请供货方所在地税务机关核实其出口货物的生产、销售、纳税情况。海关及供货方所在地税务机关的回函证明与企业申报情况不一致的，可以认定该批出口货物的交易是骗税行为。

④结汇资金异常的检查。主要检查是否存在以下异常情况：异地结汇，本地收汇核销；付汇方与外贸企业签订外销合同的外商单位名称不一致；外贸企业收汇后，以现金或现金支票等形式支付给个人；货物报关出口后即收汇，外贸企业在收汇的当天或次日，将出口货物

的价款付给供货方，收到退税款后，再将退税款支付给供货方或第三者；外贸企业先收到结汇款，在收汇的当天或次日申报出口等。必要时，查询企业基本账户或结汇账户，调取所有进出资金明细情况，从中发现疑点。

（6）从事"四自三不见"出口业务的检查

①审核货物购销合同及协议内容，核实是否属于自营出口业务。

②审核出口货物的所有权，看出口企业是否承担出口货物的质量、结汇或退税风险。

③核查货物运输费用配比，确定运输费用的真实支付方。

④检查出口货物进、销、存情况，看每笔进、销、存业务是否有原始凭证。

⑤检查出口货物的成本核算情况，看是否对出口货物的盈亏进行了核算。先计算确定出口业务应列成本，再与其账簿记录的成本进行比较，核查是否存在将代理业务收取的手续费虚构成自营业务利润，以结汇收入扣除手续费倒挤销售成本，人为将代理出口业务按自营出口业务进行账务处理的情况。

⑥到受托加工企业对生产加工场所进行实地勘察，核查受托加工企业的实际生产能力和承接该项加工业务的真实性。

（7）进口料件作价加工开具的增值税专用发票与《进料加工免税证明》数据不一致的检查

①根据国家税务总局下传的海关进口料件电子信息，检查出口企业是否办理了《进料加工免税证明》；②检查外贸企业已开具的增值税专用发票，与税务机关开具的《进料加工免税证明》上注明的组成计税价格进行核对，看是否一致，组成计税价格的计算是否准确；对专用发票上开具的金额大于《进料加工免税证明》上组成计税价格的部分，看是否按规定补税；审核是否存在已开《进料加工免税证明》但未抵减出口退税款的情况。

（8）退关退货未补交税款的检查

出口企业在取得出口货物的货运提单，向银行办妥交单后，即作销售账，同时结转出口货物成本，并据此申报退税。但在某些情况下，如少运错发出口的货物、出口货物未通过进口国的商检质检，进口商审验发现商品缺少或不符合贸易合同的某项条款等，都会影响到对外贸易成交额的实现或部分实现，出现退关退货的情况。对退关退货的检查，必须是出口企业已经将退关的货物，向税务机关申报办理了退（免）税手续。对尚未申报退（免）税的退关货物，不需检查。对此类业务，主要检查以下几个方面：①检查出口企业是否向主管税务机关申请办理《出口商品退运已补税证明》，已退税款扣回或缴纳是否与该证明的金额相同，已发生的少运、错发、短少及退货的商品，是否按会计制度的规定冲减销售收入和销售成本。退关的货物转为内销的，是否计提销项税额；退关的货物退回生产企业的，是否将税务机关出具的《进货退回及索取折让证明单》交给供货企业。②采用加权平均单价法计算的外贸企业发生的退关货物，检查其退关货物应补税款的计算是否准确。

2. 特定企业

（1）来料加工免税未按规定核销的检查：①检查出口企业申请开具《来料加工免税证明》的凭证、资料是否完整、真实，报关单上的贸易方式是否为"来料加工贸易"。②检查来料加工货物出口后，出口企业是否凭来料加工出口货物报关单和海关已核销的来料加工登记手册、收汇凭证向税务机关办理核销手续，逾期未核销的是否补税。

（2）将援外出口货物混为对外承包工程的货物办理退税的检查：①检查对外承包合同等

资料是否符合退税条件；②检查《出口货物报关单》上的贸易方式是否为"对外承包工程"；检查申报退税的对外承包工程公司与《出口货物报关单》上注明的经营单位是否一致；结合《出口货物报关单》与对外承包合同等资料进行检查，核查该工程承包方式及我方供应料件的具体类型和项目，区分承包工程所用货物与其他用途货物，审定对外承包公司退税货物的项目及数量，核查是否将援外出口货物混为对外承包工程的货物退税。

（3）将非境外投资货物的增值税专用发票混入对境外投资申报退税的检查：①检查企业在境外投资是否有商务部及其授权单位批准其在国外投资的文件，以及在国外办理的境外企业注册登记副本和有关合同副本；②检查申报退税的境外投资货物的名称、数量等是否与《出口货物报关单》上的有关内容一致；③检查出口货物的退税项目、金额等是否与专用发票上的有关内容一致，是否存在用不属于境外投资货物的增值税专用发票申报退税的情况。

四、出口货物退（免）消费税的检查

出口应税消费品同时涉及退（免）增值税和消费税，出口货物退（免）消费税与退（免）增值税在退（免）税范围、退（免）税办理程序、退（免）税审核及管理上基本一致，常见涉税问题与检查方法类似。这里，仅就出口货物退（免）消费税检查的特殊内容进行简要介绍。

（一）政策依据

1. 一般规定

生产企业出口自产的属于应征消费税的产品，实行免征消费税办法。外贸企业出口和代理出口货物的应退消费税税款，凡属从价定率计征消费税的货物应依外贸企业从工厂购进货物时征收消费税的价格计算。凡属从量定额计征消费税的货物应依货物购进和报关出口的数量计算。

小规模纳税人自营和委托出口的货物，一律免征增值税、消费税，其进项税额不予抵扣或退税。出口企业出口的国税发〔2006〕102 号规定的视同内销的货物若为应税消费品，除另有规定者外，出口企业为生产企业的，须按现行有关税收政策规定计算缴纳消费税；出口企业为外贸企业的，不退还消费税。

2. 特殊规定

（1）出口卷烟仍在生产环节免征增值税、消费税。出口卷烟增值税的进项税额不得抵扣内销货物的应纳增值税，仍应计入产品成本处理。

（2）边境小额贸易企业以人民币结算方式出口货物后，除另有规定者外，可在货物报关出口并在财务上作销售后，按月向税务机关申请办理退还或免征增值税和消费税。

（3）列名生产企业出口的外购产品如属应税消费品，税务机关可比照外贸企业退还消费税的办法退还消费税；列名生产企业出口的自产应税消费品按现行规定免征消费税。

3. 外贸企业出口应税消费品应退消费税的计算

（1）对实行从价定率征税的消费品，其退税依据是从工厂购进货物时计算征收的消费税。

应退税款＝购进出口货物的购进金额 × 消费税税率

（2）对实行从量定额征税的消费品，其退税依据是出口报关的数量。

应退税款＝出口数量 × 单位税额

（二）常见涉税问题

出口货物退（免）消费税的常见涉税问题与主要检查方法参见本章前几节有关部分，这里仅作简要提示。

常见涉税问题：

1. 购进出口货物取得虚开的增值税专用发票。

2. 出口货物异常：出口货物内、外销合同异常；出口货物低值高报；虚增出口货物数量；出口货物流向异常；结汇资金异常。

3. 退关退货未补交税款。

（三）主要检查方法

1. 对生产企业直接出口应税消费品或通过外贸企业出口应税消费品，重点审查"主营业务收入"、"营业税金及附加"、"应交税费——应交消费税"、"产成品"等明细账，核实出口报关单等免税凭证是否齐全、合法、有效；重点核实对采用从价定率办法的出口应税消费品是否按人民币离岸价免征消费税，对采用从量定额办法的出口应税消费品是否按实际出口数量免征消费税；核实出口企业出口应税消费品发生退关退货转为内销的，是否计算缴纳了消费税。

2. 对外贸企业自营出口的应税消费品除审查出口发票、出口收汇核销单、出口货物报关单、购货发票等退税资料是否完整外，还应对照 "库存出口商品"、"出口销售收入"、"应交税费——应交消费税"等明细账，检查退税申报数据是否真实、出口货物数量是否准确，核实"出口货物消费税专用缴款书"所列已纳消费税税额与申报表中申报退还的消费税税额是否相符。

第三部分　稽查实验

第十章　税务稽查实验设计

本章的学习目的：
1. 练习使用税务稽查软件，熟悉税务稽查的基本程序；
2. 根据税务稽查的要求，对具体案例进行模拟税务稽查的训练。

第一节　软件使用指导

本课程的实验设计部分使用的是广州致仪的税务稽查实训教学系统。该系统主要按照税务机关进行税务稽查时填写的相关法律文书和稽查的实际流程，让学生对所选问题企业案例进行模拟税务稽查的训练。因此，该系统训练的侧重点在于提供大量实际案例锻炼学生掌握税务检查的基本方法、技巧和稽查流程，税务稽查选案部分的内容目前还未纳入到系统中。另外，该系统目前还未具备电子化查账[①]的功能，要求学生们根据稽查需要自行灵活采用不同的会计核算查账方法分别对会计报表、账簿及原始凭证进行检查，最后进行案例分析处理。手工查账虽然会降低稽查效率，实验进度和课时安排也需适当配合调整，但这也有助于加强学生对税收稽查方法的理解和掌握。

致仪的税务稽查实训系统是一套教学软件,除注重实务模拟及学生实践技能的培养以外，注重教学使用也是其突出特点，教师在教学过程中可以充分利用该软件组织教学：

➢ 软件中提供的案例，都是根据多个企业真实的原始资料进行加工整理设计，最终汇总成的一个包含增值税、消费税、营业税、个人所得税、企业所得税等几乎涵盖所有税种的综合案例。教师可以安排学生在课上和课下对不同税种进行独立的税务稽查实验，由此可使学生进一步加深对税务稽查的理论和方法的理解，并掌握大量的纳税检查方法和技巧，分析出查账的重点及易出现问题的环节，提高学生的实务操作水平，从而为学生从事税务稽查以及企业内审工作打下坚实的基础。

➢ 软件的实训部分采用的是多层次的教学模式：实训指导层、实训检验层、实训测试层。教师可以把不同的典型企业案例让学生分别在实训指导层、实训检验层、实训测试层中使用。实训指导层对每个税种错账的检查都配有正确分录和分析点评，提供指导，帮助练习；实训检验层和实训测试层是自我检验和老师测试的部分。由此可以实现学生自己实验、教师只进行重点辅导的实验模式，可以显著提高实践教学的效果，减轻老师的教学负担，也有利

---

① 全国仅有部分省市如江苏、山东、山西等省税务系统在稽查查账电子化应用方面做了大量工作，开发查账软件并在实际工作中加以推广应用。

于学生举一反三。通过对错账的检查、调账和编制税务稽查工作底稿的不断练习，使学生不断提高税务稽查和税务实践能力，有效地提高教学质量和效率。

➤ 在系统中，教师既可以修改原来的案例也可以添加新的教学案例，还可以增加企业、增加不同业务和新的相关凭证。税收稽查的教学内容是随着国家的政策经常变化的，需要时刻更新教学内容。在这个教学软件中，所有的教学内容教师都可以自主修改，包括理论教材、法律法规和企业案例等。这样就解决了因税收类课程教学内容的变化而造成的不能满足教学的问题，也实现了教师个性化教学的需要。

此外，作为教学软件，该系统提供了一个比较完善的教师管理系统，包括试题管理、考试管理、成绩管理和平时实习管理部分。系统可以快速、智能出题，生成试卷，并快速计算考试成绩，由此减轻了教师的工作负担。系统的理论部分还提供树形的学习结构，方便学生自学和查阅。

第二节　实验准备工作

在安排学生进行稽查实验之前，首先需要录入教师信息，并为每个学生分配登录的账号和密码。

1. 打开 IE 浏览器，在 IE 的地址栏输入：http://服务器 IP/swjc/login.aspx。显示税务稽查实训教学系统的登录主界面，见图 10-1。

图 10-1　系统界面

2. 以系统管理员身份进入软件，系统管理员统一管理老师信息、授课班级信息等数据，进入系统后，管理员首页如图 10-2。

图 10-2　管理员首页

（1）系统管理员首先应录入授课教师信息，点击"教师管理"，见图 10-3。

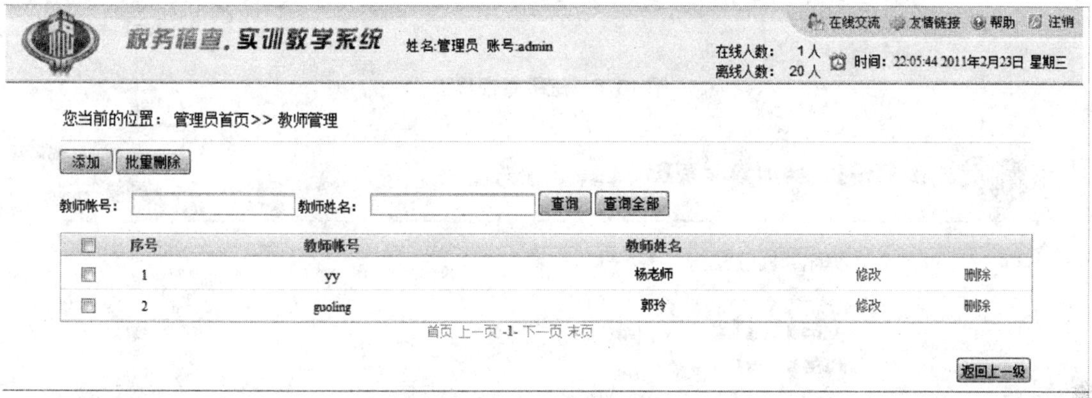

图 10-3　教师管理

点击"添加"，逐项录入教师信息并设置账号和密码，见图 10-4。

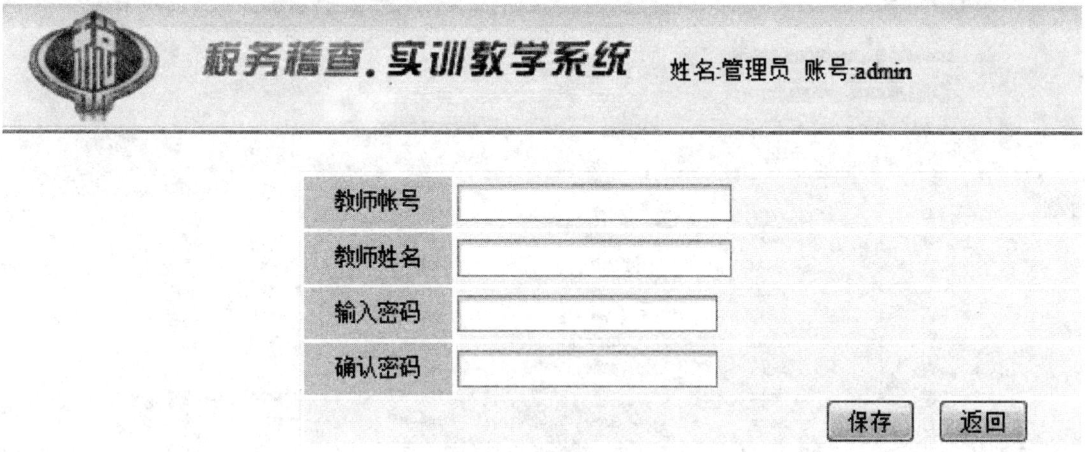

图 10-4　录入教师信息

（2）系统管理员还应在"班级管理"和"学生管理"中录入使用系统的班级信息和学生信息，特别是当同时有多个班级使用该系统上课时，系统管理员可统一对其实行管理。

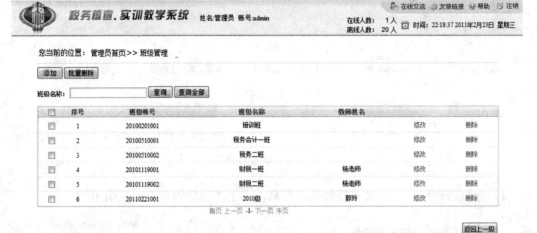

图 10-5　班级管理界面

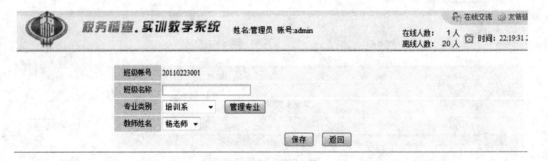

图 10-6　录入班级信息

图 10-7　学生管理界面

图 10-8 录入学生信息

录入学生信息时，学生的学号即是其以后登录系统的账号，密码为其登录初始密码。

此外，系统管理员还可以对所有系统内的资源进行集中管理，包括"理论学习管理"、"经典案例管理"、"法律法规"等。

最重要的是，在教学实施过程中，系统管理员应定期对系统数据进行备份。

图 10-9 数据备份

3. 教师登录系统，教师首页见图 10-10。

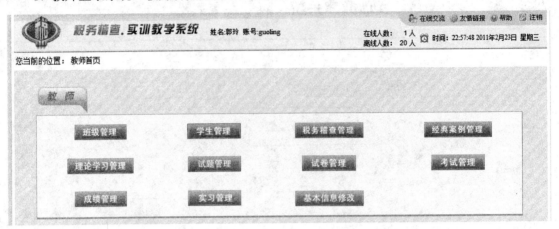

图 10-10　教师首页

（1）教师要在"学生管理"中给学生分配登录的账号和密码，然后学生才可以登录使用软件。如同时授课的班级不止一个，教师还可以在"班级管理"中录入班级信息，从而可以更规范地管理随后的实验数据和测验过程。

（2）点击"理论学习管理"，教师可以根据教学内容，从理论学习和实务案例两方面制作课件，见图 10-11。

图 10-11　点击"理论学习管理"制作教学课件

在"理论学习"部分，系统提供了国家税务总局编写的《税务稽查方法》和《税务稽查管理》两本教材，教师可以在这两本教材的基础上根据自己的教学大纲增减理论教学内容。当然，教师也可在此添加新的教学参考资料，见图 10-12 和图 10-13。

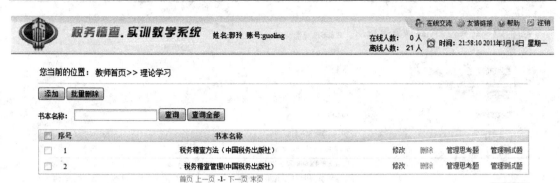

图 10-12 "理论学习"界面

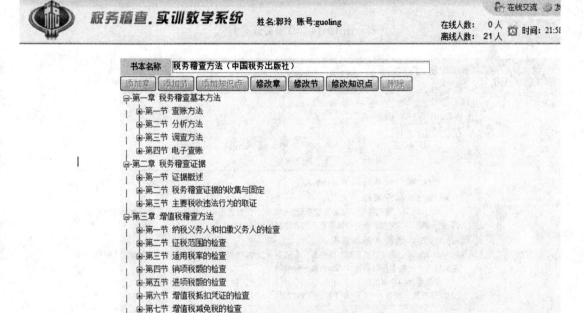

图 10-13　调整教学内容、制作教学课件

在"实务案例"部分，教师可以添加案例并设置案例思考题，这部分可作为教学内容的一部分，也可以在系统中设置为学生的自学内容，见图 10-14 至图 10-16。

您当前的位置： 教师首页>> 实务案例

添加 批量删除

实务案例名称： [_____] 查询 查询全部

序号	实务案例名称			
1	中华配件公司设置账外账偷税案	修改	删除	管理思考题
2	舒心食品有限公司隐匿收入偷税案	修改	删除	管理思考题
3	永利制品有限公司利用代理出口隐瞒收入偷税案	修改	删除	管理思考题
4	华元外资光学制造有限公司少列收入偷税案	修改	删除	管理思考题
5	七佰伴破产外资公司税款追缴案	修改	删除	管理思考题
6	新科电子科技公司利用网络异地存储财务数据偷税案	修改	删除	管理思考题
7	东圈购物中心会计电算化偷税案	修改	删除	管理思考题
8	高原商贸有限公司多种手段虚开增值税专用发票系列案	修改	删除	管理思考题
9	天成公司与其关联企业虚开发票偷税案	修改	删除	管理思考题

图 10-14 添加实务案例

名称 [中华配件公司设置账外账偷税案]

内容

一、案件背景情况
（一）案件来源
　　2007年6月，漕北市国家税务局稽查局接到举报，反映该市中华配件公司采取设置账外账的手段进行偷税，并提供了该公司销售客户的名称及金额等相关信息。
（二）纳税人基本情况
　　中华配件公司（以下简称"该公司"）成立于2003年8月，2004年正式投产，主营门窗配件、密封胶等产品的生产和销售，系增值税一般纳税人。
　　该公司2004年申报收入245万元，应纳增值税5万元，税负2%；2005年申报收入298万元，应纳增值税9万元，税负3%；2006年申报收入492万元，应纳增值税17万元，税负3.4%；2007年1至4月份

保存 取消

图 10-15 修改案例内容

添加 批量删除

试题内容： [_____] 查询 查询全部

序号	试题内容	题型		
1	1. 如何有效查处"账外账"偷税案件？	简答题	修改	删除
2	2. 在税务稽查中，你对"固定电子证据"的程序有何认识？	简答题	修改	删除

首页 上一页 -1- 下一页 末页

返回上一级

图 10-16 设置案例思考题

（3）点击"经典案例管理"，教师可在这部分设置或修改一些更复杂、更具代表性的案例。系统在这部分分行业设置了一些经典案例，可供教师根据教学内容选择讲解，见图10-17及图10-18。

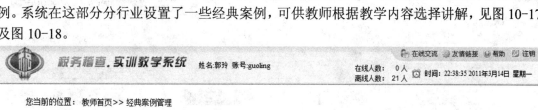

您当前的位置：教师首页>> 经典案例管理

	序号	经典案例名称		
☐	1	加工制造业--豫西啤酒有限公司隐匿收入偷税案	修改	删除
☐	2	加工制造业---玉西钢材生产企业虚增成本少列收入偷税案	修改	删除
☐	3	商品流通--LH科技有限公司分解收入偷税案	修改	删除
☐	4	商品流通--西南服饰代理公司隐匿收入偷税案	修改	删除
☐	5	房地产开发企业--河源房地产公司隐匿收入偷税案	修改	删除
☐	6	房地产开发企业--凤凰城地产公司隐匿收入偷税案	修改	删除
☐	7	建筑安装企业--运通路桥建筑公司虚列成本偷税案	修改	删除
☐	8	建筑安装企业---万和建筑公司异地经营不计收入偷税案	修改	删除
☐	9	服务企业--知音广告公司利用假发票抵减计税额偷税案	修改	删除

图 10-17　经典案例管理

经典案例名称　加工制造业---豫西啤酒有限公司隐匿收入偷税案

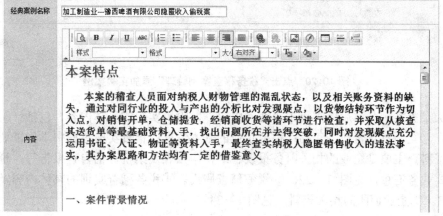

本案特点

　　本案的稽查人员面对纳税人财物管理的混乱状态，以及相关账务资料的缺失，通过对同行业的投入与产出的分析比对发现疑点，以货物结转环节作为切入点，对销售开单，仓储提货，经销商收货等诸环节进行检查，并采取从核查其送货单等最基础资料入手，找出问题所在并去伪突破，同时对发现疑点充分运用书证、人证、物证等资料入手，最终查实纳税人隐匿销售收入的违法事实，其办案思路和方法均有一定的借鉴意义

一、案件背景情况

图 10-18　修改经典案例内容

（4）点击"税务稽查管理"，教师首先要在"税务稽查案例管理"中添加或修改学生做实验所需要的案例信息，并设计实验内容，见图10-19至图10-24。

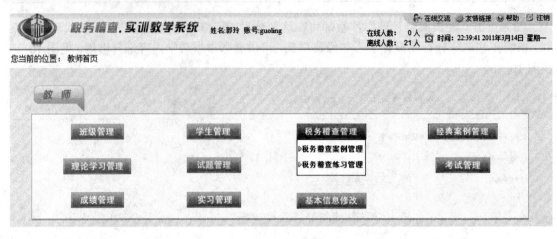

图 10-19　税务稽查管理

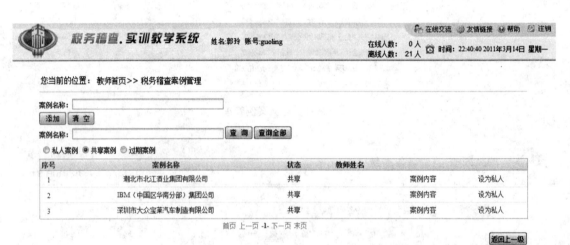

图 10-20　点击"税务稽查案例管理"添加实验案例

　　添加实验案例名称后，需点击"案例内容"，设置实验的具体内容，包括：①具体的实验目的。②案例背景资料，包括：模拟企业的基本情况；稽查实验过程中学生需要使用的企业相关资料，主要是企业的相关财务报表、纳税申报表及纳税评估自查报告等；稽查期间企业的主要业务汇总，见图 10-22。③税务稽查假设。④税务稽查实训的具体内容及流程，见图 10-23。⑤企业调账的相关资料，见图 10-24。

图 10-21　设置实验的具体内容

图 10-22　设置案例的背景资料

图 10-23　设置税务稽查实训内容

图 10-24　设置企业调账的相关资料

（5）点击"税务稽查管理"，教师要在"税务稽查练习管理"里将各个实验案例根据教学需要设置在不同的练习层面，"指导层"→"检验层"→"测试层"，见图 10-25。不同的练习层面的区别见表 10-1。

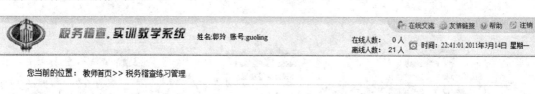

图 10-25　税务稽查练习管理

表 10-1　指导层、检验层和测试层的功能区别

功能层	指导强制功能	完成提示对、错数	完成显示答案	完成显示分数	相关资料	帮助	答案	保存	读取
指导层	有	有	有		有	有	有	有	有
检验层		有	有	有	有			有	有
测试层				有					

指导强制功能：当学生填写了错误的答案时，系统自动提示正确的答案，并清空，让学

生重新填写；只有填写正确才能通过。完成显示答案：当点击"完成"时，会用蓝色字体显示没有填或没有填正确的所有答案。完成显示得分：当点击"完成"时，系统会自动显示学生在这一界面所得分数。完成提示对、错数：当点击"完成"时，系统自动显示学生在这一界面做的正确数目和错误数目。

点击"修改"，可以更改案例的状态、使用层面及适用班级等，见图 10-26。指导层、检验层和测试层中练习所用到的案例资料教师是可以根据学生的情况和教学的要求任意设置的，可以三层使用相同或不同的案例资料，每层也可以设置多个案例资料。

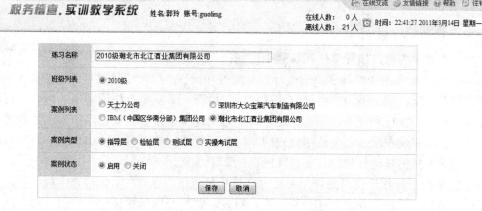

图 10-26 点击"修改"更改案例的状态

完成上述准备工作后，就可以指导学生进行税务稽查实验了。当然，教师还可以使用教师首页上的"试题管理"、"试卷管理"、"考试管理"、"成绩管理"和"实习管理"等功能，见图 10-27，系统提供的这些辅助教学功能可以更为有效地提高教学效率。

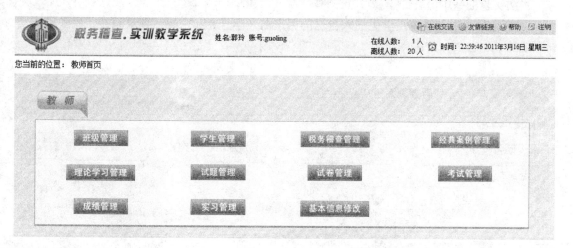

图 10-27 教师首页上的"试题管理"等辅助教学功能

第三节　税务稽查综合实验

一、实验目的

通过实验，使学生掌握税务稽查的基本程序和方法，并针对具体案例实施税务稽查。

二、实验要求

结合教学内容，指导学生在实验中做到：

1. 按照税务稽查的程序要求进行独立练习和操作。结合税务稽查流程图，从纳税评估到确定稽查对象，采用不同的会计方法进行纳税检查，了解稽查结论审理的内容、程序、方法及审理结论的执行和疑难问题的处理，最终达到对整个税务稽查程序和方法的熟悉和了解。税务稽查程序是在国家有关法律规定的基础上运行的，有严格的法律规范，通过实验有助于学生更好地把握其运行规律。实验课时：6 学时。

2. 体会会计核算资料的作用并练习会计核算查账方法。在实际稽查中根据实际工作需要采用不同的会计核算查账方法分别对会计报表、账簿及原始凭证进行检查，最后进行案例分析处理。把握会计核算与税收的关系，练习在会计核算中查找存在的税收问题。实验课时：2 学时。

三、实验流程

本次实验的基本流程如下：

1. 指导学生进入系统：学生输入自己的用户名（学号）和密码，登录系统，税务稽查实训系统的学生首页如下：

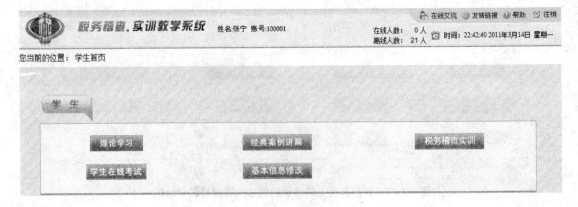

图 10-28　学生界面

进入后要求学生输入或确认姓名是否正确，然后设置自己的密码。在学生首页，点击"基本信息修改"，学生可以填写自己的姓名并修改密码，见图 10-29。

图 10-29 基本信息修改

2. 点击"税务稽查实训",选择案例资料:潮北市北江酒业集团有限公司,见图 10-30。系统目前提供给学生 3 个综合案例可供练习,提供给教师的案例有 20 余个,教师可以在此基础上自己添加实验案例。

图 10-30 进入"税务稽查实训"

3. 选定案例后,进入"税务稽查实训首页"。首页包括五个模块:实验目的、案例背景资料、税务稽查假设、税务稽查实训和企业调账。见图 10-31。

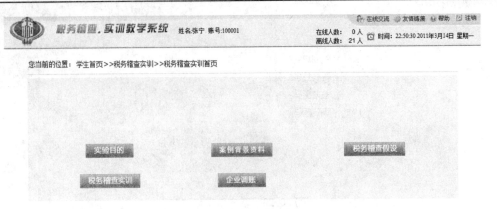

图 10-31　税务稽查实训首页

4. 指导学生查看"实验目的"及此次实验设定的"税务稽查假设"，见图 10-32 及图 10-33。

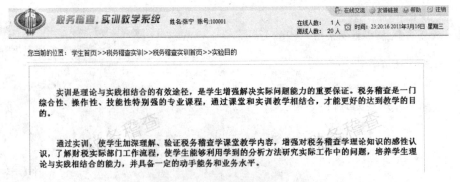

图 10-32　实验目的

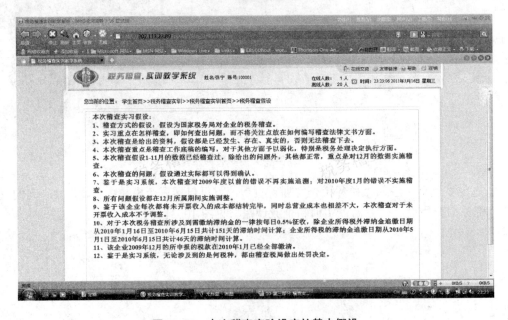

图 10-33　本次稽查实验设定的基本假设

5. 点击"税务稽查实训"，按照稽查流程指导学生进行实验。

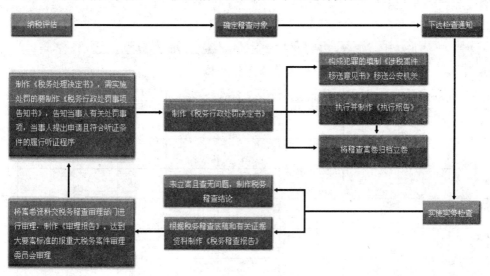

图 10-34　稽查实验流程及任务

要求学生：

（1）掌握税务稽查的基本程序和具体内容。在系统中，▨▨▨▨表示需要学生作答，且有标准答案；▨▨▨▨表示需要学生作答，但只有参考答案；▨▨▨▨表示不需要学生作答，学生只需要查看。根据课时量的具体情况，教师可以在上述流程中选择部分重点环节布置实验作业。

（2）根据给定案例，实施税务检查，并编写"税务稽查工作底稿"，见图 10-35 及图 10-36。

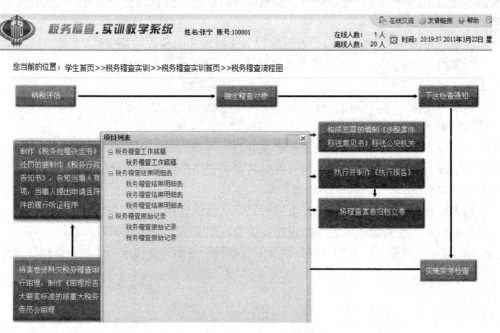

图 10-35　实施税务检查

税务稽查.实训教学系统　姓名:张宁　账号:100001　　在线人数: 1人　离线人数: 20人　时间: 20:21:51 2011年3月22日 星期二

在线交流　友情链接　帮助　注销

计算器　相关资料　填表说明　法律法规　帮助　答案　保存　读取　打印　打开音乐　退出　签章

税务稽查工作底稿

序号	发生时间起	发生时间止	违法事实类型	违法事实手段	资料种类	资料（凭证号）	业务摘要	金额

图 10-36　编写税务稽查工作底稿

在查看相关资料的过程中，根据实际需要采用不同的会计核算查账方法分别对会计报表、账簿及原始凭证进行检查，最后进行案例分析处理。

当学生点击 填表说明 时，可以看见当前界面的税务稽查工作底稿的填表说明。

当学生点击 相关资料 时，可以看见当前界面练习的企业信息、发生业务的相关凭据等资料内容。

当学生点击 法律法规 时，可以查看国家税务总局颁布的税收法律文件。

当学生点击 帮助 时，可以看见当前界面练习的计算过程和帮助。

当学生点击 答案 时，可以看见当前界面练习的标准答案。

当学生点击 保存 时，保存没有完成的练习，用以下次练习读取。

当学生点击 读取 时，可以接着上次实训保存的内容来进行练习。

当学生点击 退出 时，系统自动显示学生在这一界面做的正确数目和错误数目，并会用蓝色字体显示没有填或没有填正确的所有答案。点击"是"可以退出此练习，点击"否"也可以重新练习。

在稽查过程中，学生可以点击首页中的"案例背景资料"，如图 10-37，查看当前界面练习的企业信息、相关会计报表、纳税申报表及发生业务的相关凭据等内容，见图 10-38 至图 10-40。也可以在图 10-36 的"税务稽查工作底稿"界面上直接点击"相关资料"查看。

税务稽查.实训教学系统　姓名:张宁 账号:100001

在线交流　友情链接　帮助　注销

在线人数: 1人　离线人数: 20人　时间: 23:21:04 2011年3月16日 星期三

您当前的位置: 学生首页>>税务稽查实训>>税务稽查实训首页

实验目的

税务稽查实训

案例背景资料
▶模拟企业概况
▶相关资料
▶业务汇总

税务稽查假设

图 10-37　查看"案例背景资料"

税务稽查.实训教学系统　姓名:张宁 账号:100001

在线交流　友情链接　帮助　注销

在线人数: 1人　离线人数: 20人　时间: 23:21:34 2011年3月16日 星期三

您当前的位置: 学生首页>>税务稽查实训>>税务稽查实训首页>>案例背景资料(模拟企业概况)

企业名称：潮北市北江酒业集团有限公司

潮北市北江酒业集团有限公司成立于1999年12月1日，2000年6月18日申请认定为增值税一般纳税人，注册类型为有限责任公司，注册资金为1500万元，占地面积：800平方米，属于三等地段。支付价款为100万元。城镇土地使用税税率为10元/平方米。在本地同行业中经营规模较大。2010年潮北市国家税务局税收管理员在审核该公司纳税申报资料和财务报表时发现：其2009年

地址：潮北市白云区马场西路288号
联系电话：（020）25841256
邮政编码：512635
纳税识别号：541256548745123
企业代码：36542587-8
开户银行及账号：潮北市工行白云支行 5841256987410236584
国税主管部门：潮北市国家税务局白云分局
地税主管部门：潮北市地方税务局白云分局
总经理：王观理
法人代表：陈北江
财务负责人：李春
会计：王雪花
出纳：吴忧

图 10-38　企业基本信息

您当前的位置：学生首页>>税务稽查实训>>税务稽查实训首页>>案例背景资料(相关资料)

酒及酒精消费税纳税申报表
利润表(11月)
利润表
利润表(12月)
利润表
纳税评估自查报告
纳税评估自查报告
纳税评估自查报告
企业所得税申报表
中华人民共和国企业所得税月(季)度预缴纳税申报...
企业所得税月(季)度预缴纳税申报表(A类)
中华人民共和国企业所得税月(季)度预缴纳税申报...
税务稽查方案规划表
税务稽查方案规划表
税务约谈通知书
税务约谈通知书(一)
相关图章
发票专用章　　　　法人章　　　　法人章

图 10-39　基本会计报表及纳税申报表

您当前的位置：学生首页>>税务稽查实训>>税务稽查实训首页>>案例背景资料(业务汇总)

序号	日期	业务说明
1	2009-12-01	购进北江利森水泥有限公司水泥700吨，单价300元，用于房屋扩建工程
2	2009-12-01	为购买葡萄酒发酵机，公司从建设工行取得长期专项借款500...，该借款为一次性还本付息
3	2009-12-01	以10000000元人名币的价款购买法国宝比亚葡萄酒有限公司...的...发酵机一台。价款分期支付，...
4	2009-12-01	为了提高本公司白酒的生产质量，以其生产经营过程中的一套...换山东新光啤酒有限公司拥有的啤酒专...
5	2009-12-01	为购买股票，开出转账支票，将工行存款转存建行存款
6	2009-12-01	将建行的投资款转入广财证券公司
7	2009-12-01	公司将闲置资金从二级市场购入中国和祥房地产公司股票
8	2009-12-02	向江西天林烟酒批发市场销售各种酒
9	2009-12-02	向农民王强手中收购大米100000斤，单价为2.5元/斤，金额共为250000元，该大米的计划价格...
10	2009-12-02	与安徽省联华商场签订协议，采用预收款方式向该商场销售6000箱36度五星白酒
11	2009-12-02	市场部许飞出差借旅费2000元
12	2009-12-02	从工行提取现金10000元备用
13	2009-12-02	从农民李铭手中购进红薯100000斤，单价为1.00元/斤，取得进项发票。该计划成本为0.85元/...
14	2009-12-02	酒精车间领用红薯45011.77斤用于生产酒精，单价0.85元/斤
15	2009-12-03	公司后勤部领用大米10875斤，账面成本为21750元
16	2009-12-03	采购员王毅报销差旅费500元，余款退还现金200元
17	2009-12-03	受东莞华龙酒业有限公司委托，接受加工该公司啤酒50000斤，按10元/斤加工费，所有原材料由委托方...

图 10-40　稽查期间的基本业务汇总

　　这里看到的是该企业 2009 年 12 月的全部业务资料。当学生点击右边具体的业务说明时，就会显示相对应的原始凭证和相关资料。

四、其他功能说明

1. 理论学习

在学生首页（图 10-28），学生可以点击"理论学习"来进行自学和复习。"理论学习"部分是由教师在教务管理里面进行修改和整理过的教学内容，它采用树形结构（章、节、知识点），可以方便学生查看和阅读。另外，在"理论学习"部分，每章都还配有思考题和测试题，学生可以在课下进行练习，见图 10-41。

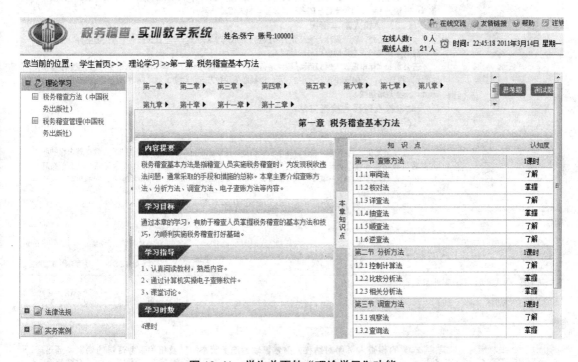

图 10-41　学生首页的"理论学习"功能

在"理论学习"部分，点击"法律法规"，学生还可以查阅到税法、税务会计等相关内容，具体包括税种介绍、税收征管、税收法规、行业纳税、纳税检查、税务会计、2009 及 2010 年最新税收政策动态。

在"理论学习"部分，点击"实务案例"，在这部分系统设置了大量税收稽查案例，学生可以查看和自学，见图 10-42。

2. 经典案例讲解

在学生首页（图 10-28），学生可以点击"经典案例讲解"，查看和学习经典案例，见图 10-43。如前所述，在这部分，系统分行业提供了一系列较具代表性的案例，教师可在授课过程中有选择地进行讲授，学生也可在这部分重点学习。

3. 学生在线考试

在学生首页（图 10-28），点击"学生在线考试"，学生可以进行考试。试题需要教师在教师管理界面中提前进行设置。

税务稽查.实训教学系统　姓名:张宁 账号:100001

在线交流　友情链接　帮助　注销

在线人数：　0人　　时间：22:46:23 2011年3月14日 星期一
离线人数：　21人

您当前的位置：　学生首页>> 实务案例>>中华配件公司设置账外账偷税案

- 理论学习
- 法律法规
- 实务案例
  - 中华配件公司设置账外账偷税案
  - 舒心食品有限公司隐匿收入偷税案
  - 永利制品有限公司利用代理出口隐瞒收入偷税案
  - 华元外资光学制造有限公司少列收入偷税案
  - 七佰伴破产外资公司税款追缴案
  - 新科电子科技公司利用网络异地存储财务数据偷税案
  - 东圃购物中心会计电算化偷税案
  - 高原商贸有限公司多种手段虚开增值税专用发

思考题

中华配件公司设置账外账偷税案

　一、案件背景情况
　（一）案件来源
　2007年6月，漕北市国家税务局稽查局接到举报，反映该市中华配件公司采取设置账外账的手段进行偷税，并提供了该公司销售客户的名称及金额等相关信息。
　（二）纳税人基本情况
　中华配件公司（以下简称"该公司"）成立于2003年8月，2004年正式投产，主营门窗配件、密封胶等产品的生产和销售，系增值税一般纳税人。
　该公司2004年申报收入245万元，应纳增值税5万元，税负2%；2005年申报收入298万元，应纳增值税9万元，税负3%；2006年申报收入492万元，应纳增值税17万元，税负3.4%；2007年1至4月份申报收入51万元，未实现增值税。
　二、检查过程与检查方法
　（一）检查预案
　市局稽查局领导立即安排检查人员对该公司的情况进行初步了解，制定稽查预案。
　检查人员分析：几年来，该公司的增值税税负并无明显偏低，而举报人提供的收入数与其申报的收入数相比却相差甚远。举报人提供的客户绝大多数为散布在各个地区的个体经销商及建筑公司，若按其提供的线索对所有客户逐一排查，取证难度大，耗时长，甚至会惊动部分涉案纳税人，增加后期工作难

图 10-42　"实务案例"界面

税务稽查.实训教学系统　姓名:张宁 账号:100001

在线交流　友情链接　帮助　注销

在线人数：　1人　　时间：23:24:49 2011年3月16日 星期三
离线人数：　20人

您当前的位置：　学生首页>>经典案例讲解

- 经典案例名称
  - 加工制造业---豫西啤酒有限公司隐匿收入偷税案
  - 加工制造业---玉西钢材生产企业虚增成本少列收入偷税案
  - 商品流通---LH科技有限公司分解收入偷税案
  - 商品流通---西南服饰代理公司隐匿收入偷税案
  - 房地产开发企业---河源房地产公司隐匿收入偷税案
  - 房地产开发企业---凤凰城地产公司隐匿收入偷税案
  - 建筑安装企业---运通路桥建筑公司虚列成本偷税案
  - 建筑安装企业---万和建筑公司异地经营不计收

加工制造业---豫西啤酒有限公司隐匿收入偷税案

本案特点

　本案的稽查人员面对纳税人财物管理的混乱状态，以及相关账务资料的缺失，通过对同行业的投入与产出的分析比对发现疑点，以货物结转环节作为切入点，对销售开单，仓储提货，经销商收货等诸环节进行检查，并采取从核查其送货单等最基础资料入手，找出问题所在并去得突破，同时对发现疑点充分运用书证、人证、物证等资料入手，最终查实纳税人隐匿销售收入的违法事实，其办案思路和方法均有一定的借鉴意义

一、案件背景情况

（一）案件来源

图 10-43　"经典案例讲解"界面

附　录

附录1　新旧企业所得税法、条例及相关政策规定主要变化部分对照表

项目		新企业所得税法	原外资企业所得税法和原内资企业所得税条例	变化
纳税人		将纳税人分为居民纳税人和非居民纳税人,指出依照中国法律、行政法规成立的个人独资企业和合伙企业不适用本法。	外资企业无区别,内资企业以独立核算单位为纳税人。	取消了内资企业以独立经济核算为判定纳税人依据的规定。
税率		企业所得税税率为25%,非居民企业取得本法第三条第三款规定的所得,适用税率为20%。	内资企业适用税率为33%;外资企业按收入来源分别适用30%和20%的税率,另外对于来源于境内的收入再按3%征收地方所得税。	税率由33%调到25%,废除了原外资企业的地方所得税规定。
收入总额		企业以货币形式和非货币形式从各种来源取得的收入,为收入总额。包括:销售货物收入、提供劳务收入、转让财产收入、股息红利等权益性投资收益、利息收入、租金收入、特许权使用费收入、接受捐赠收入和其他收入。	纳税人的收入总额包括:生产经营收入、财产转让收入、股息收入、利息收入、租赁收入、特许权使用费收入和其他收入。	强调了收入总额包括货币形式和非货币形式的收入;增加了接受捐赠收入。表述比原规定更加明确。
不征税收入		收入总额中的不征税收入,包括:财政拨款;依法收取并纳入财政预算的行政事业性收费、政府性基金;国务院规定的其他不征税收入。	原规定将其计入了免税收入。	为新增条款。
扣除项目	税前扣除项目	企业实际发生的与取得收入有关的合理支出,包括成本、费用、税金、损失和其他支出,准予扣除。	计算应纳税所得额时准予扣除的项目,包括与纳税人取得收入有关的成本、费用和损失。	统一规范了内外资企业的税前扣除标准。
	公益性捐赠支出	企业发生的公益性捐赠支出在年度利润总额12%以内的部分准予在计算应纳税所得额时扣除。	外资企业没有规定扣除限额;内资企业在年度应纳税所得额3%以内的部分准予扣除,用于文化事业的捐赠在年度应纳税所得额10%以内的部分可税前扣除,采取列举方式规定了全额扣除的公益性捐赠。	提高了内资企业的公益性捐赠扣除限额;外资企业的扣除限额由原来的全额扣除下降到年度利润总额的12%。
	工资费用	企业发生的合理的工资薪金支出,准予扣除。	外资企业支付的工资薪金可以据实扣除;内资企业实行在工效挂钩或计税工资标准内的可以税前扣除。	取消内资企业工资薪金的扣除限额的限制和外资企业报批的列支规定,增加了合理性的税前扣除条件。
	职工福利费	企业发生的职工福利费支出,不超过工资薪金总额14%的部分,准予扣除。	内资企业计提的职工福利费不超过计税工资总额14%的部分可以税前扣除。	新法强调了实际发生,取消了计提的规定,统一了内外企业扣除标准。

续表

项目		新企业所得税法	原外资企业所得税法和原内资企业所得税条例	变化
扣除项目（续）	教育经费	除国务院财政、税务主管部门另有规定外，企业发生的职工教育经费支出，不超过工资薪金总额2.5%的部分，准予扣除；超过部分，准予在以后纳税年度结转扣除。	企业计提的职工教育经费不超过计税工资总额2.5%的部分可以税前扣除。	新法强调了实际发生，取消了计提的规定。
	工会经费	企业拨缴的工会经费，不超过工资薪金总额2%的部分，准予扣除。	企业计提的工会经费不超过计税工资总额2%的部分可以税前扣除。	新法强调了实际发生，取消了计提的规定。
	业务招待费	企业发生的与生产经营有关的业务招待费支出按发生额的60%扣除，但最高不得超过当年销售（营业）收入的5‰。	企业发生的业务招待或交际应酬费按销售净额（营业净额）的相应比例限额扣除。	此处为重大变化，直接影响了应纳税所得额的计算。
	大修理费用	企业固定资产的大修理支出作为长期待摊费用的条件是必须同时满足：修理支出达到取得固定资产时的计税基础50%以上；修理后固定资产的使用寿命延长2年以上。	内资企业中的固定资产的修理支出满足以下三个条件的任一条件均应作为改良支出，计入长期待摊费用：修理支出达到原值的20%以上；经过修理后的资产使用寿命延长2年；修理后改变用途。	计入长期待摊费用的修理费标准，由原来的三个条件中具备任一条件即可变为现行两个条件而且同时具备。
	广告宣传费	企业发生的符合条件的广告费和业务宣传费支出，除国务院财政、税务主管部门另有规定外，不超过当年销售（营业）收入15%的部分，准予扣除；超过部分，准予在以后纳税年度结转扣除。	外资企业未规定限额；内资企业（除特定行业外）的广告费与业务宣传费分别按收入总额的2%和0.5%不同比例分别扣除，并对于广告费超过定额的部分准予向以后年度结转扣除；而对业务宣传费超过当年限额的不得转移到以后年度扣除。	统一了内外资企业的扣除标准，合并了广告费和业务宣传费的扣除限额。
	借款费用	企业借款资本化的范围：为购置、建造固定资产、无形资产和经过12个月以上的建造才能达到预定可销售状态的存货发生借款的有关费用应作为资本化支出，计入有关资产的成本，并依照规定扣除。	企业借款资本化的范围：为购置、建造固定资产、无形资产所发生的借款的有关费用应作为资本化支出，计入有关资产的成本，并依照规定扣除。	经过12个月以上的建造才能达到预定可销售状态的存货发生借款的有关费用计入了资本化范围。
	不征税收入的支出	企业的不征税收入用于支出所形成的费用或者财产，不得扣除或计算对应的折旧、摊销扣除。		为新增内容。
	专项资金	企业依法提取的用于环保、生态恢复等方面的专项资金，准予扣除；改变用途的不得扣除。		为新增内容，注意专项资金的用途。
	企业间管理费	企业之间支付的管理费、企业内营业机构之间支付的租金和特许权使用费，以及非银行企业内营业机构之间支付的利息，不得扣除。	纳税人按规定支付总机构的与本企业生产经营有关的管理费，提供总机构出具的汇集范围、定额、依据和方法等证明文件，经税务机关审核后准予扣除。	此处旧法律条文对于居民纳税人不再适用。
	加计扣除支出	企业开发新技术等发生的研究开发费用和安置残疾人及国家鼓励安置的其他人员所支付的工资可加计扣除。	企业的有关规范性文件明确新增开发费用达到上年开发支出10%以上的可加计扣除；对于安置残疾人的内资企业享受减免税规定。	内资企业安排残疾人员从享受减免优惠变为工资加计扣除。

续表

项目		新企业所得税法	原外资企业所得税法和原内资企业所得税条例	变化
扣除项目（续）	不得扣除项目	在计算应纳税所得额时，下列支出不得扣除：向投资者支付的股息、红利等权益性投资收益款项；企业所得税税款；税收滞纳金；罚金、罚款和被没收财物的损失；除税法规定以外的捐赠支出；赞助支出；未经核定的准备金支出；与取得收入无关的其他支出。	内资企业规定不得扣除项目：资本性支出；无形资产受让、开发支出；违法经营的罚款和被没收财物的损失；各项税收的滞纳金、罚金和罚款；自然灾害或者意外事故损失有赔偿的部分；超过国家规定允许扣除的公益、救济性的捐赠，以及非公益、救济性的捐赠；各种赞助支出；与取得收入无关的其他各项支出。	增加了权益性投资不得扣除和未核定的各项准备金不得扣除及企业所得税税款不得扣除的规定，废除了原内资企业中三项不得扣除的规定（即无形资受让开发支出、资本性支出、灾害事故有赔偿的部分）。
资产的税务处理	固定资产折旧	除国务院财政、税务主管部门另有规定外，固定资产计算折旧的最低年限如下：房屋、建筑物，为20年；飞机、火车、轮船、机器、机械和其他生产设备，为10年；与生产经营活动有关的器具、工具、家具等，为5年；飞机、火车、轮船以外的运输工具，为4年；电子设备，为3年。企业应当根据固定资产的性质和使用情况，合理确定固定资产的预计净残值。固定资产的预计净残值一经确定，不得变更。	除另有规定者外，固定资产计提折旧的最低年限如下：房屋、建筑物为20年；火车、轮船、机器、机械和其他生产设备为10年；电子设备和火车、轮船以外的运输工具以及与生产经营有关的器具、工具、家具等为5年。内资企业固定资产的净残值率不低于5%，外资企业不低于10%。	新法比原法的折旧年限出现较大差异，对于净残值率不再限定。
	生物资产	生产性生物资产按照直线法计算的折旧，准予扣除，计算折旧的最低年限如下：林木类生产性生物资产，为10年；畜类生产性生物资产，为3年。		为新增内容。
	无形资产	无形资产按照以下方法确定计税基础：外购的无形资产，以购买价款和支付的相关税费以及直接归属于使该资产达到预定用途发生的其他支出为计税基础；自行开发的无形资产，以开发过程中该资产符合资本化条件后至达到预定用途前发生的支出为计税基础；通过捐赠、投资、非货币性资产交换、债务重组等方式取得的无形资产，以该资产的公允价值和支付的相关税费为计税基础。	无形资产按照取得时的实际成本计价，应区别确定：投资者作为资本金或者合作条件投入的无形资产，按照评估确认或者合同、协议约定的金额计价。购入的无形资产，按照实际支付的价款计价。自行开发并且依法申请取得的无形资产，按照开发过程中实际支出计价。接受捐赠的无形资产，按照发票账单所列金额或者同类无形资产的市价计价。	自行研发的无形资产计价基础发生了变化。
境外已缴税额的抵免		对于居民企业来源于境外的应税所得和非居民企业在境内设立机构等，取得发生在境外但与该机构有实际联系的应税所得可在以后五年度内，用每年的抵免限额抵免当年应纳税额后的余额进行抵免。	内外资企业来源于境外的所得，在境外已纳税款准予其汇总时从其应纳税额中扣除，但不得超出限额。	

项目	新企业所得税法	原外资企业所得税法和原内资企业所得税条例	变化
特别调整	税务机关有权依法核定其下列情况的应纳税所得额：企业与其关联方之间的业务往来，不符合独立交易原则而减少企业或者其关联方应纳税收入或者所得额的；企业不提供与其关联方之间业务往来资料，或者提供虚假、不完整资料，未能真实反映其关联业务往来情况的；由居民企业，或者由居民企业和中国居民控制的设立在实际税负明显低于法定税率水平的国家（地区）的企业，并非由于合理的经营需要而对利润不作分配或者减少分配的，可调整计入该居民企业的当期收入；企业实施其他不具有合理商业目的的安排而减少其应纳税收入或者所得额的。	内外资企业规定，纳税人与其关联企业之间的业务往来，应当按照独立企业之间的业务往来收取或者支付价款、费用。不按照独立企业之间的业务往来收取或者支付价款、费用，而减少其应纳税所得额的，税务机关有权进行合理调整。	特别调整的范围扩大。
免税收入	企业的免税收入包括：国债利息收入；符合条件的居民企业之间的股息、红利等权益性投资收益；在中国境内设立机构、场所的非居民企业从居民企业取得与该机构、场所有实际联系的股息、红利等权益性投资收益；符合条件的非营利公益组织的收入。	内资企业对于国债利息收入免税；外资企业中外国投资者从外资企业取得的利润免税、国际金融组织贷给中国政府和国家银行的利息免税、外国银行优惠利率贷给国家银行的利息免税等。	重大变化是符合条件的居民企业之间取得的股息红利由原来的差额补税变为免税，外国投资者从外商投资企业取得的利润不再免税（从高新技术企业取得的股息红利除外）。
减计收入	企业综合利用资源，生产符合国家产业政策规定的产品所取得的收入可以在计算应税所得额时减计收入。	内资企业对此类企业采取减免税额的规定。	重大变化是定期减免税变成减计收入。
创投企业的税收优惠	创投企业从事国家重点扶持和鼓励的创业投资，可按投资额一定比例抵扣应纳税所得额。	创业投资企业采取股权投资方式投资于未上市中小高新技术企业2年以上（含2年），凡符合条件的，可按其对中小高新技术企业投资额的一般比例抵扣该创业投资企业的应纳税所得额。	有重大变化。
所得额的计算	应纳税所得额为收入总额减除不征税收入、免税收入、各项扣除项目和允许弥补的以前年度亏损。	应纳税所得额为收入总额减去准予扣除项目后的余额。	明确表明不征税收入、免税收入应从收入总额中扣除，免税收入可不再用于弥补亏损。
纳税时限	企业所得税按纳税年度计算，分月或者分季预缴，月份或者季度终了之日起15日内，向税务机关报送预缴企业所得税纳税申报表，预缴税款，年度终了之日起5个月内，向税务机关报送年度企业所得税纳税申报表，并汇算清缴。	内资企业所得税按年计算，分月或者分季预缴，月份或者季度终了后15日内预缴，年度终了后4个月内汇算清缴；外资企业所得税按年计算，分季预缴，季度终了后15日内预缴，年度终了后5个月内汇算清缴。	统一了内外资企业的纳税时限。

附录2　新企业所得税法税收优惠项目对比

项目	优惠种类	优惠形式	序号	优惠项目	新法条款	同原法比较
一	收入优惠（4项）	收入免税（3项）	1	国债利息收入	26条	同原法
			2	符合条件的居民企业之间股息红利等权益性投资收益		新规定
			3	符合条件的非营利性组织符合免税规定的收入		同原法
		减计收入	4	综合利用资源取得的收入减计90%	33条	具体规定不同
二	扣除优惠（4项）	加速折旧	5	由于科技进步，产品更新换代较快的固定资产；常年处于强震动、高腐蚀状态的固定资产	32条	缩短折旧年限不同
		加计扣除（2项）	6	新技术、新产品、新工艺的开发费用加计扣除50%；形成无形资产的，按照无形资产成本的150%摊销。	30条	同原法
			7	残疾人员工资加计扣除100%		新规定
		投资额抵扣所得额（1项）	8	创投企业对中小高新技术企业投资额70%且股权持有满两年的当年抵扣应纳税所得额	31条	新规定
三	所得优惠（7项）	所得免税（2项）	9	蔬菜、粮食、农作物、中药、林木等的种植，牲畜、家禽的饲养，林产品的采集，灌溉、农产品初加工、兽医、农、林、牧、渔服务等	27条	具体规定不同
			10	非居民企业取得的符合规定（外国政府或国际金融组织贷款利息）所得的预提所得税		同原法
		减半征收	11	花卉、茶以及其他饮料作物和香料作物的种植，海水内陆养殖		具体规定不同
		免征＋减半	12	技术转让所得500万元以内部分免税；500万元以上部分减半征收		具体规定不同
		免征或减半	13	民族自治地方对属于地方分享所得税部分	29条	具体规定不同
		三免三减半（2项）	14	公共基础设施项目所得	27条	具体规定不同
			15	环境保护、节能节水项目所得		新规定
四	税率优惠（3项）	20%税率	16	小型微利企业	28条	具体规定不同
		15%税率	17	高新技术企业		具体规定不同
		10%税率	18	非居民企业的预提所得税	27条	同原法
五	税额优惠（3项）	设备投资的税额抵免10%（3项）	19	环保专用设备购置	34条	新规定
			20	节能节水设备购置		新规定
			21	安全生产专用设备购置		新规定

参考文献

1. 国家税务总局教材编写组编，《税务稽查案例》，中国税务出版社，2008年。
2. 国家税务总局教材编写组编，《税务稽查管理》，中国税务出版社，2008年。
3. 国家税务总局教材编写组编，《税务稽查方法》，中国税务出版社，2008年。
4. 王春如、陈斯雯编，《税务稽查要点、企业应对与典型案例分析》，企业管理出版社，2007年。
5. 雷建编著，《合理避税、税收优惠与税务稽查》，企业管理出版社，2006年。
6. 贺志东编，《税务稽查技法》，机械工业出版社，2004年。